基于项目生命周期的
信息资源数字化建设研究

臧国全 等 著

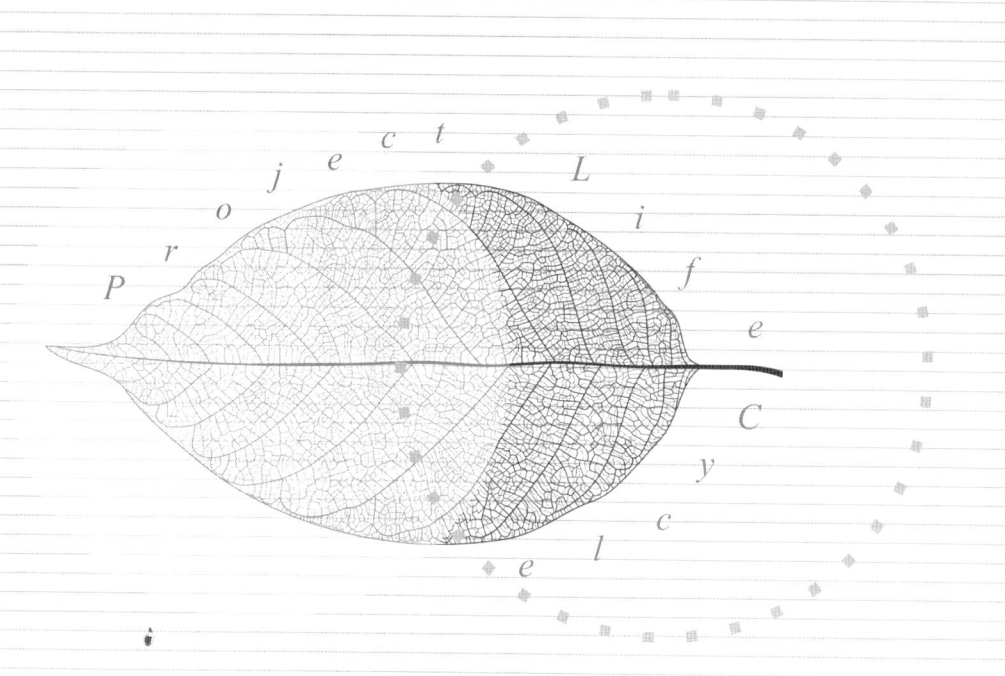

Study on Information Resource
Digitalization Construction
Based on Project Life Cycle

武汉大学出版社

图书在版编目(CIP)数据

基于项目生命周期的信息资源数字化建设研究/藏国全等著.—武汉：武汉大学出版社,2014.6
ISBN 978-7-307-13263-4

Ⅰ.基… Ⅱ.藏…[等] Ⅲ.信息资源—数字化—研究 Ⅳ.G203

中国版本图书馆 CIP 数据核字(2014)第 089271 号

责任编辑：辛 凯　　责任校对：鄢春梅　　版式设计：马 佳

出版发行：武汉大学出版社　（430072　武昌　珞珈山）
（电子邮件：cbs22@whu.edu.cn　网址：www.wdp.com.cn）
印刷：武汉中远印务有限公司
开本：720×1000　1/16　　印张：22.75　字数：325 千字　插页：1
版次：2014 年 6 月第 1 版　　2014 年 6 月第 1 次印刷
ISBN 978-7-307-13263-4　　定价：48.00 元

版权所有，不得翻印；凡购我社的图书，如有质量问题，请与当地图书销售部门联系调换。

前 言

　　人类社会进入了数字时代，数字化信息资源已成为信息资源的主体形式，对信息资源数字化建设的研究也成为业界的一个重大课题。为此，我们分别在2005年申报并获得批准了国家社科基金项目"图书馆信息资源数字化建设模式研究"（批准号：05BTQ007），在2006年申报并获得批准了国家自然科学基金项目"数字保存系统质量保证标准与认证研究"（批准号：70673094）。本书的主要内容来自上述两个项目的研究成果，并加入了项目结项后一些新的研究成果。

　　全书由以下三个部分组成。

　　第一部分是引言，介绍了选题来源、国内外研究历史与现状、本书的研究方法、研究思路和研究内容等基本问题。

　　第二部分是本书的主体。该部分基于信息资源数字化项目的生命周期，对各阶段涉及的内容进行了系统探讨。第一阶段是项目规划，该阶段的主要内容包括项目目标的设定，项目成本的构成与节约方法，数字化项目中涉及的产权许可、产权管理、产权保护和产权延伸许可，数字化项目的实施方式选择等。第二阶段是数字化内容选择，该阶段包括数字化内容选择的原因，一些知名数字化项目的数字化内容选择的实践，以及我们对数字化内容选择原则的思考。第三阶段是数字化生产，该阶段包括二维平面介质信息资源和音频信息资源两大类信息资源的数字化生产基础、生产系统、生产质量控制和生产过程的主要参数设置。第四阶段是数字资源发布，该阶段包括数字资源发布网站建设的质量原则，网站的生命周期及其各个阶段对应的质量控制。第五阶段是数字保存，由于该阶段包含的内容较多，主要分为三个方面：第一方面是数字保存的基础问

前　言

题，包括数字资源长期保存的策略、数字迁移的风险管理、保存型元数据、数字保存系统的基础模型；第二方面是数字保存系统质量保证标准（草案），包括管理质量标准、系统性能质量标准、用户服务质量标准、技术支持质量标准；第三方面是数字保存系统质量认证，包括认证实施方案，《数字保存系统质量保证标准》审核检查表、认证机构的要求、认证审核员的要求。

第三部分是案例分析。分别解析了欧盟和美国的信息资源数字化建设模式，探讨了欧美数字化建设模式对我国的启示。

本书由臧国全拟订大纲并负责全书撰写工作的组织与协调。各章撰写的具体分工如下：臧国全撰写引言、第1章、第2章、第6章，王元锋撰写第3章，张文良撰写第4章，王军撰写第5章、第7章，焦克非撰写第8章。

在本书的撰写过程中，我们参考了大量的中外文献，由于篇幅所限，未能一一列出，在此一并对所有参考文献作者表示诚挚的谢意。

由于作者水平有限，不足之处敬请批评指正。

信息资源数字化是目前国内外的一个研究热点，随着理论研究和实践的推进，本书的一些理论、方法和结论也需要进一步完善，为此，我们将在该领域继续不断探索。

作　者
2014年4月

目　　录

0　引　言 ………………………………………………… 1
　0.1　国内外研究综述 …………………………………… 1
　　0.1.1　国外研究综述 ………………………………… 1
　　0.1.2　国内研究综述 ………………………………… 7
　0.2　研究思路与研究内容 ……………………………… 10
　0.3　研究方法 …………………………………………… 11
　0.4　研究意义 …………………………………………… 11

1　项目规划 ……………………………………………… 13
　1.1　项目目标 …………………………………………… 13
　　1.1.1　项目目标之一：数字保存 …………………… 14
　　1.1.2　项目目标之二：数字存取 …………………… 16
　1.2　项目成本 …………………………………………… 17
　　1.2.1　项目成本构成 ………………………………… 17
　　1.2.2　项目成本节约 ………………………………… 19
　1.3　产权许可 …………………………………………… 28
　1.4　项目实施方式选择 ………………………………… 29
　1.5　项目规划的其他内容 ……………………………… 31

2　数字化内容选择 ……………………………………… 36
　2.1　数字化内容选择的原因 …………………………… 36
　2.2　数字化内容选择的已有探讨 ……………………… 37
　2.3　数字化内容选择的实践 …………………………… 39
　　2.3.1　美国国会图书馆 ……………………………… 39

1

目录

  2.3.2 哥伦比亚大学图书馆 … 40
  2.3.3 加州大学图书馆 … 41
  2.3.4 哈佛大学图书馆 … 42
 2.4 数字化内容选择原则的思考 … 43
  2.4.1 产权保证 … 43
  2.4.2 原始文献知识价值 … 44
  2.4.3 用户保障 … 44
  2.4.4 原始文献物理特性 … 45
  2.4.5 数字保存 … 46
  2.4.6 成本效益 … 46
  2.4.7 避免重复数字化 … 47
  2.4.8 技术条件限制 … 47

3 数字化生产 … 48
 3.1 二维平面介质信息资源的数字化生产 … 48
  3.1.1 数字化生产基础 … 49
  3.1.2 数字化生产系统 … 61
  3.1.3 数字化生产质量控制 … 76
  3.1.4 数字化生产主要参数值设置 … 87
 3.2 音频数字化生产 … 98
  3.2.1 数字化生产基础 … 98
  3.2.2 数字化生产系统 … 108
  3.2.3 数字化生产主要参数值设置 … 113
  3.2.4 数字化生产相关问题讨论 … 115

4 数字资源发布 … 125
 4.1 数字资源发布网站建设质量原则 … 125
  4.1.1 透明性 … 125
  4.1.2 有效性 … 126
  4.1.3 维护性 … 127
  4.1.4 可访问性 … 128

  4.1.5 用户中心 ································ 129
  4.1.6 应答性 ································· 129
  4.1.7 互操作性 ······························· 130
  4.1.8 产权保护 ······························· 131
  4.1.9 长期保存 ······························· 132
 4.2 数字资源发布网站建设生命周期 ················ 133

5 数字保存基础 ··································· 135
 5.1 数字长期保存策略 ··························· 136
 5.2 数字迁移风险管理 ··························· 142
  5.2.1 数字迁移原因与类型 ··················· 142
  5.2.2 数字迁移风险分析 ····················· 144
  5.2.3 数字迁移风险评估与测度 ··············· 146
 5.3 保存型元数据 ······························· 150
  5.3.1 保存型元数据缘起 ····················· 150
  5.3.2 保存型元数据类型 ····················· 151
 5.4 数字保存系统的基础模型 ····················· 156

6 数字保存系统质量保证标准（草案） ··············· 160
 6.1 管理质量标准 ······························· 163
  6.1.1 数字保存方针 ························· 163
  6.1.2 人力资源配置 ························· 164
  6.1.3 系统运行日志管理 ····················· 164
  6.1.4 灾难性事件的防御与恢复 ··············· 166
  6.1.5 系统风险管理 ························· 167
  6.1.6 财务管理 ····························· 169
  6.1.7 数字保存产权管理 ····················· 170
 6.2 性能质量标准 ······························· 171
  6.2.1 数字资源获取 ························· 171
  6.2.2 AIP 的质量 ···························· 172
  6.2.3 AIP 的保存 ···························· 175

         6.2.4 数字资源检索 177
    6.3 用户服务质量标准 184
         6.3.1 目标用户群体 184
         6.3.2 描述型元数据要求 185
         6.3.3 用户服务政策 187
         6.3.4 用户访问管理 188
         6.3.5 数字资源的用户可用性与可理解性 191
    6.4 技术支持质量标准 191
         6.4.1 数据备份 191
         6.4.2 损坏和丢失数据的检测与恢复 192
         6.4.3 关键过程的变更 193
         6.4.4 软件 194
         6.4.5 硬件 196
         6.4.6 系统安全 197

7 数字保存系统质量认证 201
    7.1 数字保存系统质量认证实施方案 201
         7.1.1 认证实施程序与认证审核原则 201
         7.1.2 认证申请与申请受理 203
         7.1.3 预审核 204
         7.1.4 认证审核启动 205
         7.1.5 文件评审 209
         7.1.6 现场审核的准备 216
         7.1.7 现场审核的实施 220
         7.1.8 审核报告与审核完成 231
         7.1.9 认证后审核 234
    7.2 《数字保存系统质量保证标准》审核检查表 237
         7.2.1 管理质量标准审核表 239
         7.2.2 性能质量标准审核表 254
         7.2.3 用户服务质量标准审核表 275
         7.2.4 技术支持质量标准审核表 286

7.3 数字保存系统认证机构的要求 ……………………… 303
　　7.3.1 认证机构的设立要求 ……………………… 303
　　7.3.2 认证机构的组织结构要求 ………………… 304
　　7.3.3 认证机构的人力资源管理要求 …………… 305
　　7.3.4 认证机构的公正性管理要求 ……………… 306
　　7.3.5 认证机构的信息管理要求 ………………… 308
7.4 数字保存系统认证审核员的要求 …………………… 311
　　7.4.1 执业资格获得 ……………………………… 312
　　7.4.2 个人素质要求 ……………………………… 312
　　7.4.3 知识和技能要求 …………………………… 313
　　7.4.4 教育、工作经历、培训和审核经历要求 … 315
　　7.4.5 知识和技能的保持与提高要求 …………… 316

8 案例：欧美信息资源数字化建设及其对我国的启示 ……… 318
8.1 定标比超：欧盟信息资源数字化建设模式 ………… 318
　　8.1.1 定标比超概念 ……………………………… 319
　　8.1.2 Minerva 标杆的建立过程 ………………… 320
　　8.1.3 Minerva 标杆概览 ………………………… 322
　　8.1.4 Minerva 定标比超的应用 ………………… 325
8.2 美国信息资源数字化建设调查 ……………………… 326
　　8.2.1 项目规划方面 ……………………………… 328
　　8.2.2 所需资源方面 ……………………………… 329
　　8.2.3 数字化内容选择方面 ……………………… 332
　　8.2.4 数字保存方面 ……………………………… 333
　　8.2.5 产权许可方面 ……………………………… 339

参考文献 …………………………………………………………… 347

0 引 言

目前，从事信息资源数字化建设的实体主要有两大类：商业性企业（如 Google、中国学术期刊电子杂志社等）和图书情报机构。两者既有相似之处（如生产流程基本一样），又存在一些差异。本书的研究主要界定在后者，但同时也包括前者的经验在后者中的应用。

0.1 国内外研究综述

信息资源数字化建设生命周期包括的主要阶段有项目规划、数字化内容选择、数字化生产、数字资源发布、数字保存及数字保存系统等。另外，数字保存系统涉及的内容有很多，如技术方面、管理方面、质量方面等，本书主要聚焦在质量方面（包括质量保证标准与质量认证）。通过普查，目前为止，以项目生命周期为主线对信息资源数字化建设进行综合研究的论著没见报道，但对各个阶段的内容进行探讨的比较丰富。因此，本节从信息资源数字化和数字保存系统质量保证两个方面进行综述。

针对本课题，国外理论研究与实践比较丰富，国内则相对薄弱。

0.1.1 国外研究综述

0.1.1.1 信息资源数字化方面

（1）系统性成果方面。2002 年，基于"欧盟数字化项目合作行动计划"（Lund Action Plan[①]）而成立的"欧盟文化与科学信息

---

① Lund Action Plan. ［2011-11-02］. ftp://ftp.cordis.lu/pub/ist/docs/digicult/lund_ action_ plan-en. pdf.

0 引　言

资源数字化部长级网络"（Minerva①）是目前全球最大的跨国性政府指导协调组织，负责起草和实施欧盟信息资源数字化规划，设计统一数字化平台，制定数字化建设标准，协调各成员国数字化项目。2003 年，Minerva 构建了一个信息资源数字化的知识库，内容包括数字化理论和实践各个层面②；2002 年和 2006 年，美国博物馆与图书馆服务研究所（IMLS）两次发表长篇研究报告《档案馆和图书馆应用技术与数字化现状》，对美国国内图书馆信息资源数字化建设进行了全面调研，指出了存在的问题，提出了发展对策③。由 IMLS 资助的信息资源数字化国际年会（Web-Wise）至今已举办十多届；很多地区的数字图书馆年会都设有图书馆信息资源数字化分主题。

（2）理论探讨方面。①项目规划与管理：2002 年，Minerva 第六工作组为信息资源数字化项目规划制定了 4 个范畴 17 个指标④；2004 年，美国图书馆协会（ALA）构建了图书馆信息资源数字化项目管理模型⑤。②内容选择：2003 年，美国哥伦比亚大学图书馆为图书馆信息资源数字化内容选择制定了一套包括 5 个大类 49 个细目的指标体系⑥。③生产流程：2003 年，英国数字化技术咨询服务公司（TASI）对信息资源数字化生产所需的软硬件性能进

---

① Minerva. [2011-10-09]. http：//www. minervaeurope. org/whatis. htm.

② Minerva. New Opportunities for Benchmarking the Digitization of Cultural Heritage in Europe. [2011-04-25]. http：//www. minervaeurope. org/intranet/benchmarkingreport2. pdf.

③ IMLS. Status of Technology and Digitization in Nation's Museums and Libraries 2006 Report. [2010-11-02]. http：//www. imls. gov/Reports/TechReports/summary02. htm.

④ Minerva-WP6. Project planning. [2010-01-10]. http：//www. minervaeurope. org/structure/wg/bp. htm.

⑤ ALA. Project Management for digitization. [2010-09-10]. http：//www. ala. org/ala/productsandpublications/8879. pdf.

⑥ University of California Selection Criteria for Digitization. [2010-07-30]. http：//libraries. universityofcalifornia. edu/cdc/pag/digselec. html.

行了详细探讨①；2000 年，Gregory W. Lawrence 等人在其出版的专著《数字信息的风险管理：文件格式调查》中研究了各种数字文件格式及压缩方案，评估了数字文档迁移风险②；法国国家数字化工程评析了现行各种元数据方案③；2006 年，美国政府出版局编制了数字化生产质量控制手册，对数字化生产的设备、数字图像的格式、质量控制标准等作了详细的规范；同年，由北卡罗来纳州图书馆、档案馆和博物馆共同合作成立的，旨在介绍北卡罗来纳州图书馆、档案馆、博物馆、历史遗址和其他文化机构特有典藏品的北卡罗来纳在线发现文化遗产网站④（NC ECHO），详细介绍了其数字化的过程及方法，编制了数字化指导手册，2007 年又对该指导手册进行了修订；Minerva 第四工作组构建了生产过程管理的企业模型⑤。④知识产权管理：2004 年，Charles Duncan⑥ 等人对英国国内图书馆信息资源数字化建设中解决知识产权问题的法律依据及实践进行了全面调查，给出了大量案例；2006 年，美国国会预算办公室全面考察了数字技术对美国现行版权制度的挑战，探讨了各种可行的版权解决方案。⑤数字资源保存：自 1997 年起，国际组织"数字保存联盟"（DPC）每年举办一次数字资源保存的学术年会；1999 年，由美国空间数据系统咨询委员同北美、欧洲和日本

---

① TASI. Software and Hardware for Digitization. ［2011-08-10］. http：//www. tasi. ac. uk/shd. pdf.

② Lawrence, Gregory W. et al. Risk Management of Digital Information：A File Format Investigation. ［2010-07-29］. http：//www. clir. org/pubs/reports/pub93/pub93. pdf.

③ Ministère de la Culture et de la Communication -Mission de la Recherche et de la Technologie. ［2010-11-10］. http：//www. culture. gouv. fr/culture/mrt/numerisation/index. htm.

④ North Carolina. ECHO-Exploring Cultural Heritage Online. ［2011-03-09］. http：//www. ncecho. org/.

⑤ Minerva-WP4. Business Model for Digitization. ［2011-11-10］. http：//www. minervaeurope. org/structure/wg4.

⑥ Charles Duncan. Digital Rights Management Study. ［2011-01-02］. http：//www. dewey. intrallect. com /drm-study /Interim_ Report. pdf.

0 引　言

等国家的重要空间科学机构共同开发的,并于 2003 年成为国际标准 (ISO14721) 的 OAIS 参考模型,定义了数字资源长期保存的总体框架①;2002 年,英国联合信息系统委员会 (JISC) 制定了未来十年英国图书馆数字保存战略②;美国国家信息标准组织 (NISO) 也制定了数字保存指导性框架③;2002 年初创刊的网络期刊《数字文献保存季刊》④ 是研究该主题的一种专业期刊。

(3) 实践项目方面。①咨询与培训:Minerva 中心及各成员国分中心均提供完善的咨询培训业务;英国 TASI 公司和美国北卡罗来纳大学查珀尔希尔分校图书情报学院都是著名的图书馆信息资源数字化咨询培训机构。②生产系统:欧盟每个成员国都建立了分工合理且专业性强的信息资源数字化生产系统,据资料显示⑤,丹麦有 12 个机构从事不同类型文献的数字化生产,澳大利亚也有 15 个,法国 10 个。③项目:美国国会图书馆的"美利坚记忆工程" (1989 年)、美国科罗拉多数字化工程 (2001 年) 和目前实施的欧盟文化遗产与科学技术信息资源数字化工程等在图书馆信息资源数字化建设历程中影响甚大;2005 年,Google 宣布同哈佛大学图书馆和斯坦福大学图书馆等五个著名图书馆签订了协议,对它们的 1500 万种藏书进行数字化,并上网通过 Google 实现全文检索,目前这项计划正在实施中。

0.1.1.2　数字保存系统质量保证标准与认证方面

国外的研究与实践轨迹如下:

---

① The Consultative Committee for Space Data System. Reference Model for an Open Archival Information System (OAIS). [2011-10-23]. http://www.ccsds.org/documents/650x0b1.pdf.

② JISC. Digital preservation. [2010-10-09]. http://www.jisc.ac.uk.

③ NISO. Framwork for Digital Preservation. [2011-08-07]. http://www.niso.org/home.

④ Digital Document Quarterly (DDQ). [2011-01-02]. http://home.pacbell.net/hgladney/ddq.htm.

⑤ Minerva. Statistics. [2011-10-01]. http://www.minervaeurope.org/statistics.

1994年，美国数字资源存取委员会（CPA）与研究图书馆联盟（RLG）联合成立的数字信息保存工作组（TFADI）①，研究并确立了可信任数字保存系统的角色和应承担的责任，并在其发表的研究报告《保存数字信息》（1996年）中首次提出了数字保存系统认证的观点。

1999年，由美国空间数据系统咨询委员同北美、欧洲和日本等国家的重要空间科学机构共同开发的，并于2003年成为国际标准（ISO14721）的OAIS参考模型②，定义了数字资源长期保存的总体框架。该框架为数字保存系统质量保证标准的构建奠定了基础。

2000年，RLG与OCLC合作成立了来自全球从事数字资源长期保存重要研究机构的专家工作组，参照OAIS模型，发表了《可信任数字保存系统属性与职责》③（2002年）。该"属性与职责"是质量保证指标体系的体现。

2003年，RLG与NARA联合成立数字保存系统认证工作组，致力于构建一个质量保证指标体系，用于审查数字保存系统的存储、迁移和提供服务能力，并于2005年8月出台了《可信任数字保存系统认证审查指标》④（征求意见稿），发布在互联网上供公众讨论。目前，该项讨论仍在进行中。

同年，德国网络信息项目（DINI）成立数字保存系统认证工作组⑤。DINI的认证对象是高校数字保存系统，其认证被称为

---

① The Task Force on Archiving of Digital Information. Preserving Digital Information. [2010-12-25]. http：//www.rlg.org/ArchTF/.

② Reference Model for an Open Archival Information System (OAIS). [2010-12-25]. http：//www.ccsds.org/documents/650x0b1.pdf.

③ RLG/OCLC Working Group on Digital Archive Attributes. Trusted Digital Repositories：Attributes and Responsibilities. [2010-12-25]. http：//www.rlg.org/en/pdfs/repositories.pdf.

④ RLG-National Archives and Records Administration (NARA). RLG Completes Checklist for the Certification of Trusted Digital Repositories. [2010-12-25]. http：//www.rlg.org/en/page.php?Page_ID=20647.

⑤ Deutsche Initiative für Netzwerk Information eV. (DINI). [2010-12-30]. http：//www.dini.de/.

"软认证"(Soft Certification),因为它规定的是应满足的最低标准,并对获得认证的系统每年审查一次。目前,已有 14 个高校数字保存系统通过 DINI 认证。

2004 年 12 月,德国数字资源长期保存专家网(nestor)也成立了可信任数字保存系统认证工作组①。nestor 的认证对象不仅包括高等教育机构的数字保存系统,而且还包括各种类型的图书馆、档案馆、博物馆等机构建立的数字保存系统。与 DINI 认证相比,nestor 欲建立三段式认证程序:第一阶段是通过提供建议、标准和优秀实践为数字保存系统指明质量保证方向;第二阶段是数字保存系统自我评估审查;第三阶段是第三方的严格认证,获得最高级别信任度的"硬认证"(Hard Certification)。目前,该项目仍在进行中。

2005 年 5 月,CRL 着手构建数字保存系统认证质量标准和认证程序②。该项研究预计将历时 18 个月,分三个阶段:第一个阶段将规范专业术语,建立质量标准;第二个阶段将通过对数字保存系统的模拟认证,建立认证方法和步骤,设计认证流程;第三个阶段是规范数字保存系统运行和服务模式。

由英国 JISC 和电子科学核心项目联合组建的数字保存中心(DDC)于 2004 年 3 月启动,计划研究三年。该中心的主要职责是研究英国科研机构的数字化科学数据的长期保存,并计划通过三级认证程序(铜、银、金)对数字保存系统进行认证③。

另外,商业代理赞助组织委员会(COSO)④、信息与相关技术

---

① Network of Expertise in Long-term Storage of Digital Resources(nestor). [2010-12-30]. http://www.langzeitarchivierung.de/index.php.

② Center for Research Libraries(CRL). Audit and Certification of Digital Archives. [2010-12-20]. http://www.crl.edu/content.asp?l1=13&l2=58&l3=14.

③ Seamus Ross, Andrew McHugh. Audit and Certification of Digital Repositories: Creating a Mandate for the Digital Curation Centre(DCC). RLG DigiNews, 2005(5).

④ The Committee of Sponsoring Organizations of the Treadway Commission(COSO). [2010-12-10]. http://www.coso.org/.

控制组织（COBIT）①和IT基础设施图书馆（ITIL）②也都设计了基于IT的数字保存系统认证指标体系。

有关该课题研究经常引用的国际标准主要有：质量保证标准（ISO9000系列）、信息安全标准（ISO17799）和数字资源管理标准（ISO15489）等。

通过对上述文献和项目的考察与分析，数字保存系统的质量保证还没有形成"标准"（既没有国际标准，也没有国家标准和行业标准），相关成果严格意义上都是"指标体系"。并且，这些指标体系，无论是正在征求意见的（RLG与NARA），还是已经使用的（DINI、COSO、COBIT、ITIL），乃至从有关报道中获悉正在形成的（nestor、CRL、DDC），都是基于《可信任数字保存系统属性与职责》。在数字保存系统认证的实践方面，除了DINI的为数不多的尝试外（此认证也是基于该项目制订的质量保证"指标体系"），其他均在探索之中。

0.1.2 国内研究综述

0.1.2.1 信息资源数字化方面

（1）理论探讨方面。据普查，2000年结项的陈光祚教授主持的国家社科基金"九五"规划重大项目子课题"信息资源数字化"研究报告是国内第一部系统性成果。另外，数字产权论述较多且颇具深度，代表性学者有陈传夫教授和邱均平教授，中国社科院蒋颖和彭绪对数字化标准有系统探讨。2003年，科技部科技基础性工作专项资金重大项目——"我国数字图书馆标准规范建设"的子项目发表了报告《数字资源加工标准规范与操作指南》，对图书馆信息资源数字化的文件格式、加工处理方法进行了研究③。2004

---

① Control Objectives for Information and Related Technologies（COBIT）．[2010-12-10]．http：//www.isaca.org/cobit．

② IT Infrastructure Library（ITIL）．[2011-01-01]．http：//www.ogc.gov.uk/index.asp? id=2261．

③ 孙一刚，等．科技部科技基础性工作专项资金重大项目研究成果．[2011-10-10]．http：//cdls2.nstl.gov.cn/mt/blogs/2nd/archives/docs．

年，由中英文图书数字化国际合作计划（CADAL）项目管理中心制定的《CADAL数字化文本加工规范草案》，对数字化过程中用到的工序标准、扫描标准以及图像处理标准作了详细的规定。中国科学院主办或参加的数字资源长期保存国际会议（iPRES）已举办多届。

（2）实践项目方面。国家图书馆和西南信息中心都拥有大型生产系统，全国（尤其港台地区）对中文古籍数字化的成果突出。规模较大的项目有：

①文化部于2000年开始在全国倡导实施中国数字图书馆工程，该工程旨在建设超大规模的优质中文信息资源库群，并通过国家高速宽带网向全国及全球提供服务，最终形成世界上最全面、最系统的网上中文信息基地和服务中心。数字资源建设是中国数字图书馆工程建设的核心。该工程计划建成总量达200TB的数字资源。在数字资源建设方面，以图书文献机构的丰富馆藏为依托，并结合其他文化机构的资源，内容涉及文学、艺术、法律、科技、教育、旅游等各类信息，并依托国家图书馆馆藏进行古籍的数字化加工。

②全国文化信息资源共享工程已完成6TB信息资源数字化。计划完成以"百万册（件）文献共建"与"四个一优秀作品"为核心的数字资源建设，即完成100万册（件）文献、1000台优秀地方剧目、1000部优秀音乐作品、1000部优秀美术作品、1000件珍贵文物的数字化，并提供网上服务。

③国家计委、教育部、财政部在2002年下发的《关于"十五"期间加强"211工程"项目建设的若干意见》的文件中，将"中英文图书数字化国际合作计划（CADAL）"列入"十五"期间"211工程"公共服务体系建设的重要组成部分。CADAL与"中国高等教育文献保障系统（CALIS）"一起，共同构成中国高等教育数字图书馆的框架。CADAL项目在"十五"期间，建设为我国高校教学科研服务的百万册图书规模的数字资源，建成两个数字图书馆技术中心和14个数字资源中心，形成一套成熟的支持TB量级数字对象制作、管理与服务的技术平台，探索多媒体、虚拟现实等技术在数字图书馆中的应用，推动我国数字图书馆技术达到国际领

先水平,为数字图书馆建设奠定资源和技术基础。

具有代表性的数字化平台研发企业有:TRS、清华同方、成都国图、北大方正、北京义华和杭州麦达等,其中后四家产品已取得CALIS认证。

0.1.2.2 数字保存系统质量保证标准与认证方面

完全切题的研究不多,相关研究比较丰富。与本课题比较切题的研究主题有:

(1) 文献数据库标准实例。一个有代表性的实例是清华同方的企业标准《CNKI 系列数据库产品与技术服务标准》(征求意见稿)①。该标准与本项目拟建立的数字保存系统质量保证标准的区别在于:其一是前者针对 CNKI 建立的具体数据库,是微观的和具体的,而后者是针对"数字保存系统"这一类产品,是宏观的和概括性的;其二是前者注重具体数据库的性能质量,而后者是关于"数字保存系统"的管理质量、性能质量、用户服务质量和技术支持质量等全面质量保证体系的;其三是前者的目的在于规范具体数据库的生产和服务,而后者的目的在于对该类产品实施认证。因此,两者的用途和内容均不同。

(2) 数字图书馆标准。一个有代表性的实例是 2003 年度科技部科技基础条件平台专项资金重点项目《数字图书馆标准与规范建设》②。该项目在数字资源加工、元数据、数字对象唯一标志符、数字资源检索等标准与规范方面已取得不少成果,但针对数字保存系统的质量保证标准还没见到过报道。实际上,数字图书馆的概念到目前为止还存在诸多争议,一个较普遍的观点是将数字图书馆界定在基于图书馆馆藏资源的数字化(如美国国会图书馆的"American Memory")。基于这个观点,一些数字保存系统作为数字图书馆中数字资源的核心,但大多数则直接向用户提供服务(如

---

① CNKI 系列数据库产品与技术服务标准(第四次修改意见稿). 2005-12-05.(内部资料).

② 中国数字图书馆标准规范建设[EB/OL]. [2010-12-20]. http://cdls.nstl.gov.cn/cdls2/w3c/.

荷兰的 KB e-Depot)。因此，数字图书馆与数字保存系统既有联系，又有区别。

（3）提及数字保存系统认证的有：在上述科技部重点项目中，张晓林教授主持的子项目"我国数字图书馆标准规范总体框架与发展战略"的研究报告和后续发表的一些论文；在 2004 年由中国科学院国家科学数字图书馆组织的"中欧数字资源长期保存国际研讨会"上，由 nestor 的 Reinhard Altenhöner 所作的报告"数字保存系统认证"。

与本课题相关的成果比较丰富。比如，在产品和企业的认证等方面，都有非常丰富的理论和大量的成功实践。

综上所述，国外已经出台了一些数字保存系统质量保证指标体系，但真正的质量保证标准还没形成；认证实践项目虽有一些，但大多在探索阶段，真正意义上的类似 ISO 质量体系认证和产品质量认证还没实现。国内完全切题的理论研究与实践不多，但相关研究比较丰富。

0.2 研究思路与研究内容

本书的研究思路是在考察国内外有代表性的信息资源数字化项目的基础上，基于信息资源数字化项目的生命周期，探讨每个阶段涉及的主要问题，并针对这些问题讨论现阶段一些解决方案。

信息资源数字化项目生命周期包括的主要阶段有：项目规划、数字化内容选择、数字化生产、数字资源发布、数字保存及数字保存系统等。另外，各个阶段的实施都需要相应的规范，所以，本书的主要内容如下：

（1）项目规划：项目目标确定、项目成本构成解析、项目成本节约方法、产权许可方式、项目实施方式选择等。

（2）数字化内容选择：数字化内容选择的原因、数字化内容选择的理论、数字化内容选择的实践以及数字化内容选择原则等。

（3）数字化生产：由于图书馆实施这类项目涉及最多的是二维平面介质信息资源的数字扫描和模拟音频的数字化转换，而对于模拟视频的数字转换涉及甚少,所以本部分仅讨论了二维平面介质信息资源和模拟音频的数字化生产。探讨的问题主要有数字生产基本模式、影响数字对象质量的生产因素、数字化生产系统、生产质量调控、各种类型信息资源数字化生产参考规范建议等。

(4) 数字资源发布:数字资源发布网站的质量控制、发布网站的生命周期。

(5) 数字保存:数字资源长期保存策略、数字迁移与数字仿真比较研究、数字迁移风险管理、保存型元数据和数字保存系统。

(6) 数字保存系统质量保证标准:管理质量标准、系统性能质量标准、用户服务质量标准和技术支持质量标准。

(7) 数字保存系统质量认证:数字保存系统质量认证实施方案、《数字保存系统质量保证标准》审核检查表、数字保存系统认证机构的要求和数字保存系统认证审核员的要求。

(8) 案例分析:分析了欧盟信息资源数字化建设的"定标比超"模式,考察和总结了美国图书馆信息资源数字化建设项目的实施历程和现状,探讨了这两个案例对我国的启示。

0.3 研究方法

(1) 文献调研、网上调研与专家咨询;
(2) 实地考察:现场考察有代表性的数字化项目;
(3) 案例分析:解析发达国家数字化建设的模式;
(4) 系统分析与比较分析研究相结合;
(5) 借鉴管理学、社会学及计算机等学科的方法。

0.4 研究意义

(1) 从实践角度,有助于推进我国信息资源数字化建设。与国外相比,国内起步较晚,认真剖析国外走过的历程,总结成功经验,汲取失败教训,无疑对推进我国图书馆信息资源数字化建设大有裨益。

(2) 从理论角度，有助于图书馆学理论体系的创新。藏书建设是图书馆学研究的重要内容之一，信息资源数字化建设是传统馆藏文献资源建设在网络环境下的延伸，无论是馆藏形态、加工过程，还是保存方法、用户服务等方面都具有创新性。

(3) 有利于用户选择和使用数字保存系统。数字保存系统的用户有两种类型：其一是团体用户，如国内很多图书馆以镜像方式购买 CNKI 数据库的使用权；其二是个人用户，如个人以注册方式购买 CNKI 数据库的使用权。获得质量体系认证，不仅意味着认证机构的严格审核和定期监督，而且也使用户产生信任感。

(4) 有利于数字保存系统的可持续发展。标准化质量体系使得数字产品的生产、加工、服务和管理全过程规范化和科学化，有利于提高数字保存系统的经济效益和社会效益。

(5) 有利于数字产品生产者和提供者进行委托保存。越来越多的生产者将其部分乃至全部产品委托给专业数字保存系统进行长期保存并提供增值服务，可信任性是选择委托数字保存系统的基础，获得认证是判断可信任性的一个重要参考。

1 项 目 规 划

图书馆信息资源数字化项目是一项比较复杂的系统工程,基于本项目组队国内外该类项目的调查,其生命周期包括项目规划、数字化内容选择、数字化生产、数字资源发布、数字保存和数字保存系统建设等阶段。

项目规划是信息资源数字化项目实施的第一步,其目的在于对整个项目的实施过程进行论证、分析和设计,其内容虽然涉及项目生命周期的各个阶段,但重点在于明晰下述问题:项目目标、项目成本、产权许可、项目实施方式、人力资源组合和项目实施风险等。

1.1 项目目标

每一个数字化项目都有自己的明确目标,在通常情况下,这个目标有两大范畴:其一是将图书馆馆藏中具有较高价值的文献资源数字化后通过互联网面向公共提供浏览,以实现文献本身的传播价值,也即数字存取;其二是保护易损载体资源,即数字保存。项目目标对数字化项目生命周期的各个阶段都有直接关系,因此,确定项目目标是整个项目实施的关键环节。

项目目标的确定应遵循的基本原则有①:项目目标必须具体、明确,并具有可操作性;与图书馆可用资源相比,项目目标应具有

---

① Minerva. Good practices in digitization. [2010-10-20]. http://www.minervaeurope.org/structure/workinggroups/goodpract/document/bestpracticehandbook1_2.pdf.

现实性；在多馆合作的数字化项目中，项目的目标应体现各参与馆的价值。

1.1.1 项目目标之一：数字保存

数字化目标之一在于实现对信息资源的长期有效保存，这一命题是信息资源数字化项目的一个讨论热点。基于这一命题，业界强烈建议构建一个用于数字对象（尤其是数字扫描所生成的数字图像）生产的质量标准，以满足其长期保存的要求。但遗憾的是，到目前为止，还没有一个被广泛接受的标准。提出这个命题的基本理由在于：数字化项目生产的数字主文档以及由该主文档所派生的各种副本是原始信息资源的复制，理论上讲保留了原始资源中所有重要信息，只不过是载体不同而已，并且可以通过对它们的存储介质和文件格式进行适当的迁移和对它们的信息内容进行必要的修复和备份，就可以达到永久保存的目的。

然而，在实践上，图书馆将信息资源的数字版作为其长久保存的策略的确非常令人担忧，因为长期维护数字资源还有很多重要问题有待解决。计算机软硬件和文件格式的不断发展，使得对过去的数字资源难以有效存取，即使用于数字资源保存的硬件和存储介质完整无缺，但其存取技术的过时也不可避免。目前，所采用的两种主要数字资源维护策略（数字迁移和数字仿真），还没有非常充足的实例能够证明数字资源长期保存的有效性，因为在这个过程中涉及很多未知变量。

数字迁移法（migration）也可称格式转换法，着眼于数字资源本身，保证软件与硬件的发展不影响对其的存取。这就要通过改变或更新数字资源的文档格式，使其适应于新的软件和硬件环境，其目的在于使用户采用当前软硬件有效地访问和浏览过去的数字资源。使用这种方法，当数字资源的文件格式出现过时危机时，就将其转化为新的文件格式。例如，如果技术发展表明 PDF 1.1 版本将很快不能存取，那么所有用该格式保存的数字资源就要被转化为新的版本格式（如 PDF 1.4 版本格式）。这样，数字资源就进入了下一个可被访问的生命周期，直到 PDF 1.4 版本格式出现不可存取危机为止。这时，就要进行下一个数据迁移过程。数字迁移的最大优点在于数字资源总是以能够被普遍接受的格式为人们所使用，现行的硬件与软件能够毫无障碍地访问数字资源。数字迁移的主要缺点有三[1]：其一是在格式转化过程中，数字资源的一些样式（layout）甚至一些数据将会丢失。如果数字资源的原始样式需要重点保存，那么数字迁移或许不是最好的选择。其二是数字迁移的操作对象是数字资源集合中的单件资源，如果数字资源集合庞大，那么转化过程需要很长时间，工作量很大。其三是如果数字资源的文件格式已作废或所用的转换工具不再有效，那么采用这种方法进行格式转换就不可行。因此，采用数字迁移时，必须不断地开发并运行转换程序，以免数字资源的格式过时。

数字仿真（emulation）也可称环境改变法，并不改变数字资源本身，而是改变数字资源所在的环境，其目的是构建一个采用新的软硬件技术访问原格式数字资源的环境。数字仿真不改变数字资源的文件格式，也不改变用于数字资源访问的软件或浏览器，但要提供采用原来浏览软件来浏览原始格式数字资源的一个工具，这个工具称为仿真工具。仿真工具在新的环境下工作，使原来的浏览器和原来的工作平台适应于新的环境。数字仿真的最大优点在于保持数字资源的外观（look-feel），比如，在保存书籍时，其真实的外观就可长久被保存。但数字仿真的一个最大缺点是开发和维护这种仿真工具非常复杂，也很困难，成本也非常可观。在实际应用中，要维护多个仿真工具，但即使这样也很难确保这些工具对未来计算机平台的有效性。

无论采取哪种方法，业界已经证实，数字资源的维护成本是非常昂贵的[2]。在数字迁移实施过程中，有很多转换工具都可以用来

---

[1] Caplan, Priscilla. Building a digital preservation archive: Tales from the front. The Journal of Information and Knowledge Management Systems, 2004 (1): 35-39.

[2] United Kingdom's CEDARS project. The overall problems of preserving digital information. [2010-05-20]. http://www.curl.ac.uk/cedarsinfo.shtml.

实现数字资源的格式转换,并且这种转换过程相对来说比较简单,甚至很多转换工具都是免费的,但其费用与要转换的数字资源集合的规模有直接关系。另外,随着技术的快速更新,格式转换之间的周期也越来越短。所以,数字资源集合的规模越大,每次格式转化的对象就越多,所需费用就越多;格式转换周期越短,所需费用也越多。数字仿真所需费用虽然与数字资源的规模没有关系,但仿真工具的开发、维护和使用费用都是非常高的。

然而,数字化有助于信息资源的保存是毋庸置疑的,因为至少可以减少用户对原始资源载体的操作。对珍稀和高价值信息资源的周而复始访问所导致的对其载体的破坏是众所周知的,这些资源的管理者不断探索限制其被访问的方法。更糟糕的是,如果原始资源载体被损坏到难以修复的程度,就可能不再用于公共访问,而仅将之用于科研需要,甚至完全限制任何场合的使用。很明显,对这类信息资源进行数字化而产生的高分辨率数字图像可以替代原始信息资源,为广大用户提供了对其存取和浏览的另一种途径,避免了对原始信息资源的操作,从而也保护了这些资源载体。正如数字图书馆专家 P. Noerr 所说[1]:"物理性的操作对易损信息资源载体最具有破坏性,保存这些资源载体的最好方法之一就是限制物理性的访问。这也是创建数字图书馆的最主要原因之一。"

但是,尽管这样也不能否认一个基本事实:原始信息资源的任何替代品(无论是数字化格式的还是微缩格式的)都仅仅是替代品,而不能完全取代原始资源。数字化文件和微缩胶片不能永久地保存原始资源内容。所以,信息资源数字化不能替代乃至否认图书馆为长久保存原始信息资源而做的不懈努力。

1.1.2 项目目标之二:数字存取

数字资源虽然需要不断投资实现长期保存,但是它的一个效用已被广泛认同,即便于用户存取。数字资源的广泛传播很容易实现,可通过 Web 或 FTP 方式,且对其浏览也不需要昂贵设备支持。

---

[1] P. Noerr. ELAG -Progress Reports. [2010-06-10]. http://www.kb.nl/coop/elag/elag98/reports/usa1.doc.

因此，信息资源数字化工作绝对不是一个短期行为。Chapman 和 Kenney 的观点已得到广泛认可①，即数字资源的生产和选择是长期为用户服务的，只有这样，数字化生产和维护的投资才会有经济上的可行性。

数字化能够提高对其内容的分析能力，可以对数字对象进行编辑和合并等操作，而这个过程对原始信息资源将不会产生任何破坏。研究人员可以采用诸如图像分析处理软件等工具对数字文件进行各种分析，这同样对原始信息资源不会产生任何影响。然而，访问量的增加是有利有弊的，数字资源的可广泛获取性（如通过 Web）必然导致用户对原始文献的访问需求增多。实际上，早期用户对缩微胶片的广泛访问也证实了这一点。因此，制作高品质的数字图像是非常必要的，因为它可以用来尽可能多地取代实体文献，从而减少用户对原始文献的访问需求。但应该承认，即便制作了最高品质的数字图像，用户对原始文献的访问需求量也不可能降低到零。

由上可知，数字资源的最主要优势在于便于用户访问，但它作为原始文献的一种长期的标准保存方式则存在很多缺陷。不要认为，数字化仅仅是为了满足当前用户需求的一种方式。已经实施的众多的信息资源数字化项目已经得出一条重要经验：数字化主文档只有支持多种形式的输出（如印刷输出、缩微胶片输出、用于传播的副本输出以及其他用途的各类文件输出等），才具有真正的效用价值和实现投资效益的尽可能最大化。不过，这里也有个度的问题，其设置要受具体项目的时间和资金所限。

1.2 项目成本

1.2.1 项目成本构成

信息资源数字化项目生命周期中，每个阶段的成本构成不同，

---

① Stephen Chapman and Anne R. Kenney. Digital Conversion of Research Library Materials. ［2010-07-20］. http：//www.dlib.org/dlib/october96/cornell/10chapman.htm.

在项目规划阶段对整个项目进行成本预算时，需要考虑的要素有很多。已经有一些案例研究了数字化项目成本的测算，并对成本构成要素进行了探索，这些大多被编制在美国国家网络文化遗产项目（NINCH）的资源列表中①。

美国研究图书馆协会（RLG）设计了一个比较实用的数字化生产成本构成要素工作单，以帮助图书馆制订数字化项目的经费预算。这个工作单包括了十个步骤和成本要素②：数字化内容选择、进行数字转换的信息资源集合规模和类型、原始信息资源数字生产前的准备、数字扫描标准的建立、元数据方案的确定和元数据内容的生成、数字扫描成本估算、数字化文本转换成本估算、采用标记语言对数字文档进行编码的成本估算、数字文档的后期处理成本和其他成本估算。

欧盟文化与科学信息资源数字化部长级网络（Minerva）在其2006年6月发布的研究报告中，依据生命周期，将信息资源数字化整个项目的实施成本分解为下述九个主要要素③：

（1）数字化内容选择。该阶段是依据确定的标准进行相符性判断，将符合条件的原始资源遴选出来，继而进行数字化加工的一个过程。这个阶段的成本体现在内容选择标准的构建和依据选择标准对馆藏文献进行筛选两个方面。

（2）数字化生产准备。Minerva通过调查估算，该阶段的成本占项目总成本的20%～30%。该阶段成本的主要构成有：

- 原始文献载体搬运。涉及对搬运文献的编目和打包。
- 原始文献唯一标志符的添加。该标志符有助于资源编目，

---

① NINCH. The Price of Digitization: Resources. [2011-05-29]. www. ninch. org/forum/price. resources. html.

② RLG. Worksheet for Estimating Digital Reformatting Costs: A guide to the preparation of a budget for digitization. [2011-06-10]. www. rlg. org/en/pdfs/RLGWorksheet. pdf.

③ Simon Tanner. Cost Reduction in Digitization. [2011-06-20]. http://www. minervaeurope. org/publications/CostReductioninDigitisation_ v1_ 0606. pdf.

并可为以后扫描和元数据抓取提供便捷。

- 原始文献的状态评估。以确定合适的搬运、处置和数字化加工的方式。
- 原始文献的数字化加工准备。包括去除原始资源载体的装订，以及对载体表面的清洁处理等。
- 版权状态和其他使用权的明晰以及版权许可。以免日后图书馆被起诉、导致信誉损失甚至被迫取消电子版。
- 残缺文献的处理。对残缺不全的馆藏文献在数字化之前要进行补缺或做相应说明。
- 原始文献返回的检查。确保其完整和未被损坏。

（3）元数据析出。数字化项目的元数据不仅要对数字对象的内容进行描述，而且还要对其加工过程、采用的技术和工艺、产权管理等事项进行描述。析出方法以人工为主，软件自动抽取为辅。

（4）原始文献的保护。对于数字化过程可能造成载体损伤的文献资源（如易碎载体），在数字加工过程中要采用合适的技术和措施进行保护。

（5）原始资源替代品（如胶片）的生产。

（6）基础设施的构建。包括网络、数据存储、备份、数字资源发布、软硬件等。

（7）数字转换。包括数字扫描、数字拍照、模拟音频和视频信息资源的数字转换。

（8）文本抓取。为元数据自动析出或全文检索的目的，采用OCR或重新键入等方式对文本图像进行识别，也包括嵌入标记语言（如XML）的标志。

（9）整个项目实施的质量控制。

1.2.2　项目成本节约

数字化项目成本节约的基本原则是审查需要人工干预的环节，尽可能取消或减少这些环节。Simon Tanner 在 Minerva 的研究报告中提出降低这类项目成本的基本思路有①：减少人力成本；对数字转换各环节实施自动控制，以减少人工干预；实施规模生产，减少生产流程中的变量；提高整体绩效和产出，确保资金的高效利用；严格质量管理，改善和优化项目生产流程；构建风险管理预警体系，降低风险成本；培训员工所需技能，提高生产能力和产品质量；开展项目合作，实现资金、设备、人员和技术的优势互补。

1.2.2.1 减少人力成本

信息资源数字化项目的人力成本不仅包括基本工资，而且还包括其他成本因素。Minerva 采用的快速估算人力总成本的方法是基本工资乘以 170%②。降低工资成本通常意味着寻找较廉价的劳动力，雇用较低技能的员工。实现的方法有③：

（1）把任务分解成若干模块。对于复杂的数字化项目，根据所需技能知识的类型与程度，将工程任务进行详细分解，分块设计，使较低技能的员工从事重复工作，当绝对必要时才聘用高技术专家。

一个例子是欧盟的一个植物样本数字化项目。该项目不仅涉及数字化技术知识，而且还涉及植物学知识。植物样本图像扫描可以从整个工程中分解出来，作为一项重复性工作可由经过培训的工资较低的人员来完成；数据库录入工作需要一定的植物学知识，但可以通过设计一套规程（如从植物样本的注解中提取元数据内容的规范）由简单脑力劳动者实现，仅需雇用为数不多的植物学专家对较难的情况提供建议和指导。通过任务分解，只对最体现高薪员工价值的任务雇用相应专家，从而降低工资成本。

（2）提供良好工具和指导。一般认为，数字化项目需要专业技术人员通过操作高技术性能设备来完成，所以是一类高人力成本

---

① Simon Tanner. Cost Reduction in Digitization. [2011-06-20]. http://www.minervaeurope.org/publications/CostReductioninDigitisation_ v1_ 0606. pdf.

② Simon Tanner. Cost Reduction in Digitization. [2011-06-20]. http://www.minervaeurope.org/publications/CostReductioninDigitisation_ v1_ 0606. pdf.

③ Simon Tanner. Cost Reduction in Digitization. [2011-06-20]. http://www.minervaeurope.org/publications/CostReductioninDigitisation_ v1_ 0606. pdf.

项目。实际上，除了把任务分解为复杂程度不等的模块外，良好的工具、恰当的指导和操作手册，同样可降低对众多任务的技术要求，从而降低工资成本。

举例说明。在数字图像转换时，颜色管理软件的使用可以准确校对数字化设备和环境，保证成像颜色的准确度，这样可以减少对相关技术专家的依靠性。另外，在元数据抓取时，建立一套数据抓取范围表也可以降低对专业知识的要求。使用软件工具对录入的元数据自动添加XML标记，同样可以降低任务的复杂度，并且还可提高最终产品的质量和标准化程度。

（3）培训投资。培训投资似乎有悖于通过降低技术需求减少成本的原则。但事实上，对较低技能的员工进行适当的针对性培训能够使他们在一定范围的工作中具备与高技术人员同样的表现。但这些员工不可能在每一个工作环节中都能达到高技术人员的要求，所以其工资相对低。

根据Minerva的统计①，数字化项目中有85%的任务属于重复性工作，12%～15%的任务比较困难，只有小于1%的非常困难。在一般情况下，雇用技能较低的员工，对其进行培训，可以胜任12%～15%那部分工作，剩余任务可通过独自承担或项目外包的形式由专家解决。

培训投资还可以改善工作流程、提高生产率，同时降低了由于质量问题而重做的成本。

1.2.2.2 项目外包

寻求较廉价的劳动力是数字化项目进行外包的重要原因。对于大规模数字化工程，外包比图书馆自己实施要节省成本。从降低成本角度，外包不仅意味着使用第三方提供的设备和专家，而且也意味着不承担维护专业设备的成本。实际上，很多数字化项目都没有充分使用所购买设备的所有折旧价值，这样就变相增加了数字化生产的成本。

---

① Simon Tanner. Cost Reduction in Digitization. [2011-06-20]. http：//www. minervaeurope. org/publications/CostReductioninDigitisation_ v1_ 0606. pdf.

但从整体上考虑，为了权衡外包的合理性，以下问题可供图书馆参考①：

（1）通过外包，图书馆能否专注于自身核心技术的提升，并利用外包商的专长来降低项目的总成本；

（2）外包能否提高图书馆的竞争力，能否强化项目目标的实现；

（3）能否增加图书馆与关键技术和设备的接触机会，而这些技术和设备都是图书馆购买不起的；

（4）能否降低技术过时的风险成本；

（5）从人力资源角度，能否提高规模经济；

（6）能否获得和增加与技术人才相接触的机会；

（7）外包能否强化对项目费用的控制。

1.2.2.3 自动化

毫无疑问，数字化项目实施过程中自动化程度越高，成本降低的幅度就越大。针对这类项目，"自动化"包括两种类型：其一是机械自动化，减少乃至完全取代原始资源处理过程中的人工干预；其二是基于软件的自动控制，提高生产效率，取消人工干预，提供与员工的交互界面。

然而，自动化并非是降低成本的灵丹圣药。在有些情况下，自动化不仅不能够改善工作流程，反而会导致一些瓶颈。比如，目前大多数的数字化项目中质量检查和元数据析出两个工序大多由人工完成，其他工序的自动化就很可能导致这两个工序成为整个生产流程的瓶颈。

（1）机械自动化。

机械自动化主要应用在数字化项目生命周期中数字扫描阶段。影响该阶段成本的因素主要有两类：扫描过程中处理和移动原始资料的成本以及对输出图像文件标注必要说明的成本。这两项工作占用时间越多，成本越高。除非生成特大文件，技术成本微不足道。因为，从整个生命周期角度，通过改善计算机硬件（使用可移动

---

① Simon Tanner. Cost Reduction in Digitization. [2011-06-20]. http://www.minervaeurope.org/publications/CostReductioninDigitisation_v1_0606.pdf.

存储器、存储局域网络和光纤网络等）而产生的存储技术成本在整个项目的实施成本中所占的比例很小。

自动化可以降低数字扫描成本，其降低程度与自动化水平密切相关。例如，使用纸张供应器可使单页文献自动扫描；智能扫描仪可扫描装订成册的纸质文献；幻灯片可装载在托盘里进行批量自动扫描；缩微胶卷虽可以自动扫描，但单片缩微胶卷和有包装的胶卷需要人工干预。

自动扫描是近年的新发展，可大大降低装订卷册的扫描成本。虽然不适用中世纪手稿，但除了在扫描开始将其放置在机器上，19世纪的装订本可以不加人为干涉地被扫描。目前投入使用的自动扫描设备主要有：4DigitalBook 数字化流水生产线①，声称可以每小时扫描 1500 到 3000 页；Kirtas 自动书籍扫描系列②，每小时扫描 2400 页；Atiz BookDrive 桌面自动翻页扫描仪③，每小时也可扫描 500 页。还有一些半自动化的针对装订卷册的扫描仪，如 Zeutschel④ 和 I2S⑤ 等。

自动扫描可降低成本，但必须指出，自动化实现的低成本是建立在高成本数字化设备的基础之上的。对于小规模项目，除非考虑外包，否则高端的扫描设备购买可能从成本效益角度不合适。

（2）基于软件的自动化。

基于软件的自动化目的在于加速生产处理过程。在数字化项目实施过程中，这类自动化的最好例证是图像文件的批处理（如图

---

① ASSY SA. 4digitalbooks. ［2011-06-20］. www.4digitalbooks.com/digitizing-line.htm.

② Kirtas Technologies Inc. Kirtas. ［2011-06-23］. www.kirtas-tech.com/products.asp.

③ ATIZ BookDrive. Automatic Book Scanner. ［2011-06-11］. www.atiz.com/bookdrive.php.

④ Zeutschel Co. Zeutschel——the Future of the Past：Scanners. ［2006-07-01］. www.zeutschel.com/.

⑤ DigiBook Co. i2S DigiBook. ［2011-06-28］. www.i2s-bookscanner.com/.

像编辑和基于数字化主文档的各种副本的生产）和文本内容的自动识别。批处理具有较高的成本效益比。实现对数字图像进行批处理的软件工具有很多，价格较低的有 Adobe Photoshop，比较昂贵的有 I2S Bool Restorel 等。但到目前为止，软件自动化在下述三个领域对于成本节约的效果很有限：其一是基于多媒体（图片、音频、视频）的元数据析取；其二是文本资源的 OCR 识别，有时重新键入更经济；其三是智能元数据抓取，基于内容的描述性元数据抓取仍需要高水平的专业技术人员来实现，并时常需花费大量时间。

文本抓取是将依附于物理载体（如书籍、手稿、杂志、信件等）的信息内容转换为计算机可识别的形式。实现文本抓取的主要方法有：手写识别、重新键入、语音识别和 OCR。

手写识别是一种先进技术，但 Entlich 对该技术的评论是①：对于手写体文本，目前还没有识别率能被用户广泛认可的商业软件，将其识别为可索引的数字文本。并建议，由于手写形式的局限性，在其识别技术实现根本性革新之前，谨慎用于规模性自动化。

重新键入大多是一个人工过程，只有少部分可以借助软件提高效率。重新键入可以产生非常准确的结果，但人工成本相对昂贵。如果要求高准确率（如 99.99%），那么 OCR 可能比人工键盘输入成本更高，因为校对 OCR 文本要比借助廉价帮助软件进行人工键盘输入要昂贵。

语音识别是借助软件将音频转换为数字化文本的过程。目前，提高语音识别准确度的常用方法之一是对语音输入者进行发音训练。然而，作为一项成本节约技术，基于音频内容的自动识别目前还不够成熟。

OCR 是数字化文本生产中降低成本最明显的工具。它被用来自动从数字图像中识别生成文本，准确率与数字图像的质量有关。

选择成本最节省的文本抓取方案有时很困难。表 1-1 是一个文本抓取决策矩阵，总结了文本抓取的较合适方法。

---

① Entlich, R. Handwriting recognition for historical documents. ［2011-06-12］. www.rlg.ac.uk/preserv/diginews/diginews8-1.html.

1.2 项目成本

表1-1① 文本抓取决策矩阵

文本抓取的目的	被抓取的文本数量和类型	OCR识别且无须校对	OCR识别且需要校对	重新键入
全文抓取或用于自动生成索引	被抓取的文本图像数量小于100			★★ [1]
抓取目的：仅用于自动生成索引；文本印刷时代：Modern [2]	被抓取文本的数量和类型不限	★★	★	
抓取目的：仅用于自动生成索引；文本印刷时代：Historic [3]	被抓取文本的数量和类型不限	★★	★	
抓取目的：全文文本数字转换；或对手写文本自动生成索引	被抓取文本的数量和类型不限			★★
抓取目的：全文文本数字转换；文本印刷时代：Modern	被抓取文本的数量和类型不限		★★	★
抓取目的：全文文本数字转换；文本印刷时代：Historic	被抓取的文本图像数量<1000；被抓取文本类型：simple [4]		★★	★
抓取目的：全文文本数字转换；文本印刷时代：Historic	被抓取的文本图像数量<1000；被抓取文本类型：noisy [5]		★	★★

---

① Simon Tanner. Cost Reduction in Digitization. [2011-06-20]. http://www.minervaeurope.org/publications/CostReductioninDigitisation_ v1_ 0606.pdf.

续表

文本抓取的目的	被抓取的文本数量和类型	OCR识别且无须校对	OCR识别且需要校对	重新键入
抓取目的：全文文本数字转换； 文本印刷时代：Historic	被抓取的文本图像数量<1000； 被抓取文本类型：complex [6]		★	★★
抓取目的：全文文本数字转换； 文本印刷时代：Historic	被抓取的文本图像数量>10000； 被抓取文本类型：simple		★★	★
抓取目的：全文文本数字转换； 文本印刷时代：Historic	被抓取的文本图像数量>10000； 被抓取文本类型：noisy	[7]	★	★
抓取目的：全文文本数字转换； 文本印刷时代：Historic	被抓取的文本图像数量>10000； 被抓取文本类型：complex	[8]	★	★★

注：[1] "★"表示有效方法；"★★"表示从成本节约和准确性综合角度考虑，最有效方法。

[2] Modern：1950年之后印刷的书籍或杂志文本，内容印刷特征以黑白色为主，带有灰色或彩色模式。

[3] Historic：1900年之前印刷的书籍或杂志文本，内容印刷特征以黑白色为主，带有灰色模式。

[4] simple：印刷非常清晰的单栏目文本，不带有科学符号，只有一种语言，无小字体，无特殊字符、图表或说明。

[5] noisy：由于灰尘、破缝、褪色、涂改、起皱等原因导致文本不清晰、不整洁，其他特征与simple相同。

[6] complex：印刷非常清晰的文本，但至少包括下述一个因素：多栏目、带有科学符号、多语种、小字体、特殊字符、图表。

[7]、[8] 仅用于自动做索引时可考虑的文本抓取方法。

1.2.2.4 优化数字化生产流程

生产流程是实现某一特定目标而采取的行动的逻辑集合。最大限度地利用现有资源,提高生产效率,无疑会降低文献数字化的单位成本。优化生产流程是在一定时间和成本支出内获得最大产出的一种方法。

生产流程的重要性在于:人力成本通常是最高的成本;障碍和瓶颈不仅消耗资金,而且也浪费时间,资金和时间都是成本的重要组成要素;生产流程是实现项目计划的保障;合理的生产流程可以在风险发生之前就被有效识别,从而避免重大损失,这也是产品质量的保障,降低次品的手段。

在优化数字化生产流程时,要考虑的因素有:

- 关键路径:分析确定数字化生产过程中需要实施的最重要任务,从而定义关键路径。关键路径应是花费资源最多的工序,如果其他工序占用了过多资源,那么就要重新考虑这个生产流程是否为最优化。
- 发生顺序:有时通过简单的次序调整,使任务完成最符合成本节约的宗旨。
- 并行操作:确定哪些操作可以同时进行,以便设计出最节省时间的生产流程。
- 输入和输出:确定真正所需的输入输出要素,抛弃不是必需的要素,以节省生产成本。

1.2.2.5 强化质量管理

质量管理贯穿于数字化项目生命周期的整个阶段,是降低成本的重要方法。质量管理不纯粹是对最终产品的检查,因为任何一个项目不可能有足够的资源来检查每件最终产品,确保零差错。

质量管理的目的在于在项目运行、工作流程和员工操作过程中发现问题。系统误差可以通过修改系统设置来纠正。对于人为错误,可以通过重新培训或调换更适合的员工来处理。

质量管理的重点在于对生产过程的不断完善和持续优化。任何质量管理系统都不可能简单地生成一份包含固定差错的清单。发现差错,就要对工作流程进行调整,使类似差错不再出现。由于重新数字化对项目而言成本昂贵,所以质量管理的底线是尽可能减少重新扫描的数量。

1.3 产权许可

一般认为,信息资源数字化是对文献资源进行复制的一种行为。而图书馆信息资源数字化项目的实施目的在于对所选馆藏资源进行数字转换后,通过网络发布传播,并向广大用户提供在线检索、浏览甚至下载服务。尽管不同国家、不同地区甚至不同时代对知识产权保护的范围界定有所差异,但根据现阶段的有关法律法规,几乎所有国家和地区都认定这种传播、浏览和下载的行为均需产权许可。

根据图书馆信息资源数字化项目的实践现状,数字化内容的产权状态有三类:

(1) 免产权许可的馆藏资源,这些都属于公共领域(如一些古旧的图书和报纸等),可以自由数字化发布;

(2) 产权被实施数字化的机构所有,这类馆藏资源在进行数字化和发布之前需要单位内部许可;

(3) 产权归他人所有,这类馆藏资源在数字化和发布之前必须得到产权拥有者的授权许可。

其中,第三种情况是图书馆信息资源数字化项目实施的关键,因为这类资源的产权问题不仅意味着图书馆要支付昂贵的许可费用,而且还常常因为无法找到产权拥有者或产权拥有者拒绝许可致使无法进行数字化。

在图书馆信息资源数字化项目实施过程中,产权问题贯穿始终。这类项目所涉及的产权问题主要有①:产权许可、产权管理、产权保护以及产权延伸许可四个方面。

(1) 产权许可。图书馆信息资源数字化项目中,数字资源的生成方式有两种:图书馆馆藏文献的数字扫描和已有模拟替代品的数字拍照。这两种方式都涉及产权许可。产权许可包括的内容有:

---

① Naomi Korn. Guide to Intellectual Property Rights and Other Legal Issues. [2011-04-20] http://www.minervaeurope.org/publications/guideipr1_0.pdf.

产权状态的识别,产权拥有者的识别,与产权拥有者的谈判与协商,与涉及产权第三方的谈判与协商,产权许可获得。

(2)产权管理。产权许可一旦获得,就要寻求合适的方法对其进行管理。产权管理的内容主要有:产权的记录,产权管理系统的建立,采用电子商务模式辅助产权许可与交易。

(3)产权保护。数字资源进入网络传播之前,需要设计一个控制存取的机制,以确保其合法使用。这个机制主要包括:界定可授权存取的用户及存取的条件;制定和实施授权许可的方法,以支持在合适介质中数字资源的传递;采取合适的技术手段,限制和监控数字资源的非法存取。

(4)产权延伸许可。数字资源可以被收割到其他数据库中,这时,原来的许可条款可能就不足以支撑这种附加应用,就要考虑延伸许可,以确保第三方用户对数字资源的有效存取。

1.4 项目实施方式选择

图书馆信息资源数字化项目实施方式有两种:外包和自己实施。前者对于不具备数字化生产基础设施的图书馆具有很强的吸引力,因为这样可以省去设备购置的高昂成本。对于一些特殊载体资源和载体过大资源(如大幅面建筑图纸、地图和海报等)进行数字化,外包也许是唯一选择。对于短期数字化项目,外包尤其是比较理想的选择。然而,对于长期数字化项目,完全外包值得商榷,图书馆将整个项目的实施依赖于外包商并非是明智决策。外包方式是图书馆的困难选择,决策前应充分咨询,出发点是成本效益分析。

因为外包大多涉及原始资源载体的搬运,所以对于稀有资源、易碎资源和不适合于离开图书馆物理存放装置的资源,外包也不是合适方式。

外包方式的成功关键还在于数字资源的元数据提供。图书馆需制定措施跟踪这些原始资源,并在返回时进行核实,整个过程需元数据来记录。外包商要根据图书馆制定的元数据描述框架,提供充足且高质量的元数据内容,这是一项非常繁重的工作,即使是享有盛名的外包商(如日本的 Kodak Photo-CD 公司)也仅提供非常有限的元数据内容。

无论是部分外包还是全部外包，图书馆对其数字化项目都要严格管理。

表1-2是外包和图书馆自己实施数字化项目的优缺点对比分析，图书馆在进行实施方式的选择时，应该全面权衡利弊。

表1-2[①]　　外包和图书馆自己实施数字化项目的优缺点对比分析

	图书馆自己实施	外包
优点	• 边学边做，逐步培养自己的数字化专家 • 发展自己的生产能力 • 可对数字化生产过程的所有环节进行控制 • 定义需求具有灵活性 • 原始信息资源的安全可以得到保障	• 外包商拥有专家和训练有素的员工 • 可以根据项目规划和预算，基于被数字化的原始信息资源的规模，谈判每件资源数字化的价格 • 劳动力成本低 • 技术过失成本由外包商吸收 • 风险小 • 可供选择的余地大
缺点	• 投资大 • 每个图像的生产成本不具有可议性 • 需要构建技术基础框架，包括生产场地、数字化设备和计算机等 • 生产能力和效率有限 • 容易产生技术过失成本 • 对图书馆的其他活动会产生影响 • 除了生产费用外，图书馆需要支付设备、维护和人力费用 • 需要专门技能的员工，并需要对所有员工进行培训 • 需要设备支持	• 图书馆在整个数字化项目实施进程中，缺少了数字化生产这一重要步骤 • 外包商可能对图书馆的需求不熟悉 • 图书馆不能进行现场质量控制 • 外包商生产的数字图像可能还需要图书馆来加工处理，图书馆应该对生产的图像随机抽取检查 • 需求必须在合同中清晰定义，否则就有可能出现交流障碍 • 原始信息资源需要搬运，并由此导致运输安全和处理安全问题。尤其对于三维型原始资源载体 • 容易受外包商的稳定性影响

---

① Canadian Heritage Information Network. Capture Your Collections：A Guide for Managers. Planning and Implementing Digitization Projects. ［2010-08-01］http：//www.chin.gc.ca/English/Digital_Content/Managers_Guide/pdf.html

1.5 项目规划的其他内容

除上述外,项目规划阶段涉及的内容还有:

(1) 胶片应用。

在信息资源数字化过程中,胶片有其独特的应用价值。很多时候,数字资源是通过对现存胶片的扫描来实现的,比如,牛津大学图书馆在对其馆藏的西方手稿进行数字化时就采用这种方式。理由很简单,无论是图书馆自己实施数字化项目还是外包实施数字化项目,对微缩胶片进行数字扫描要比直接对原始信息资源进行数字扫描便宜得多。但这里存在着一个问题,微缩胶片的质量是否能够达到足够的标准?从微缩胶片获取的数字图像是否能够满足用户的需求?

但是,如果要被数字化的信息资源还没有胶片这种替代品,特别是对那些需要保护而进行数字扫描的信息资源来说,那么问题就很难办了。目前已经证实,如果环境合适,那么微缩胶片是保存信息资源的最佳方式。如果将胶片存储在标准化环境中,那么它可以保存几百年,但数字文件保存期限具有很强的不确定性,尽管可以投入昂贵的维护费用以及数据格式的迁移费用来延长其存取时间。

1997 年,Alan Howell 在全面普查报刊数字化项目后,认为[1]:"保存报刊信息资源的最有效方式是采用微缩胶片。纸质报刊的寿命在 25 年到 100 年之间,取决于它们的柔韧度、使用情况以及所存放的环境。如果将这些信息资源拍摄为胶片,以 35 毫米的聚酯卤化银为介质,按照国际标准进行相关处理,存储在可控制的环境中,这样,胶片就可以存放几百年。这时,胶片就可以作为保存主体,对胶片进行扫描就可生成数字图像。"并由此得出结论:信息资源胶片化也许是一种最重要的信息资源保存策略。随着胶片视觉

---

[1] Alan Howell. Film Scanning of Newspaper Collections: International Initiatives. [2010-07-10]. http://www.thames.rlg.org/preserv/diginews/diginews2.htm l#film-scanning.

效果的改进以及为便于对其数字化的一系列相关标准的出台，这个结论就更加可信了。

美国耶鲁大学图书馆的"开放图书"数字化项目认为[①]：众多图书馆公认，缩微胶片是一种优秀的长期存储信息内容的载体的主要原因在于其具有寿命长和技术成本低的特征。可是，微缩胶片的线性特征使其难以存取，从而导致对其浏览和阅读的麻烦，且需要特殊设备的支持，不易做到对内容进行结构化组织和利用，也难以生成高质量的印刷品。

用胶片记录黑白或灰色图像更清楚些。由于彩色图像呈现出更多的维度，这就使得胶片上的彩色图像消退更快，每隔20年左右就需要更新一次，不过，技术的进步已经使彩色胶片寿命得到了大幅度延长。实际上，胶片的维护频率非常低，几十年不更新是很常见的事，即使错过了一个更新周期也无关大局。与胶片形成鲜明对比的是，数字资源的更新和迁移周期一般为3~5年，如果错过了这个周期，就会导致数字图像的灾难性破坏。如果将印刷型信息资源载体的酸性腐蚀称为"慢速损坏"，那么，数字信息资源的过时就可被称为"快速损坏"。

在信息资源数字化领域中，使用胶片的方法有两种，正如哥伦比亚州大学的"数字图像技术项目"中所介绍的[②]，"可以直接对信息资源载体本身进行数字扫描，也可以先将信息资源拍摄成胶片，然后再对胶片进行扫描。胶片可以是常见的35mm幻灯片、4×5的幻灯片、缩微胶片和单帧胶片等。如果对胶片进行正确保存，那么可以作为保存信息资源的替代品。胶片的质量对数字图像的质量有着直接影响。如果胶片是劣质的，有划伤、消退或是聚焦不准，那么对它扫描得到的数字图像必然质量较差。如果胶片是优质的，那么扫描就会得到质量较好的数字图像。尽可能使用照相底

---

① University of Yale. "Open Book" Project. [2010-07-10]. http://www.clir.org/cpa/reports/openbook/openbook.html.

② University of Columbia. Technical Recommendations for Digital Imaging Projects. [2010-07-20]. http://www.columbia.edu/acis/dl/imagespec2.html.

片。每对幻灯片或其他类型的胶片进行一次信息转储，就会使原本信息丢失一些细节和分辨率，扫描得到的数字图像的质量就会差一些。"

这里，有一个关键问题：是应该先制成微型胶片，然后再从胶片获得数字图像？还是直接生成数字图像，然后再由数字图像输出胶片？不同的数字化项目的做法也不尽一样。美国耶鲁大学图书馆的数字化项目是先制作成胶片，然后再对胶片进行扫描生成数字图像。而美国康乃尔大学图书馆则相反，它所实施的"缩微胶片计算机输出（COM）"项目是先进行数字扫描生成数字图像，然后再由数字图像输出胶片。COM 项目对这两种方案所生成的数字图像质量、胶片质量和所需费用进行比较研究后，得出的结论是①：

①先数字扫描再输出胶片的方式所产生的微缩胶片的质量较高，甚至超过了 ANSI/AIIM 的标准，并且如果对原始资源的数字扫描进行有效的质量控制，所得到数字图像的质量也高；

②这种方式的整体费用要低；

③从整个数字化流程的系统角度来看，采用这种方法从原始文献到生成可存取的数字图像只涉及一个步骤。

然而，这并不是说 COM 项目的方案是最佳的选择。实际上，选择哪种方案，要具体结合原始文献的特征、项目实施机构的能力以及对数字图像和相关服务的要求等。例如，澳大利亚的 Ferguson 数字化项目②，最初不能确定是采用康乃尔大学图书馆 COM 项目方案（先数字扫描，再输出胶片），还是采用耶鲁大学图书馆的"开放图书项目"方案（先拍摄成胶片，再将胶片扫描成为数字图像），在对自己的实际情况考察研究后，采用了后者。

针对康乃尔大学的 COM 项目和耶鲁大学"开放图书"项目的

---

① Anne R. Kenney. The Cornell Digital to Microfilm Conversion Project: Final Report to NEH. ［2010-07-20］. http：//www.thames.rlg.org/preserv/diginews/diginews2.html#com.

② Colin Webb. A Hybrid Approach to Reformatting Rare Australian. ［2010-07-20］. http：//www.nla.gov.au/nla/staffpaper/cwebb1.html.

不同做法，Chapman，Conway 和 Kenney 三人对"用于易损书籍的未来保存的复合方法（数字图像与胶片相结合）"进行研究。其结论是①：

①尽管不少人认为数字信息将取代微缩胶片，数字图像虽然可以提高用户对其的访问量，但还不能确保其永久保存；

②数字资源的昂贵保存费用在可被广泛接受之前，微缩胶片作为保存介质仍然是一种最佳的选择。

（2）人力资源组合。

项目实施之前，所需人力资源必须是可获取的。人力资源不仅包括图书馆中可以抽调的工作人员和外聘人员，而且还包括项目实施所需的技术和知识，以及相应的软硬件资源等。

人力资源组合应符合下述要求②：确保有足够的人力资源来实施项目；将人员分配固定到每一项工作中；对项目所需的软硬件知识和技能进行培训；人力资源组合的重点在于构建一个既具有项目实施所需技能，又具有类似项目实施经验的技术人员核心集体。

（3）相似项目的调研。

调研已经实施的类似项目，一方面，有助于规划项目实施所需的软硬件，制定合理的生产流程，避免类似项目中的一些失误；另一方面，有助于激发项目设计者的新思维，使项目规划更加周密和完善，并且通过与相似项目的比较，比较准确地估算出项目实施的工程量。另外，通过参照其他类似项目，可以确认要实施项目的可行性，从而增强对项目实施结果的自信。

在项目规划初期，相似项目调研的时间越早越好。调研过程中，项目规划小组尽可能地与已实施类似项目的规划人员接触，学习经验，汲取教训。

---

① Chapman, et. al. ［2010-07-20］. http：//www.rlg.org/preserv/diginews/diginews2.html#hardware&software.

② UNESCO. Guidelines for digitization projects for collection and holdings in the public domain, particularly those held by libraries and archives. ［2009-12-29］. http：//www.ifla.org/VII/s19/pubs/digit-guide.pd.

(4) 项目实施风险分析。

项目规划的目的在于尽可能地保证项目成功实施。然而，规划本身并不能排除所有风险，所以，构建一个框架体系从而以一种有效的方式来应对不可预见的风险就成为了项目规划的一项任务。

信息资源数字化项目的风险分析至少应包括下述五个方面的内容[1]：

①知识产权风险。数字对象通过互联网传播的本身就是对原始文献的再次发布，这期间涉及原始文献的知识产权问题，其中的风险分析有：对一些没有经过许可而进行数字化发布的文献资源的后果是什么？如果的确发生了侵权行为，那么对项目的影响是什么？

②可靠性风险。对一些公共信息资源，其法律价值是非常重要的，采取什么方法确保信息资源来源的可靠性？

③真实性风险。采取什么方法和使用什么工具确保数字化后的内容与原始资源的一致性？

④资金保障风险。项目实施的资金保障对项目达到预期目的来说同样存在着潜在风险。如果在项目实施过程中出现了资金保障问题，那么对项目的影响有哪些？应对方案是什么？

⑤技术人员风险。雇用技术人员或有经验的人员是否可行？如果不可行，那么对项目的实施计划的影响有哪些？

---

[1] Minerva. Good practices in digitization. ［2010-10-20］. http://www.minervaeurope.org/structure/workinggroups/goodpract/document/bestpracticehandbook1_2.pdf.

2 数字化内容选择

2.1 数字化内容选择的原因

信息资源数字化内容选择是依据确定的标准进行相符性判断，将符合条件的原始资源遴选出来，继而进行数字化加工的一个过程。良好的选择原则有助于确保以尽可能低的成本将最重要和最有用的信息资源进行数字化，避免知识产权纠纷，产生良好的社会效益和尽可能高的投资回报。

数字化内容选择的原因有很多，概括起来主要有[①]：

(1) Web 访问的需要。数字化的产品是通过网络被广大用户存取利用，而网络用户组成非常复杂，一些非法用户可能会对数字资源以及通过数字资源访问的原始资源的安全构成威胁。

(2) 解决数字化生产高成本和图书馆经费有限性之间矛盾的需要。几乎没有图书馆有充足的资源来对整个馆藏进行数字化，内容选择不可避免。

(3) 数字资源管理的需要。技术的快速发展使数字化项目所生成的数字资源的生命周期越来越短，投入巨资进行数字迁移是延长数字资源生命的一个重要途径，昂贵的维护成本就必须考虑数字化的内容选择。

(4) 产权保护的需要。图书馆对绝大多数馆藏都缺乏产权的

---

① Maxine K. Sitts, Handbook for digital projects: A Management Tool for Preservation and Access. [2011-07-20]. http://www.nedcc.org/digital/dman.pdf.

拥有，只能选择那些能够得到产权许可的馆藏进行数字化。

（5）特殊文献的考虑。图书馆大多收藏一些对文化伦理乃至民族敏感的信息资源，对这些资源进行数字化就要考虑很多因素。

（6）残缺文献处理成本的考虑。图书馆馆藏文献中有一部分是残缺不全的，对这些文献进行数字化之前就要进行补缺或相应的说明，其费用是非常可观的。

（7）图书馆信誉的需要。图书馆作为责任机构，要对所数字化且要发布的信息资源的可靠性和准确性负责。

2.2 数字化内容选择的已有探讨

一些学者已对数字化内容的选择进行过探讨。1997年，JISC/NPO在数字资源长期保存的研究报告中得出的结论是①：为了数字保存的需要，制定数字化内容选择原则可以根据原始文献的类型，由图书馆的不同部门来完成，数字化内容选择的基本原则应该是原始文献的永久价值，用于印刷型信息资源的选择标准可以作为数字化内容选择的参考。英国数字图书馆专家Beagrie和Greenstein认为②，数字化内容的选择过程包含在整个数字化的方针框架之内。英国艾塞克斯大学数字档案项目的调查表明③：数字化内容的选择过程可以归纳为一系列困难的选择，包括如何预测信息资源的未来价值，如何确定不断更新的信息资源的完整性等。美国D. Hazen

---

① D. Haynes, et. al. Responsibility for digital archiving and long term access to digital data. Elib study, 2003（3）：44.

② N. Beagrie, D. Greenstein. A strategic policy framework for creating and preserving digital collections. ［2011-07-20］. http：//vads. ahds. ac. uk/guides/creating_ guide/sect72. html.

③ University of Essex. An investigation into the digital preservation needs of universities and research funders：the future of unpublished research materials. ［2011-10-10］. http：//www. essex. ac. uk/.

等人认为①,数字化内容的选择过程依赖于对整个数字化项目实施过程中的主要阶段的预测,选择原则不仅取决于原始信息资源本身的价值、重要性和特点,而且也取决于数字化过程的质量,比如,如何从原始资源中抓取足够的相关信息,数字资源如何组织、索引、发布和维护等。

英国学者 Paul Ayris 在其论文《数字化内容选择指南》中,将数字化内容的选择原则分为四个范畴②:评估(Assessment)、收获(Gains)、标准(Standard)和管理(Management),并对每个范畴都设计了五个原则:

- 资源评估方面。涉及的主要原则有:用户保障、数字化与馆藏建设方针的一致性、数字化对本地或国家的数字资源的贡献性、业已存在的相应数字资源的评价、数字化的目的。
- 数字化收获方面。涉及的主要原则有:大幅度降低对原始易碎资源载体存取的可能性、增强信息资源的可用性、数字导航的易用性、虚拟资源集合的构建、丰富损坏的原始资源的利用。
- 标准方面。涉及的主要原则有:数字化采用国家和国际标准、图书馆所支持的各种硬件平台对数字资源的可获取性、获取和使用数字资源浏览软件的容易性、元数据与国际标准的相符性、数字保存的软硬件要求和数据迁移要求等。
- 管理方面。涉及的主要原则有:资金的充足性、满足投资者的要求、产权许可的可授权性、图书馆拥有实施数字化项目的专家、与商业企业建立伙伴关系和成本效益。

2005 年,Katherine M. Wisser 在《数字化指南》一文中,就信息资源数字化内容选择提出了七项原则③,分别是:用户保障原则、对图书馆的影响原则、知识控制原则、知识产权原则、数字保

---

① D. Hazen, et. al. Selecting research collections for digitization. [2011-07-30]. http://eprints.ucl.ac.uk/archive/00000492/01/paul_ayris3.pdf.

② Paul Ayris. Guidance for Selecting Materials for Digitization. [2011-07-30]. http://www.rlg.org/preserv/joint/ayris.html.

③ Katherine M. Wisser. Guidelines for Digitization. [2011-07-30]. http://www.ncecho.org/Guide/toc.htm.

存原则、技术可行原则和价值原则。

2.3 数字化内容选择的实践

已经实施的一些著名信息资源数字化项目制定了供其采用的数字化内容选择原则,这些原则在信息资源数字化建设历程中具有重要的影响。

2.3.1 美国国会图书馆

美国国会图书馆信息资源数字化的一系列项目是实施最早影响最大的项目,在其漫长的实践过程中,逐步形成了一套适合于本馆实际的数字化内容选择原则,这些原则包括下述六方面[①]:

(1) 价值。应该优先考虑对国家具有重要价值和处于危险保存状态的信息资源。这类信息资源数字版本的传播将对原始资源的保存、安全及其减少手工操作等方面都具有重要意义。

(2) 状态。对于那些由于处于损伤、易碎以及存储在不稳定介质上而无法提供服务的信息资源,数字化是一种提供服务的选择。

(3) 使用。对于那些用户利用频率高或者检索成本高的信息资源,数字化有利于提高对其访问的方便性,降低检索成本。

(4) 原始资源特点。以不同的物理形式存储和具有地方特色的信息资源适合于数字化。

(5) 试验型信息资源。在有些情况下,用于大规模生产的数字化技术或方法还不太成熟,就要选择一些类型的信息资源进行试验和测试,从而探讨用于特定类型资源大规模数字化的技术或方法的可行性。

(6) 有助于存取。尤其是通过数字化可以大幅度增加存取能

---

① Library of Congress. Selection Criteria for Preservation Digital Reformatting. [2011-07-30]. http://www.loc.gov/preserv/prd/presdig/presselection.html.

力的缩微胶卷和印刷型资源。

2.3.2 哥伦比亚大学图书馆

哥伦比亚大学图书馆的信息资源数字化项目中，内容选择原则有下述六个方面①：

（1）内容价值。信息资源的内容应该有足够的价值以确保未来一段时间内有特定用户群体使用。数字化产品应该对哥伦比亚大学职工及其他相关用户具有直接用途，包括：支持当前的重要活动；对哥伦比亚大学的日常运行具有重要意义；数字化产品应有一个当前活跃的用户群体支持；对哥伦比亚大学图书馆的数字化项目具有宣传价值；即使一些馆藏资源的现实使用率较低，但有理由相信对应的数字化版本可吸引新用户；在合作数字化项目中，一些数字化产品是其他合作伙伴需要的。

（2）价值增值。数字资源不仅仅是原始资源的再现，而且还应该具有价值的增值性。具体体现在：①馆藏资源的潜在增值。数字化实施对象的一部分分布在不同的机构，通过数字化可以进行在线重组，从而实现虚拟馆藏；有助于一个主题领域的"核心资源"的形成；有助于在线检索；实现分散在不同地方或不同格式的相关信息资源的灵活整合。②强化知识存取。通过数字化产生新的工具来强化知识控制，增强扩大用户检索范围和操作数字化图像和内容的能力，提高本地或唯一资源的广泛传播能力。

（3）知识产权。必须根据相应的法律对数字化资源的知识产权进行管理，任何对数字资源存取的可能限制必须通过本单位的现行机制进行有效管理。知识产权管理的因素有：数字化内容属于公共领域的，不存在产权纠纷；哥伦比亚大学对要数字化并进行传播的信息资源要拥有合法的产权；哥伦比亚大学可从产权拥有者获取产权许可；信息资源的私有问题可以被澄清；数字产品的存取可被合理控制。

---

① Columbia University Libraries Selection Criteria for Digital Imaging. [2011-07-30]. http://www.columbia.edu/cu/libraries/digital/criteria.html.

（4）数字保存。数字化内容选择必须有利于原始资源和产生的数字化文件的保存。数字化生成的替代品应该大幅度降低对易碎载体资源的访问。对于采用其他方式不易使用的馆藏，数字化可提供对其存取的方法。可以保护由于被偷盗和毁损而处于高度危险状态的信息资源。

（5）技术可行性。数字化项目首先要评估技术的可行性，包括现行的技术和设备以及软件能否以用户所需的方式对信息资源进行数字化加工、显示和存储。

（6）知识控制。数字化内容选择应该体现对原始资源以及数字化版本提供合适的知识控制。信息资源的组织形式适合于在线使用，组织方法合理，有利于析出合适的元数据。

2.3.3　加州大学图书馆

加州大学图书馆信息资源数字化内容选择原则有[①]：

（1）馆藏发展。至少有一个学术机构建议进行数字化的馆藏资源。数字化能够强化信息价值的馆藏资源，如增加信息的流通率，增加信息的功能，增加与相关信息资源的链接能力等。有助于特定主题领域"核心资源"形成的馆藏资源。

（2）保存。保存处于危险状态的馆藏资源，如由于高频率使用、馆舍环境差以及物理退化等原因导致资源载体处于濒危状态的馆藏资源。图书馆能够通过刷新和迁移等技术实现数字资源长期维护的馆藏资源。能够基于图书馆的服务方针确保安全数字化的馆藏资源。能够实现信息知识的充分抓取而不造成原始资源损伤的馆藏资源。

（3）存取。数字资源能够整合在图书馆现有服务项目之中的馆藏资源。根据图书馆所采用的标准，能够被其所支持的计算机平台和网络所访问的馆藏资源。能够对任何存取限制进行控制的馆藏资源。具有用于文件识别、技术抓取、资源出处、资源之间和资源

---

① University of California Selection Criteria for Digitization. ［2011-07-30］. http：//libraries.universityofcalifornia.edu/cdc/pag/digselec.htm

内部的导航描述所需元数据的馆藏资源。

(4) 机构和资助者。满足资助者的利益，与其他数字化项目相协调，数字资源具有市场潜力，或能够与商业化的信息提供者建立伙伴关系，提高图书馆的声誉。

2.3.4 哈佛大学图书馆

哈佛大学图书馆设计了用于数字化内容选择的流程图（见表2-1），任何一件馆藏资源只有满足所有决策内容，方能进行数字化。

表2-1① 哈佛大学图书馆数字化内容选择的流程图

步骤	决策内容
1	信息资源应该具有足够的内在价值以确保用户对其数字化形式感兴趣
2	数字化能够大大提高用户对资源的存取，能够增加特定用户群的使用频率。
3	数字化至少应该实现下述目标之一： ● 保存。数字化版本可以替代处于危险状态的其他载体，或减少对易碎和有价值的载体的操作 ● 改善知识控制。如能够生成数字图像的检索帮助链接，生成与书目记录相链接的索引 ● 附加功能。如广泛传播，文本检索和处理等 ● 节约成本。如生成虚拟馆藏，可使多个机构共同分担成本
4	馆藏资源中没有可以满足用户需求的现成数字化版本
5	所生成的数字化版本有产权许可保证
6	现行技术所生成的数字化图像的质量能够充分满足用户的需求
7	现行技术难以对原始资源的替代品进行理想数字化
8	图书馆拥有所需的技术专家资源，对数字化产品的生成、管理和传播具有足够的组织和技术支撑

---

① Harvard University. Selection for Digitization: a Decision-Making Matrix. [2011-07-30]. http://www.clir.org/pubs/reports/hazen/matrix.html.

续表

步骤	决策内容
9	满足上述所有条件的馆藏资源在进入数字化程序之前,要考虑下述问题: ● 数字扫描的类型(双色、灰色还是彩色)、分辨率和压缩方式 ● 质量控制的方法 ● 元数据的析出和编目方式 ● 从主文件和元数据中加工出哪些产品来实现项目功能?包括屏幕显示、检索文本、打印输出、磁盘存储和磁带存档等

2.4 数字化内容选择原则的思考

不同的数字化项目的内容选择原则可能不尽相同,甚至存在比较大的差异,但从宏观上讲,图书馆的一般数字化项目的内容选择应该遵从下述原则。

2.4.1 产权保证

馆藏资源的产权状态识别与数字化项目实施和数字资源发布所在的国家和地区有关,每个国家都有自己的知识产权保护法律。已有学者针对信息资源数字化项目制定了产权状态识别模型,比如,美国北卡罗来纳州立大学法律图书馆主任 Laura N. Gasaway 建立并维护的图书产权状态识别模型[1],康乃尔大学 Peter Hirtle 教授构建了手稿产权状态的识别模型[2],印第安纳州立大学和得克萨斯州立

---

[1] Lolly Gasaway. When U. S. works pass the public domain. [2011-07-30]. http://www.unc.edu/%7Eunclng/public-d.htm.

[2] Peter Hirtle. Copyright Term and the Public Domain in the United States. [2011-07-22]. http://www.copyright.cornell.edu/training/Hirtle _ Public _ Domain.htm.

大学的产权管理中心也分别提供了图书馆信息资源产权状态识别框架①。

数字化项目只能选择那些不存在产权保护的，或者是虽然存在产权保护但可以获得产权许可的信息资源进行数字化生产，除此之外，保护产权的方式也要经产权所有者认可。目前数字化项目中保护产权的主要技术有：对每个数字图像添加可视水印或版权戳；给每个数字图像添加不可视水印，这种水印标志可以用来证实数字图像的版权身份，也可用来跟踪这个数字图像在互联网上的传播轨迹；对数字图像加密，并仅把密钥发送给注册用户，这种方法会限制公共存取；将公共浏览的图像限制在低分辨率；将公共存取限制在截取数字图像的某一小部分之中，这种方法在一些项目中应用得非常成功；将图像的浏览权仅限定在一些注册或被授权的用户。

2.4.2 原始文献知识价值

影响原始信息资源的知识价值因素有很多，但主要包括资源的唯一性、相关价值、对相关主题领域理解的重要性、对相关主题领域覆盖的广度和深度、实用性和准确度、特定主题领域中其他载体记录质量差的信息内容、具有强化项目实施的历史价值以及数字化产品潜在的长期价值等。另外，文献知识价值也可能包括管理价值、艺术价值、证据价值和市场价值。

文献知识价值的判断具有很大程度的主观性，其结果可能因人而异。但尽管如此，知识价值也必须是数字化内容选择的重要原则之一。

2.4.3 用户保障

用户保障的本质就是馆藏文献的利用率，理论上讲，信息资源数字化项目应该把有限的资金用在利用率高的资源的数字化上。

---

① Copyright Management Center. ［2011-06-30］. http：//www.copyright.iupui.edu/. Copyright Crash Course. ［2011-07-30］. http：//www.copyright.iupui.edu/

但一些问题需特别关注。其一是要对文献利用率高的原因进行分析,如果主要用户群体分布在本地,并且类似文献又不存在,那么这类文献的利用率自然可能高,但数字化后发布在网络上,其利用率如何就比较难以判断,因为这时的用户就不仅仅局限于本地了。其二是文献的利用率有时与文献的知识价值并不一致,有些具有高知识价值的文献由于存放地点和图书馆存取方针的限制或目录的不完整等因素,可能导致利用率偏低。其三是利用率也会与文献的物理状态有关,一些文献的物理状态限制了用户对其的访问,比如,易碎载体的文献、古旧的手稿等。其四是在多馆合作数字化项目中,一些大部头的系列文献分散在各成员单位,对这些文献的访问率可能较低,但数字化后可以形成完整的虚拟馆藏,其访问率可能会提高。其五是一些技术因素不应该成为阻止一些文献数字化的原因,比如,一些文献的数字化图像的格式或尺寸导致在网上传播速度慢,乃至用户难以浏览,但技术的快速发展(如带宽的不断提高)可能在数字化周期之内就能得到解决,另外,数字化本身也是促进技术发展的一个重要动因。

2.4.4 原始文献物理特性

在数字化内容选择过程中,需要考虑的与原始文献物理特征相关的问题主要有:原始文献的物理状态是否有利于数字化?其内容是否能被目前的数字化技术完全和充分地抓取?物理材质和形状是否会对数字化过程构成障碍?是否有保存良好的替代品(如缩微胶卷)?

最常见的物理材质有一般纸张、牛皮纸、草纸、缩微胶卷、光学材料、三维物体、玻璃器皿、记录音频的盒带光盘和磁带、视频等。不同物理材质的文献需要不同的技术进行数字化,比如,一般纸张可以采用数字扫描,但三维物体只能采用数码拍照。物理材质对其内容的充分抓取也有重大影响,比如,一般纸张中内容的抓取要比草纸充分得多。甚至,有些物理材质的内容数字化目前还难以实施。所以,只能选择那些当前技术条件下适合于数字化的载体材质馆藏资源。

载体的物理尺寸也是影响内容选择的一个重要因素。比如，常见扫描设备对大型地图和海报进行数字化很困难，这时，也许对其替代物（如照片）进行扫描是一种较好的选择。

载体的易损性对数字化内容选择也会产生影响。比如，一些珍贵或易损的资源需要在特殊环境中数字化。牛津大学的"难民研究数字化项目"和耶鲁大学的"开放图书项目"支持资源载体的拆分，以提高数字化设备的吞吐量。易损性的另一个体现是对数字化处理的特殊要求，如牛津大学的"塞尔特语和中世纪手抄本数字化项目"要求设计一种特殊的保护托架来放置手稿。

2.4.5 数字保存

为了保存的需要，数字化内容选择的原则之一是安全数字化，其含义包括：原始信息资源的状态允许被完全数字化；数字化实施过程需要搬运原始资源时，其状态适合于搬运；尽可能扫描原始资源的替代品，从而减少对原始资源的损伤；数字化的产品必须建档，并制定由于时间和技术变化等因素导致的长期维护策略。

数字保存的另一层含义是保护易碎载体的原始资源。数字资源的本身就是原始资源的新版本，可以代替原始资源供用户访问，并由此减少对原始文献的操作从而得到保护。

2.4.6 成本效益

馆藏文献的数字化成本受众多因素影响。分辨率越高的图像所需的成本也越高，彩色图像的成本要比黑白图像的成本高。数字化生成纯文本文件有助于全文检索，且占用较少的存储空间，但需要OCR识别，并需要大量的人工校对。如果生成带标记的文本文件（如XML文件），虽然有助于各种分析乃至纳入数据库管理，但成本必然增加。成本也取决于数字化过程，比如，单页扫描比装订在一起扫描成本要低，保存状态良好的资源扫描要比保存状态差的资源扫描所需成本要低，因为后者需要更多的人工处理。

从效益角度，受益最大的是用户。另外，数字化也便于图书馆管理人员对馆藏资源的管理，并能更高效地提供服务。

尽可能提高成本效益是数字化内容选择的宗旨。实现相同功能而采用不同方法的成本会有所不同,比如,数字化生成文本文件与生成图像文件,后者加入元数据与图像文件链接,两种方法得到的效果可能差不多,但很明显后者的成本要低些。另外,规模越大的项目单件数字转换的成本要低,长期保存的费用也会降低。

2.4.7 避免重复数字化

对于已有数字化版本的馆藏避免再次数字化是内容选择的一个基本原则。但要考虑已有数字化版本的质量、记录状况和功能是否能够满足用户的需要,以及获取数字化版本的条件。甚至还要评估获取数字化版本与重新数字化两者所需费用。

2.4.8 技术条件限制

数字化内容选择将受到现有技术条件的限制。与技术条件有关的因素有:数字技术生成的文献数字版与原始文献包含信息的相符程度;数字资源显示在用户终端的质量;图书馆支持的现行平台和网络环境对数字资源的存取能力;数字资源网络传播速度的合理性;对未来用户使用先进设备的预测,以免日后需重新扫描;搜索引擎对图书馆数字资源的索引能力。

另外,还要考虑一些特殊资源数字化的技术可行性。比如,需要超高分辨率的文献资源、颜色至关重要的原始资源、超大尺寸的资源、三维形态的资源以及易读性很差的资源载体。

3 数字化生产

目前，图书馆信息资源数字化生产涉及最多的是二维平面介质信息资源的数字扫描（个别情况下采用数字拍照），其次是模拟音频的数字化转换，而对模拟视频的数字转换较少涉及。所以，本部分仅对前面两者进行讨论。

3.1 二维平面介质信息资源的数字化生产

这里，二维平面介质信息资源是指数字转换后生成数字图像的一类文献，其主要类型有[①]：

(1) 印刷型文本。字符或线条边缘清晰、规整、干净，没有色调变化。例如，内容均为文字的印刷型书刊，以及含有文字和线绘图形的书刊。这类信息资源还包括珍贵或残损的印刷型文本，多为存世孤本，或者有重要纪念意义，其本身具有的收藏价值远超出其内容文字所含的信息，或者因表面尘垢、烟熏火燎、水浸污染以及其他损坏等造成文字难以识别，纸张较薄，色彩偏黄，刻板印刷，文字较大。

(2) 手稿。线条边沿不够清晰，系手写或手绘而成，或者虽然是机器印制，但其线条缺乏一般典型机器印制所特有的清晰边缘。如书信、草稿、草图、素描等。

(3) 半色调型信息资源。以点阵或线阵形式呈现的图形或照片，这种点阵或线阵尺寸可变，但排列及分布具有规则性，并常有

---

① Cornell University Library. Document Types. ［2012-12-09］. http：//www.library.cornell.edu/preservation/tutorial/conversion/conversion-01.html.

一定的角度。如一些绘画艺术品、雕版或平版印刷的图像，一般由手工完成的艺术作品（包括炭笔素描、油画），尺寸较大或特大，绘制比较精细，有一定色彩要求。这类信息资源还包括地图和建筑设计图，幅面尺寸很大，含有精细的内容、线条图表和文字，可能出自人工手绘也可能由机器制作，有严格的比例尺和代表不同内容的特别地理标记，字体大小正斜和方向不一，有彩色或黑白、矢量图或位图之别。

（4）连续色调型信息资源。色调呈现平滑、微细且平稳的变化。如各种彩色照片、水彩画、一些色调值连续变化的精细艺术图形、照相胶片（正片或负片、幻灯片、摄影胶片）、缩微制品（缩微胶卷、缩微平片）等。

（5）混合型信息资源。具备上述两种及其以上特征的信息资源。如带有插图的图书，其插图特征分为雕版（凹雕、凸雕）印刷和平版印刷。

3.1.1 数字化生产基础

3.1.1.1 数字化生产基本模式

目前，实现二维信息资源数字化生产的主要设备是数字扫描设备和数码拍照设备，并且前者占绝大多数。所以，在一般情况下，数字化生产模式实际上是指数字图像的扫描模式。扫描模式决定了从原始文献中捕获到的颜色信息的数量，也直接关系到形成的数字图像文件的大小。要达到较好的扫描质量，前提之一是选择正确的扫描模式。对某一特定类型的文献选择比较理想的扫描模式时，主要考虑：拟扫描对象的特性和扫描结果的用途（如彩色显示，黑白显示，还是准备使用 OCR 处理等）。目前，绝大部分数字图像扫描设备提供三种类型的扫描模式：黑白模式、灰度模式与彩色模式。

（1）黑白模式。每个像素仅有一个比特用来表示黑色或白色。

黑白模式可以捕获到没有丝毫色调浓淡变化的纯黑与纯白双色图像，是三种模式中产生文件最小的。黑白双色图像可以高效地被压缩，并可产生多种便于激光打印或喷墨打印的输出效果。但黑白模式常常无法复制出能充分显示多样反射比值的页面，如原件的亮度、黑度与色彩是无法通过黑白扫描反映出来的。因而，该模式不适于需要保留色彩信息的文献的扫描，也不适于扫描手稿或年代久远的印刷文献。年代久远的文献，纸张发黄，颜色深浅或状况各不相同，有时在同一页面上也会出现这类差异。如果选用黑白扫描，那么捕获的图像可能效果极差，如图像对比度非常低，不利于识别等。至于手稿，在同一页纸上，字迹或笔画的宽度、密度也不相同。若采用黑白模式，这类文献的扫描件就有损失原始信息的风险，或从外观视觉上感受损失。一般来说，黑白模式主要适于下列文献：不带图表、插图的黑白印刷文本文献，几乎没有或完全没有色调浓淡变化的黑白线条图。

（2）灰色模式。每个像素有多个比特用来表示灰色梯度。这种模式比较适合于黑白色调连续变化的信息资源的数字化生产。

灰色模式能够提供从纯黑到纯白间256级灰色梯度，可以记录和显示原始文献更多层次的明暗色调。扫描出来的图像有较高的清晰度，不仅有黑白两色，而且还可以完整保留原始文献的灰度层次。以下类型的文献可以考虑选用灰色模式：黑白负片印在相纸上的照片；拟用黑白打印的彩色图片；一般的工程设计图、建筑图纸；字迹有浓淡变化的手稿，如铅笔或钢笔字迹、绘画临摹；年代较早的印刷文献，特别是档案文献。从1994年开始，美国的一些图书馆研究年代久远的印刷品和手稿的数字化。对于这些珍贵的资料，现在大多数图书馆的做法是采用灰色模式，且无压缩地保存数字图像。

（3）彩色模式。每个像素采用更多比特表示彩色色度。这种模式适合于彩色色调连续变化的文献的数字化生产。

彩色模式可以从拟扫描的对象中捕获到最多的信息。在同等条件下，彩色图像的数据量是灰色图像数据量的3倍，是黑白图像数据量的24倍。所以，这种类型的扫描模式形成的图像文件最大。可以采用黑白扫描模式时，如果选用了彩色模式，那么，不仅导致扫描结果图像的数据量增大，而且扫描时间也要长得多。但如果必须采用彩色扫描，选用了其他模式，就有可能会损失原始文献的许多重要信息，使数字图像无法真实地再现原始信息。因而，根据原始文献类型来选择扫描模式很重要。

一般来说，适合于彩色扫描的对象是那些必须保留色彩的文献。比如，①如果文献的色彩所代表的信息具有史料价值，则必须选用彩色模式，如手稿、珍贵、古老文献等；②文献色彩所代表的信息具有重要价值，如文献上必须保留的有色标记（有色重点区、有色边框或划道等）；③文献色彩所代表的信息具有美学价值；④原始文献是彩色的，且希望以彩色方式来显示、打印或编辑，如彩色负片印在相纸上的照片。

上述三种模式的选择有时需要一些主观判断，例如，带有红色注解的黑白印刷文本的扫描。虽然印刷型文本常采用黑白模式，但彩色扫描效果可能更理想，取决于数字图像的用途。手稿、年久的印刷品和活页乐谱最好采用灰色扫描或彩色扫描，以便更加清晰逼真地呈现这些文献资料的状态，包括阴影和各种标志。而对于注重对信息资源当前状态进行扫描的数字化项目，也应该考虑彩色模式。表3-1总结了三种模式适用的文献类型和最小分辨率的要求。

表3-1　扫描模式适用的扫描对象与最小分辨率建议[①]

扫描模式	扫描对象		最小分辨率	备注
黑白扫描	现代印刷文本（不带图表与插图）		600dpi	可确保所有细节被捕获
	黑白线条图	线条细密	600dpi	
		线条粗宽	可低于600dpi	需测试
灰色扫描	一般手稿、半色调文献与类似资料		300dpi	若文献所有字符相当大，可考虑使用300dpi以下的分辨率，需测试
	黑白照片		应以300dpi进行测试，观察是否够用	带有重要细节的照片，需要更高的分辨率

---

① 刘家真，徐曼. 数字化过程中的管理决策与技术建议. 中国图书馆学报，2004（9）：60-65.

续表

扫描模式	扫描对象	最小分辨率	备注
彩色扫描	地图、海报等印刷文献	600dpi	需测试
	彩色照片	应以 300dpi 进行测试观察是否够用	带有重要细节的照片，需要更高的分辨率
	历史久远的手稿	600dpi	可捕获到纸张纹理细节

3.1.1.2 影响数字图像质量的生产因素

（1）分辨率。

分辨率是一种识别空间细节的能力，是决定数字图像质量的最重要因素之一。数字图像采样时所使用的空间频率（采样频率）常常是分辨率的一个重要指标。因此，dpi（每英寸取样的点数）和 ppi（每英寸取样的像素数）常常用来表示数字图像的分辨率。通常情况下，增加采样频率有助于提高分辨率。但是，无论是多高的分辨率，图像放大到一定程度后，仍可看到构成图像的单个像素。

对于数字化扫描设备来说，扫描分辨率表示扫描仪在既定文档中捕获像素的模式与数量，它决定了从原始文献中所采集信息的精细程度，扫描分辨率越高，所获得的图像越精细。扫描阶段，应尽可能多地捕获原始文献信息，以便在后面的转换处理、打印输出过程中即使丢失部分信息，仍然可以保持一定的图像信息总量，保证数字图像的相应品质。

但是，提高分辨率有一个"度"的问题，当超过这个"度"时，分辨率的增加无助于数字图像质量的提高，只能导致文件体积的增大（见图3-1）增加生产成本。关键问题在于寻找到抓取原始文献所有有价值信息所需的分辨率。

事实上，不存在一个"完美无缺"的分辨率用来扫描所有类型的信息资源。因此，扫描分辨率的设置没有统一的尺度，主要取决于被扫描的文献原稿、扫描需求以及图像处理要求等。一般认

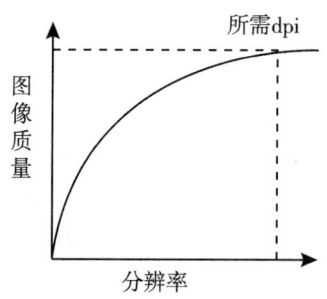

图 3-1①　分辨率对图像质量的影响

为，最佳扫描分辨率应该界定为，在输出的数字图像中，能够保证最小字符或最有意义的信息清晰可读。但这在实际工作中常常难以确定。首先，就最小字符而言，对于印刷文本，最小的字符常常是上标、脚注等，但手稿的最小字符就难以确定了，影响手稿字迹清晰可读的因素很多，如墨色浓淡、字迹大小等。其次，最有意义的信息的确定取决于数字图像的用途与用户的主观判断。比如，对于照片、图片和地图等文献，最有意义的信息就很难确定，一幅图片上哪个信息更为重要，是随使用目的（欣赏、作为证据、还是用于资料）以及用户需求（普通用户、研究人员、鉴赏家等）而变化的。

因而，最佳扫描分辨率不仅是一个技术指标，而且也凝聚着管理的决策。从技术角度，"清晰可读"取决于扫描分辨率与位元深度的结合。由于位元深度不同，在灰度扫描、彩色扫描中，使用比黑白扫描更低的分辨率，也可以获得相同程度的清晰度。因而，对于一些文献使用彩色或灰色扫描可能要比单靠增加扫描分辨率更能提高某些黑白图像的质量。

扫描分辨率的确定还得考虑输出的图像文件是否需要光学识

---

① Cornell University Library. THE CASE FOR CREATING A RICH DIGITAL MASTER. ［2012-10-06］. http：//www.library.cornell.edu/preservation/tutorial/conversion/conversion-03.html.

别。分辨率设置不当，低版本的 OCR 可能根本无法识别文字材料。对于不同的扫描模式，OCR 的识别能力与要求也不同。尽管目前 OCR 软件一般都具有识别彩色稿件的功能，但从效果看，黑白扫描模式的识别率较高。对于大多数黑白扫描的印刷型文本，300dpi 是可以进行 OCR 识别的最低值，若被扫描的文献字体太小，则分辨率就需增加，特别小的字体要增加到 600dpi 才可较好地进行 OCR 识别。反之，被扫描的字体大，分辨率可考虑减少。对于灰色模式的扫描，OCR 对扫描分辨率的要求不宜低于 200dpi。尽管今天的 OCR 技术还存在诸多不尽如人意的地方，但光学字符识别代表了数字扫描与图像处理同时进行的发展趋势。

另外，在黑白扫描模式中，还有一个"阈值"的设定问题。不同的"阈值"点（0~256 之间，0 表示"黑"，256 表示"白"）将决定捕捉到的灰度值是被转换成黑像素还是白像素。所以，同一台扫描仪以同样的分辨率进行扫描，"阈值"的设定不同，扫描效果可能很不一样。

综上所述，分辨率对图像质量的影响极大。但在实际操作中，一味追求分辨率的提高并非是明智的选择，因为数字图像最终输出的质量受制于众多因素。所以，在决定最佳分辨率时，必须在图像质量、生产成本、必要性与可能性等因素之间作出权衡。

（2）位元深度。

位元深度是指定义每个像素所用的位数。位元深度值越大，能够表现的色调数量就越多。位元深度直接影响数字图像的形态。数字图像的形态有黑白（或称双调）、灰色或彩色三种。

①黑白图像。每个像素由一个位构成，而一个位可以表示两种色调（一般是"黑"与"白"），如用 0 表示黑，则 1 表示白，反之亦然。

②灰色图像。由多个位（一般是 2~8 个位或更多位）的信息所表现的像素所构成。比如，在一幅 2 位图像中，有四种可能的组合：00、01、10、11。如果用"00"表示黑，"11"表示白，那么"01"便是深灰，"10"便是浅灰。位元深度为 2，能够表现的色调数量为 2^2，即 4。如果位元深度是 8，则每个像素能够有 2^8

(256)种不同的色调。

③彩色图像。通常由 8~24 或更多的位来表现的图像。就 24 位元深度的图像(一般称 RGB)而言,位元常分为三组:8 位红、8 位绿、8 位蓝。这些位组合起来表现相应的颜色。一幅 24 位的图像,可以提供 1670 多万(2^{24})色调值。越来越多的扫描仪以每个频道 10 或 10 以上的位元深度来捕获图像,但常常输出是 8 位,以补偿扫描仪中的"噪波",输出更接近人的视觉的图像。

位元深度、色调数与颜色情况对应见表 3-2。

表 3-2　　位元深度、色调数与颜色情况对应表

位元深度	色调数	颜色情况	备注
1	$2^1=2$	黑白,完全没有灰色调	
2	$2^2=4$	黑白,加上 2 种灰色调	
4	$2^4=16$	黑白,加上 14 种灰色调	
8	$2^8=256$	黑白,加上 254 种灰色调	连续色调
12	$2^{12}=4096$	黑白,加上 4094 种灰色调	
16	$2^{16}=65536$	黑白,加上 65534 种灰色调	
24	$2^{24}=16777212$	一般称 RGB 图像,由 3 种色彩色版构成:红、绿、蓝。每个像素 8 位的 RGB 图像中每一个色版具有 256 个(2^8)可能的数,这种色版也称为 24 位(8 位×3 个色版=每个像素 24 位元深度)	一般 JPG 格式的色调
36	2^{36}=(数字太大,略)	每个像素 12 位,每一个色版具有 2^{12} 个可能的数,这种色版称为 36 位(12 位×3 个色版=每个像素 36 位元深度)	一般 RAW 格式的色调
48	2^{48}=(数字太大,略)	每个像素 16 位,每一个色版具有 2^{16} 个可能的数,这种色版称为 48 位(16 位×3 个色版=每个像素 48 位元深度)	一般 TIFF 格式的色调

增加位元深度可以抓取更多的灰色梯度或彩色层次，从而捕捉更多的信息，但文件体积也相应增大。

另外，扫描仪中有一个"动态范围"指标，该指标表示在一幅图像中最亮部分与最暗部分之间的色调差异范围。"动态范围"越大，所能表示的色调可能越丰富。扫描仪能够抓取的"动态范围"受限于系统性能和位元深度。增加位元深度对所需的分辨率、文件大小和所采用的压缩方法都将产生影响。

(3) 文件格式。

文件格式中包括了文件信息和文件头信息，这些信息给出对文件进行读写和解释的方法。不同的文件格式在分辨率、位元深度、彩色功能以及对压缩的支持和元数据的析出方法等方面会有所不同。表3-3列出了常用文件格式的基本属性。

数字主文档采用的文件格式应该支持所需的分辨率、位元深度、颜色信息和元数据。例如，如果采用的数字主文档的文件格式不支持8位以上位元深度的图像，那么扫描为全彩色图像就失去了意义。另外，数字主文档的文件格式应该是开放的、广泛支持的和跨平台兼容的，因为这样的文档格式有利于数据交换，且生命周期长。目前，绝大多数数字化项目采用TIFF格式来保存数字化主文档，并使用其他格式来保存数字主文档的各类副本。

(4) 图像压缩。

数字化生产产生的数字图像一般都比较大，不利于计算机处理和网络传输，为此，数字化项目常常需要采用一定的技术对其进行压缩。所有压缩技术都是基于一些复杂算法，将未压缩的数字图像中的二进制代码串缩减为一种数学缩略形式。

压缩技术有标准和专用之分。一般来讲，使用一种得到广泛支持的标准压缩技术比使用专用压缩技术更有利，虽然后者有时可能会提供更有效的压缩或更好的质量，但从数字资源长期保存和应用的角度，标准压缩技术更可靠，效率更高。

从压缩前后文件中信息量的损失角度，压缩技术又分为无损压缩（如ITU-T.6）和有损压缩（或称失真压缩）（如JPEG）两类。无损压缩利用数据的统计冗余进行压缩，数据"解压缩"后，完

表3-3① 数字图像常用文件格式

	TIFF 6.0	GIF 89a	JPEG	JP2-JPX/JPEG 2000	Flashpix1.0.2	ImagePac, Photo CD	PNG 1.2	PDF 1.4
扩展名	tif, tiff	gif	Jpeg jpg jif	jp2, jpx, j2k, j2c	fpx	pcd	png	pdf
位元深度	1：黑白；4 或 8：灰色；24-64：彩色	1-8：黑白、灰色,彩色	8：灰色,24：彩色	支持2^{14}频道,每频道有1-38位元,灰色,彩色	8：灰色;24：彩色	24：彩色	1/2/4/8/16：灰色,彩色,24/48：真彩色	4：灰色；8-64：彩色；
压缩	无压缩,无损压缩	无损压缩	有损压缩	无压缩	无压缩	有损压缩	无损压缩	无压缩
标准情况	事实标准	事实标准	ISO 10918-1/2	ISO/IEC 15444 部分1-6,8-11	公共存取规范	专有	ISO 15948	事实标准

① Cornell University Library. Common Image File Formats. [2012-12-09]. http://www.library.cornell.edu/preservation/tutorial/presentation/table7-1.html.

续表

	TIFF 6.0	GIF 89a	JPEG	JP2-JPX/JPEG 2000	Flashpix1.0.2	ImagePac,Photo CD	PNG 1.2	PDF 1.4
颜色管理	RGB、Palette、YC_bC_r、CMYK	Palette	YC_bC_r	Palette、YC_bC_r、RGB、sRGB、ICC	YCC、NIF RGB、ICC	YCC	Palette、sRGB、ICC	RGB、YC_bC_r、CMYK
Web支持情况	插件,外部应用	IE、Netscape	IE、Netscape	插件	插件	Java、applet 或外部应用	IE、Netscape	插件,外部应用
元数据支持情况	标签基本集合	自由文本字段	自由文本字段	标签基本集合	标签扩充集合	通过外部数据库,无内部元数据	标签基本集合,用户自定义标签	标签基本集合

全恢复到原来状态,与原文件比特对比特地一致,不会导致任何失真,但压缩率受到数据统计冗余度的限制。GIF、TIFF 和 PNG 格式都支持无损压缩。

有损压缩利用了人类视觉对图像中的某些频率成分不敏感的特性,对一些最不重要的信息进行了平均化处理或者舍弃。所以,有损压缩可以认为是"视觉无损"(在视觉效果上察觉不到损伤)。有损压缩中,压缩程度的不同对图像的质量效果影响不同,一些新兴的压缩方法允许从一个图像生成多种分辨率的图像,从而使得图像交付和呈现给最终用户时,具有一定的灵活性。

在信息资源数字化项目实施过程中,无损压缩常用于印刷文本的黑白扫描,有损压缩则用于色调图像(尤其是连续色调图像)的扫描。因为后者仅仅靠简化信息并不能明显地节省图像所占的空间。目前,越来越多的数字化项目将其生产的数字主文档采取不压缩或无损压缩方式存储,而各种副本则采用有损压缩方式保存并向用户提供各种服务。

虽然有损压缩被认为"视觉无损",但对数字图像质量的影响是明显的,尤其是压缩比率高的时候。另外,有损压缩会导致图像质量的"世袭"性降低(即基于有损压缩图像进行再次有损压缩操作时,产生的新图像质量会更低),这也是数字主文档不采用有损压缩存储的原因之一。

表 3-4 列举出了常用压缩技术。

(5)图像增强处理。

图像增强处理可以提高扫描后的图像质量。这类处理一般包括去除网纹、去除斑点、纠正偏斜、锐化、使用定制滤波器以及位元深度调整等。所用的处理工具是图像扫描加工软件或图像编辑软件。

但是,图像增强处理的使用引起了人们对图像真实性和真实度的关注。所以,越来越多的数字化项目不赞成对数字化主文档图像进行增强处理,增强处理仅局限在由数字主文档派生的各种副本上使用。

(6)系统性能。

3 数字化生产

表3-4 数字图像常用压缩技术①

压缩技术名称	ITU-T.6	JBIG/JBIG2	JPEG	LZW	Deflate	Wavelet	ImagePac
标准/专有	标准	标准	标准	专有	标准	标准/专有	专有
无损/有损	无损	无损或有损	有损	无损	无损	无损或有损	有损
支持的位元深度	1	1至6	8或24	1至8位	8,16,24	变化	24
多媒体二进制	没有	没有	没有	没有	没有	有	有
相关的文件格式和应用	TIFF, PDF	TIFF, PDF	JPEG/JFIF, TIFF, FlashPix, SPIFF, PDF	Zip, TIFF, GIF, PDF, Postscript	PNG, Zip, PDF	JP2, LuraWave, MrSID, ERMapper, DjVu	Photo CD
Web支持情况	插件或帮助程序	插件或帮助程序	IE	IE, Navigator	IE, Navigat	插件或帮助程序	Java小程序或帮助程序

① Cornell University Library. Attributes for Common Compression Techniques. [2012-07-19]. http://www.library.cornell.edu/preservation/tutorial/presentation/table7-3.html.

数字图像生产系统是由各个部分（包括硬件、软件）以及部分之间相互连接的接口构成的一个整体。部分以及部分之间接口的不同都会影响图像的质量。即便是同样功能（如相同分辨率、相同位元深度和相同动态范围）的设备构成的不同系统，生产出的数字图像的质量也可能会有差异。系统性能需要通过对分辨率、图像还原、彩色表现、噪波和损伤的测试，才能熟悉与掌握。并在测试的基础上，设置最佳的系统状态。

(7) 操作人员。

扫描操作人员的技能与工作状态会对数字图像的质量产生影响。比如，在黑白扫描模式中，阈值的设定会对图像质量产生影响，而该项操作是由操作人员通过判断来实施的，如果设定得当，则可以最大限度地减少线条失落或线条粘连现象；否则，会导致图像质量的降低。再如，当使用数码相机对三维实物型信息资源进行数字化拍照时，照明是影响数字图像质量的一个重要因素，摄影师的技能则是实施照明效果的关键。

3.1.2 数字化生产系统

3.1.2.1 生产系统的构建

数字化生产系统是指由实施数字成像的各个组成部分构成的一个有机统一体。从结构来看，每个组成部分在实现数字成像过程中完成某一特定功能，部分与部分之间按照数字成像生产流程的逻辑关系排列起来，形成一个链状结构，该结构以线性为主，辅助以交叉、环路和重复的分支。从功能上看，这些组成部分实现的主要功能有三类：硬件功能、软件功能和网络功能。另外，各种协议、标准、政策、人员等贯穿在整个系统之中。

数字化生产系统的主要作用有三大部分：其一是数字化转换，其二是数字主文档的加工（缩放、锐化、去网纹、去斑点、纠正偏斜等）和各种数字化副本的生产，其三是元数据的生成。第一项功能通过数字扫描仪或数码相机来实现；第二项功能是通过扫描软件和编辑软件来完成；第三项功能则主要是由人工实现，有的也辅助以专用软件（元数据析出软件）来实施。

3 数字化生产

数字化生产系统的建立需要详细规划，因为构建这类系统所需的硬软件和网络技术发展迅速，降低技术过时风险的方法之一是对选用技术设备进行评析，避免采用专用技术和设备。提高投资收益率的方法是选择那些不仅能够满足数字化项目目标的要求，而且具有良好发展前景的技术和设备。

构建数字化生产系统时，至少需要考虑下述因素：

（1）系统性能方面。

- 要充分考虑数字转换的原始文献的特征，以及数字化项目所确定的数字图像的质量要求；
- 要结合数字化生产系统运行机构的实际情况，以及系统构建的时间和经费限制；
- 要充分了解现实用户的需求，并对未来及潜在用户需求进行尽可能地详细预测；
- 要详细规划数字化系统的长期利用。数字化生产系统不能仅为一个数字化项目的实施而建立，在系统构建之前就必须规划其未来的使用。

（2）系统设备方面。

- 数字化生产系统可以基于集成块构建，也可以基于单件设备集成而成。当选购集成块时，要考虑集成块内部各种软硬件与系统其他集成块或单件设备的兼容性和互操作性。当选购单件设备时，在考虑与其他设备之间的兼容性和互操作同时，还要尽可能减少设备的数量。
- 选购的设备要符合有关标准，市场占有率要高，并且要有实力雄厚的企业支持。
- 很多数字化设备并不是专门为图书情报机构从事信息资源数字化而设计生产的，所以这些设备采购后，要根据数字化生产的特点和具体项目的要求，进行必要的改造。现在市场上也出现了一些供图书情报机构进行信息资源数字化生产的专用设备，但这些设备价格一般比较高。

（3）系统投资方面。

数字化生产系统的构建和维护成本非常昂贵。一方面，高质量软硬件的前期投资很大；另一方面，技术发展步伐加快，致使软硬件生命周期逐渐缩短，设备更新频率增加，成本日益上升。采用过时技术设备生产出的数字图像的质量和格式都难以被用户接受。因此，在数字化系统规划阶段，不仅要估算系统的建设资金，而且还要预算系统的更新费用。

（4）技术人员方面。

数字化生产系统构建和维护的技术人员应该尽早地介入到整个数字化项目之中，最好在项目规划阶段就参加整个项目的设计。一方面，生产系统是整个项目的关键，产品质量的优劣在很大程度上取决于生产系统，并且还将直接影响到整个数字化项目生命周期中其他阶段的工作；另一方面，技术人员的早期介入也有利于尽早地识别出生产系统设计和运行的关键路径，为其结构优化争取时间和提供方案。

3.1.2.2 数字化生产硬件设备

数字化生产系统的硬件设备由数字图像抓取设备和数字图像处理设备构成。前者有数字扫描设备和数字拍照设备，后者主要是计算机。

（1）数字扫描设备。

总体上，数字扫描技术的发展是以提高光学分辨率与扫描速度为主线。根据其发展轨迹，在应用方面，数字扫描仪的发展态势可能是扫描功能的多元位化与专业化。比如，未来一台扫描仪可能扫描多种类型的文献（如印刷型文献、胶片、幻灯片等），并具有其他辅助功能（如传真、复印、电邮等）。

①平板式扫描仪。平板式扫描仪诞生于1984年，是目前办公使用的主流产品，通用性强，容易操作，生产厂家多。从指标上看，这类扫描仪光学分辨率一般在300～8000dpi之间，色彩位元深度从24位到48位。一些产品可安装透明胶片扫描适配器用于扫描透明胶片，还有一些产品可安装自动进纸设备提高扫描速度，扫描幅面一般为A4或A3。从原理上看，这类扫描仪有CCD（电荷耦合器）和CIS（接触式图像传感器）两种。从性能上讲，CCD要优于CIS，但由于CIS价格低，体积小，也有不少市场。

②平台式扫描仪。平台式扫描仪是平板式扫描仪的一种变形，适合于扫描图书等具有固定装订的文献。该类设备将传感器的光源、传感器阵列和光学系统等安装在悬臂内，从而可将图书或其他装订好的文献放置在稿台上，面朝上地进行扫描。

③滚筒式扫描仪。滚筒式扫描仪又称为鼓式扫描仪，是目前专业印刷排版领域应用较广泛的产品。该类扫描仪的感光器件是光电倍增管（一种电子管），其性能远远高于CCD（电荷耦合器）。在目前的扫描仪中，该类产品光学分辨率最高，一般为1000～48000dpi，色彩位元深度为24位到48位，生产的数字图像质量较高，当然价格也较高。由于该类扫描仪一次只能扫描一个点，所以扫描速度慢，且不适宜易碎文献的扫描，对操作人员的技能要求也较高。滚筒式扫描仪一般面向高端彩色印刷市场。

④单页供送式扫描仪。单页供送式扫描仪采用的技术与平板式扫描仪相似，但生产效率高，分辨率较低，所以产品质量有所下降。通常情况下，这类设备提供黑白或灰色扫描模式。单页供送式扫描仪使用辊轴、皮带、鼓轮或真空传送装置来传送被扫描文献，传送过程中，光传感器和光源静止不动。单页供送式扫描仪中有一种落地式机型，是专为地图和建筑图等超大型文件扫描设计的。

⑤缩微胶片扫描仪。缩微胶片扫描仪是一种高度专业化的设备，专门用于缩微胶卷、缩微胶片、缩微平片和开窗卡的数字化。其扫描过程一般是：利用光电转换，通过光电元件或缩微胶片的移动，采集缩微胶片所载的信息，并将其数字化，然后，再输出到计算机中。这个过程实际上是计算机输出缩微胶片的逆过程。缩微胶片扫描仪由照明系统、载片器、扫描系统、成像系统、光电转换系统以及模/数转换系统等部分组成。

缩微胶片扫描仪的一般工作原理是：将载片器中的缩微胶片的一幅图像预先设想划分为若干微小的部分，这些微小部分称为像素。在照明系统和扫描系统的作用下，成像系统顺序捕捉各个像素，将光信号（模拟信号）逐个送给光电转换系统，并由光电转换系统将之转换成相应的电信号（模拟信号），这一过程叫做"取样"。作为模拟信号的电信号经过"量化"（将取样值四舍五入为标准值)后,由模/数转换系统"编码"成数字信号,然后存入到存储器中。至此,缩微胶片的模拟图像就转换成了数字图像。

按适用缩微品的形式和规格划分,缩微胶片扫描仪可分为:卷式缩微胶片扫描器、缩微平片扫描器、开窗卡扫描器和通用缩微胶片扫描仪(可对多种类型的缩微品进行扫描)。按缩微品的扫描方式划分,缩微胶片扫描仪分为平面式和滚筒式两种。目前,生产缩微胶片扫描仪的厂家不多,竞争不强,价格比较高。

有些厂家生产的缩微胶片扫描仪(如爱普生的2580P和惠普的5530P)采用了吸入式技术,用户只需将需要扫描的胶片放进吸入口,机器就会自动地将胶片吸入机器内部进行扫描,这比较适用于大规模批量胶片的扫描。

⑥幻灯片扫描仪。幻灯片扫描仪又称为照片扫描仪,用于扫描照片类文献。三维实物和不适合于直接扫描的文献,也可以先拍摄为照片,再采用这类设备进行数字转换。不过,这种情况越来越多地改为了直接用数码相机进行数字拍照。

扫描仪的选择不仅基于被扫描对象的特征,而且还取决于扫描后图像的应用。采用扫描仪对信息资源数字化时,涉及的主要性能如表3-5所示。

表3-5　　扫描仪用于数字化图像生产时涉及的性能

参数指标	指标解释
分辨率	一般有光学分辨率和软件分辨率两种。光学分辨率是指扫描仪物理器件所具有的真实分辨率,软件分辨率为插值分辨率。当采用大于光学分辨率的分辨率进行扫描时,必须通过设置软件分辨率的方法来进行
扫描速度	扫描速度与系统配置、扫描分辨率设置、扫描尺寸、放大倍率等有密切关系。在一般情况下,黑白模式和灰色模式的扫描速度为2~100ms/线,彩色模式的扫描速度为5~200ms/线

续表

参数指标	指标解释
动态范围	又称最大密度范围或最大密度动态范围,是指扫描仪所能识别出的原始文献层次变化的密度范围。动态范围小,可能导致原始文献暗调部分的细节层次丢失,尽管这些细节层次有深浅变化,但感光器件无法分辨,扫描后的图像上就变成无层次变化的相同色调。只有动态范围大的扫描仪才能把这些暗调部分的细节呈现出来。因此动态范围是扫描仪重要性能之一
扫描噪音	扫描噪音是指扫描仪工作过程中产生的噪声,它是衡量扫描仪机械结构的一个重要参数,也会影响扫描图像的质量。一般在扫描仪的产品说明书中标有以 dB(分贝)为单位的噪音数据可供参考
色彩位数(位元深度)	色彩位数反映了扫描仪对扫描图像的色彩辨析能力。通常情况下,色彩位数越多,反映原始图像色彩的能力就越高,扫描色彩就越丰富,扫描效果也越真实,当然图像文件体积也会增大。色彩位数的具体指标是用"位"(即 2 的多少次方)来描述,常见的扫描仪色彩位数有 24~48 位,其中 30 位以下已是淘汰产品
可扫描的文献类型	文献的可扫描性和扫描效果与扫描仪对原始文献的适应能力息息相关。这种适应能力主要体现在文献类型、尺寸和密度范围等。从可扫描性角度,文献类型主要有透射型、反射型、彩色正负片、彩色原稿、黑白原稿和线条原稿等。可扫描的文献最大尺寸是指扫描仪能够扫描的原稿的最大尺寸,这个指标对反射型文献很重要,因为有的反射型文献尺寸很大,而滚筒式扫描仪的滚筒和平面扫描仪的平台都有一定的限制。为了适应不同尺寸的文献扫描,制造商推出了不同尺寸的扫描仪,常用的有 A4 幅面、A3 幅面扫描仪和 A0 幅面、A1 幅面工程图纸扫描仪等
接口	扫描仪的接口主要有三种,即 USB、SCSI、EPP 接口。无论从传输率还是连接方便的角度,USB 接口都占有较大优势
扫描驱动软件	扫描仪一般都能够支持 TWA1N 协议,可以在几乎所有支持 TWA1N 的系统上直接进行扫描

续表

参数指标	指 标 解 释
扫描软件	扫描仪软件界面的友好程度也直接关系到用户的使用。扫描过程包括预览、扫描、设置分辨率、设置色彩方式、去网、校色等功能。说明书上要有色彩校正选项，在具体操作中，该选项的值应根据不同的设备来进行不同调整

（2）数字拍照设备。

数码拍照技术经过快速发展与演进，现已成为人们拍摄和采集数字图像的重要工具。这里的数字拍照设备目前主要是指数码相机，它将扫描仪与照相机的光学系统结合起来，构成的数字图像生成系统具有功能强大、使用灵活、质量优异等特点。数码相机中成像器件CCD（电荷耦合器）的分辨率、色彩位数和镜头质量是影响数字成像质量的主要因素。相同分辨率的数码相机，数字成像的质量可能会存在差异。如，有的成像清晰自然，没有疵点；而有的却模糊偏色，或很多色斑等。

与平台式扫描仪相比，数码相机速度可能会慢点，操作难度可能会大点，但它能够用于各种文献和实物的图像捕捉。实际上，目前的数码相机的操作也越来越傻瓜化。

采用数码相机对信息资源进行数字化时，涉及的主要性能如表3-6所示。

表3-6　　**数码相机用于数字成像时涉及的主要性能**

参数指标	指 标 解 释
图像传感器	图像传感器分为CCD（电荷耦合器）和CMOS（互补型金属氧化物半导体）两种。CCD芯片比CMOS要灵敏，无论是在一般光线下，还是在昏暗光线下，CCD拍照出的图像要更清楚，效果更好。另外，CMOS芯片有时会产生噪声。目前主要采用CCD方式

续表

参数指标	指标解释
镜头与曝光	光圈、焦距和变焦倍数是影响数码相机镜头性能的主要因素。不少类型的数码相机都提供了多种曝光方式,如手动曝光和自动曝光等。镜头质量和曝光方式对图像质量有着重要影响
变焦	一般中低档数码相机不能更换镜头,设置变焦功能对其进行补偿。变焦有光学变焦和数码变焦之分,前者比较实用,而后者只是把照片进行局部放大。数码变焦范围越大,对提高图像质量越有利
动态范围	动态范围是表现亮度范围能力的指标,一般用拍照结果的数字图像所能表现的最高亮度等级与所能表现的最低亮度等级之比来表示。动态范围越大,越有利于图像质量的提高
色彩位数	色彩位数是数码相机输出图像表现色彩能力的指标。主要由数码相机中模/数转换器的编码位数决定,一般用 8 位、16 位、24 位和 32 位等。数码相机的彩色位数不断提高
白平衡控制	白平衡控制可以防止生成太暗、太亮图像或由于荧光光线出现色彩转移的图像。中高档和专业数码相机一般具备这项功能。白平衡的控制方式有自动和人工两种。前者被大多数数码相机所采用,但在不同光源下自动控制的效果一般不是很好。因此,较高级的数码相机大多提供了多级白平衡让用户自己选择光源
图像压缩	数码相机将拍摄到的图像进行压缩存储时分有损和无损两种方式。有损压缩中不论压缩的层次如何,肯定要丢失色彩和细节。现在除了专业相机外,越来越多的数码相机开始提供无损压缩,这个选项很受欢迎,但图片文件比较大
接口	目前数码相机的传输接口以 USB 为主流,前期数码相机采用 USB1.0,传输速度较慢,目前的主流是 USB2.0

续表

参数指标	指 标 解 释
速度	这里的速度包括几个方面的含义：（1）开机速度，打开电源后，数码相机一般要进行操作系统初始化和移动变焦镜头等操作，这段时间称为开机速度，开机速度越快，数码相机越好；（2）快门延迟时间，是指摄影者从按下快门到相机真正开始拍摄的时间，这段时间过长不利于不熟悉用户的操作（很可能因过早的移动相机而导致照片模糊）；（3）连续拍摄时间，由于数字相机需要把CCD上保存的数据读出、处理并储存，因此从一张照片到另一张照片之间的拍摄需要一定的时间间隙

无论是数字扫描仪还是数码相机，都属于数字化转换设备。目前的数字化转换设备主要参数值如表3-7所示。

（3）数字转换设备的应用。

在选用生产设备对原始文献进行数字化转换时，要考虑原始文献的下述特征：

• 文献载体尺寸：正常（一般小于8.5×14英寸），大型（一般大于等于8.5×14英寸），缩微图像（缩微胶片、缩微平片、底片、开窗卡、幻灯片等）；

• 文献的装订方式：散页或可拆装订，固定装订；

• 文献的类型：印刷型文本、手稿、半色调型文献、连续色调型文献、混合型文献等；

• 文献的色调和彩色性质：黑白文献、灰色文献、彩色文献以及混合型色调文献等；

除此之外，还有介质的反射性、透射性、文献细节（文献中最小的可识别单位）和原始文献的状态（完整、残损）等。

不同特征文献的数字化应该采用不同类型的设备。反过来，不同类型的数字转换设备应该采用不同特征文献的数字转换。表3-8是RLG给出的文献与设备在数字转换时的对应表。

表 3-7 [1] 数字化转换设备主要参数数值

	平板式扫描仪	平台式扫描仪	滚筒式扫描仪	单页供送式扫描仪	缩微胶片扫描仪	幻灯片扫描仪	数码相机
传感器[1]	CCD/CIS	CCD/CIS	PMT	CCD	CCD/CMOS	CCD	CCD/CMOS
介质[2]	R,T	R,T	R,T	R	T	T	R,T
扫描模式[3]	B/W,G,C	B/W,G,C	G,C	B/W,G	B/W,G/C	G,C	G,C
典型尺寸限制(英寸)	11×17;8.5×14(带ADH[4]);8.5×11(低端)	11×17;8.5×14(带ADH);8.5×11(低端)	8.5×12×17	8.5×14(台式);24×36(落地式)	35毫米;一些适用于16毫米和105毫米平片	35毫米;4×5	无限制
分辨率(DPI)	300~1200	300~1200	1200~8000	200~400	5000~8500	1000~5000	像素阵列:1600×1200~12000×10000

① Cornell University Library. Comparison of Scanners. [2012-09-07]. http://www.library.cornell.edu/preservation/tutorial/technical/table6-1.html.

3.1 二维平面介质信息资源的数字化生产

续表

	平板式扫描仪	滚筒式扫描仪	单页供送式扫描仪	缩微胶片扫描仪	幻灯片扫描仪	数码相机
典型应用	散页文献;固定装订文献	散页文献	规格一致的文献;超大尺寸文献	缩微胶卷、胶片、平片和开窗卡	照片印刷品;3D实物摄影胶片卷片	固定装订文献;3D实物;易损易碎文献;超大尺寸文献

注:[1] CCD=电荷耦合器,CIS=接触式图像传感器,PMT=光电倍增管,CMOS=互补式金属氧化物半导体
  [2] R=反射式,T=透明式
  [3] B/W=黑白扫描模式,G=灰色扫描模式,C=彩色扫描模式
  [4] ADH=文件自动处理器

71

3 数字化生产

表 3-8① 文献类型与转换设备对应表

		正常尺寸，固定装订	正常尺寸，散页或可拆装订	大型尺寸，固定装订	大型尺寸，散页或可拆装订
印刷型文本	黑白印刷	RP［1］或 DI［2］黑白扫描	FL［3］或 SH［4］黑白扫描	RP 或 DI 黑白扫描	DR【5】，SH 或 DI 黑白扫描
	彩色印刷	RP 或 DI 彩色扫描	FL 或 SH 彩色扫描	RP 或 DI 彩色扫描	DR，SH 或 DI 彩色扫描
手稿	黑白	RP 或 DI 黑白或灰色扫描	FL 或 SH 黑白或灰色扫描	RP 或 DI 黑白或灰色扫描	DR，SH 或 DI 黑白或灰色扫描
	彩色	RP 或 DI 彩色扫描	FL 或 SH 彩色扫描	RP 或 DI 彩色扫描	DR，SH 或 DI 彩色扫描
半色调型文献	黑白	RP 或 DI 黑白增强扫描或灰色扫描	FL 或 SH 黑白增强扫描或灰色扫描	RP 或 DI 黑白增强扫描或灰色扫描	DR，SH 或 DI 黑白增强扫描或灰色扫描
	彩色	RP 或 DI 彩色扫描	FL 或 SH 彩色扫描	RP 或 DI 彩色扫描	DR，SH 或 DI 彩色扫描
连续色调型文献	黑白	RP 或 DI 灰色扫描	FL 或 SH 灰色扫描	RP 或 DI 灰色扫描	DR，SH 或 DI 灰色扫描
	彩色	RP 或 DI 彩色扫描	FL 或 SH 彩色扫描	RP 或 DI 彩色扫描	DR，SH 或 DI 彩色扫描
	单彩色	RP 或 DI 彩色扫描	FL 或 SH 彩色扫描	RP 或 DI 彩色扫描	DR，SH 或 DI 彩色扫描

---

① RLG. ASSESSING DOCUMENT ATTRIBUTES AND SCANNING REQUIREMENTS. ［2012-11-10］. http：//www.oclc.org/programs/ourwork/past/digimgtools/RLGWorksheet.pdf.

续表

		正常尺寸，固定装订	正常尺寸，散页或可拆装订	大型尺寸，固定装订	大型尺寸，散页或可拆装订
混合型色调文献	黑白	RP 或 DI 黑白增强扫描，灰色扫描，或特殊处理后扫描	FL 或 SH 黑白增强扫描，灰色扫描，或特殊处理后扫描	RP 或 DI 黑白增强扫描，灰色扫描，或特殊处理后扫描	DR，SH 或 DI 黑白增强扫描，灰色扫描，或特殊处理后扫描
	彩色	RP 或 DI 彩色扫描，或特殊处理后再扫描	FL 或 SH 彩色扫描，或特殊处理后再扫描	RP 或 DI 彩色扫描，或特殊处理后再扫描	DR，SH 或 DI 彩色扫描，或特殊处理后再扫描

注：[1] RP 为平台式数字扫描仪；
[2] DI 为数码相机；
[3] FL 是平板式数字扫描仪；
[4] SH 为单页供送式数字扫描仪；
[5] DR 为滚筒式数字扫描仪。

同样情况也适应于缩微文献的数字转换。表 3-9 是不同类型的缩微文献数字转换时应该采用的不同设备对应表。

表 3-9① 缩微文献类型与数字转换设备对应表

缩微胶卷 缩微胶片 普通缩微平片 套装缩微平片	高对比度	MI [1]，黑白扫描
	连续色调	MI，灰色扫描
	彩色	MI，彩色扫描

---

① RLG. ASSESSING DOCUMENT ATTRIBUTES AND SCANNING REQUIREMENTS. [2012-10-18]. http：//www.oclc.org/programs/ourwork/past/digimgtools/RLGWorksheet.pdf.

续表

全帧缩微平片	高对比度	MI 或 DR [2]，黑白扫描
	连续色调	MI 或 DR，灰色扫描
	彩色	MI 或 DR，彩色扫描
开窗卡	高对比度	FL [3]、DR、DI [4]、MI，黑白扫描
	连续色调	FL、DR、DI、MI，灰色扫描
	彩色	FL、DR、DI、MI，彩色扫描
照相胶片（包括底片和正片）	高对比度	SL [5]、DR、DI、RP [6]，黑白扫描
	连续色调	SL、DR、DI、RP，灰色扫描
	彩色	SL、DR、DI、RP，彩色扫描

注：[1] MI 为缩微胶片数字扫描仪；

[2] DR 为滚筒式数字扫描仪；

[3] FL 是平板式数字扫描仪；

[4] DI 为数码相机；

[5] SL 为幻灯片数字扫描仪；

[6] RP 为平台式数字扫描仪。

3.1.2.3 数字化生产软件

（1）图像扫描软件。

扫描软件是连接数字化生产设备与计算机硬件的一种程序类型，该程序将数字扫描的结果传输给计算机存储设备或图像编辑软件。高端扫描设备捆绑的扫描软件常常允许操作员人工调整分辨率、色调动态范围和彩色信道值。扫描仪的扫描软件常常是预设定好的，对其调整需要专业人员进行，否则会影响扫描效果。

扫描软件输出的图像文件格式应与原始文献相匹配。低端扫描仪所带的软件常常会限制对输出文件格式类型的选择，影响高质量图像的生产。

另外，扫描软件还常常提供在扫描过程中允许对图像进行加工的其他功能。当然，对图像的加工也可以采用专用的图像加工软件来进行。一个良好的做法是将这两种软件的加工结果进行比较，选择其一。是否对图像进行加工还取决于数字化项目的目标。例如，要求呈现文献原始状态的数字化项目不希望对数字图像进行加工，而对于一些艺术品的数字化项目，可通过对图像加工更能准确地呈现艺术品的效果。

（2）图像编辑软件。

扫描仪驱动软件以及相应的各种插件对数字图像仅能提供有限的操作。数字化项目有时还要考虑采用一些专业软件来对数字图像进行加工，以满足数字图像的质量要求。

对数字图像的操作处理包括下述几个方面：

- 编辑与优化。包括去网纹、去斑点、纠正偏斜、锐化以及位元深度的调整等。
- 压缩。可以采用专用的扫描仪固件或计算机专用硬件来完成，也可以由专用软件来实现，后者速度比较快。当图像文件体积比较大或数量比较多时，应该考虑采用专用软件。
- 按比例缩小。采用高分辨率扫描的数字主文档一般不适合于 Web 发布和传播，只有放弃一些位元从而减少分辨率来对数字主文档进行按比例缩小处理，所得到的图像文件方能在 Web 上传播，满足用户的浏览与下载需要。
- OCR 识别。将文本图像转换为可以检索或索引的数字化文本。
- 元数据析出。生成用于帮助描述、追溯、组织和维护数字图像的文本数据。

在选择数字图像加工软件时，应该考虑的功能有：

- 与扫描软件相互配合的程度；
- 对普通非专用文件格式的支持能力；
- 图像优化性能，如颜色调整、音调调整和颜色空间等；
- 用于 Web 发布的图像优化，以及 HTML 模板的自动生成功能；
- 颜色空间的转换能力（如将 RGB 转换为 CMYK，从而用于打印输出）；
- 文档记录支持和相关技术支持的水平；

- 通过自定义插件来扩展对图像加工功能的支持程度；
- 对于常用功能的设置能力；
- 自动批量加工图像的能力；
- 项目的其他特殊需求。

另外，数字化项目还要考虑购买和使用这类软件所需的费用。包括计算机硬件是否能够满足软件的最低要求，是否有现成的技术力量使用这类软件，能否提供足够的资金来支持员工所需的技术培训，能否支付软件的未来升级，软件的自动处理特性能否增加效率并降低人力成本。

（3）图像管理软件。

信息资源数字化项目生产的大量图像文件需要相应的软件对其进行管理。这类管理涉及对下述问题提供可行的解决方案：

- 数字图像元数据的析出。有时由图像编辑软件实现，有时通过图像管理软件生成；
- 数字化主文档各种副本的生成；
- 数字化生产流程的管理；
- 数字化生产过程中涉及的知识产权的管理等。

实现上述功能的软件可以是单机版，也可以是网络版，还可以是在现行的图书馆管理软件中加入一个插件的方式。

信息资源数字化项目在选择图像管理软件时应考虑的问题有：

- 软件是否与整个项目的目标与工作流程相协调；
- 软件是否具有可持续发展性；
- 数字化项目运行机构的现行技术基础框架是否支持软件；
- 安装、维护、人员培训以及软件运行的成本；
- 是否有利于元数据和图像文件的数字迁移；
- 是否支持多用户并提供用户安全级别管理。

3.1.3 数字化生产质量控制

3.1.3.1 质量控制步骤与方法

（1）质量控制步骤。

在信息资源数字化项目实施进程中，较早明确提出对数字资源生产质量进行调控并探讨质量调控过程的是美国学者 Anne R. Kenney① (2002)。之后,美国康奈尔大学图书馆在此基础上对数字化生产质量调控步骤进行了比较详细的论述② (2003)。基于对上述两个观点的分析,结合数字化项目目前的实际实施状况,质量调控可概括为下述12个基本步骤:

①界定当前用户需求,预测未来用户需求;

②对原始信息资源状态(包括色调、颜色、字符大小等)进行评估;

③根据①中所界定的用户需求,结合②中的评估结果,设定数字化产品的质量要求,并转换为期望的质量等级(如:优、良、中、差等);

④客观地确定相关参数的值(包括字符尺寸、数字扫描系统的分辨能力等);

⑤确定扫描模式和位元深度;

⑥根据本节下面论述的不同类型信息资源数字化生产质量调控的公式,计算出达到所需质量等级的扫描分辨率;

⑦设置数字化生产系统允许的公差值;

⑧对生产系统进行调试,并对各项性能进行测试;

⑨按抽样规则要求,随机抽取原始文献,进行数字化生产实验;

⑩通过人工检验和软件分析,将数字转换后的产品质量与设定的质量等级进行对比,确定产品质量是否合格。如果合格,则进入第⑫步;如果不合格,则进入第⑪步;

⑪调整分辨率、位元深度乃至扫描模式,转到第⑨步;

⑫将各种技术参数(包括信息资源的类型特征、生产系统描述、公差值、分析软件、扫描模式、位元深度、分辨率等)记录

---

① RLG. Digital Benchmarking for Conversion and Access. [2012-09-10]. http://www.rlg.org/preserv/mtip2000.html

② Cornell University Library. Benchmarking for digital capture. [2012-12-10]. http://www.library.cornell.edu/preservation/tutorial/conversion/conversion-04.html

归档，并以此作为标准对该类型信息资源进行大规模数字化生产。

（2）印刷型文本数字扫描质量控制。

①质量控制公式。

印刷型文本（包括打印型文本）的数字转化质量指标（QI，Quality Index）调控公式最初是美国影像与信息管理协会 C10 标准委员会提出的①，这个公式实际上是把传统缩微界缩微胶片数字化转化的质量指标调控方法移植过来。2006 年，美国康奈尔大学图书馆在上述质量调控公式的基础上，将印刷型文本数字扫描的质量、字符高度（在西文中指小写字母的高度）与扫描分辨率联系在一起。图像质量分为优、良、中、差四个等级。西文印刷型文本扫描后的数字图像质量等级值②和中文印刷型文本扫描后的数字图像的质量等级值③描述如表 3-10 所示。由于汉字结构的复杂程度约是西文的三倍，再结合汉字文献数字扫描的实际情况，中文印刷型文本的 QI 值要大一些。

表 3-10　印刷型文本信息资源数字扫描质量等级描述与 QI 值对应表

质量等级描述	西文印刷型文本扫描后的数字图像的 QI 的值	中文印刷型文本扫描后的数字图像的 QI 的值
优（优秀）	8.0	18.0
良（良好）	5.0	11.0
中（合格）	3.6	7.0
差（不合格）	<3.6	<7.0

---

① Anne R. Kenney, Stephen Chapman. Digital Resolution Requirements for Replacing. Text-Based Material：Methods for Benchmarking Image Quality. Council. Council University Press. 1995.

② Cornell University Library. BENCHMARKING RESOLUTION REQUIREMENTS FOR PRINTED TEXT. ［2012-10-11］. http：//www.library.cornell.edu/preservation/tutorial/conversion/conversion-04.html.

③ 查奕. 文献数字影像的制作与使用. 数字与缩微影像，2006（1）：15-19.

针对印刷型文本黑白模式扫描（位元深度为1），在考虑因黑白图像素阈值设定造成的质量下降而进行的补偿之后，其质量指标（QI）公式为①：

$$dpi = 3QI/0.039h$$

这里：QI 为质量等级值；

　　　h 为字符高度（单位：毫米）。如果 h 的单位是英寸，上述公式中 0.039 去掉。毫米与英寸的换算公式是：1 毫米 = 0.039 英寸，1 英寸 = 25.4 毫米；

　　　dpi 为扫描分辨率。

另外，虽然是一些印刷型文本，但由于下述原因需要灰色或彩色扫描②：

- 页面严重污染；
- 页面已严重变色，以至于难以对黑像素和白像素确定适当阈值；
- 页面中含有复杂的图形或重要的涉及上下文关系的信息（如浮雕状图文、注解等）；
- 页面中含有彩色信息（如不同颜色的墨迹）。

由于彩色图像数字化有利于更完整地保留原有笔画，所以，康奈尔大学图书馆为印刷型文本的灰度扫描和彩色扫描另制定了一个质量调控公式。

$$dpi = 2QI/0.039h$$

（注：当 h 的单位是英寸时，上述公式中 0.039 均去掉。）

②案例③。

在对易碎英文图书（含有印刷型文本和简单图形，如艺术线

---

① Cornell University Library. BENCHMARKING RESOLUTION REQUIREMENTS FOR PRINTED TEXT. ［2012-09-09］. http：//www.library.cornell.edu/preservation/tutorial/conversion/conversion-04.html.

② Cornell University Library. BENCHMARKING RESOLUTION REQUIREMENTS FOR PRINTED TEXT. ［2012-08-07］. http：//www.library.cornell.edu/preservation/tutorial/conversion/conversion-04.html.

③ Cornell University Library. BENCHMARKING RESOLUTION REQUIREMENTS FOR PRINTED TEXT. ［2012-08-10］. http：//www.library.cornell.edu/preservation/tutorial/conversion/conversion-04.html.

条、图表等）进行数字转换时，美国康奈尔大学图书馆采用了上述质量调控公式确定所需扫描分辨率。在这些图书中，虽然一些图书的页面已经变暗，但在大多数情况下，文本与背景之间的反差足以采用黑白扫描模式来抓取文本信息。因此，在详细分析评价了要进行数字化扫描的图书状况和界定所需质量后，采用了上述公式计算出扫描分辨率。

英文印刷型文本的细节特征是指文本中所用最小字号小写字母"e"的高度。根据对1850~1950之间商用字体的调查，康奈尔大学图书馆发现出版商使用的字体高度实际上没有一个高度小于1毫米的。该馆拟实施数字扫描代替正在逐渐劣化的原件，所以对数字图像提出了很高的要求（优，QI=8.0）。

当确定了细节的尺寸和质量等级要求后，就可采用上述公式计算出黑白扫描所需的分辨率：

dpi = 3QI/0.039h = 3×8/0.039 = 615.38

经取整后，dpi = 600

在扫描期间，该馆对一定数量的扫描后的数字图像和打印图像进行广泛调查后，证明上述参数的设置是正确的。虽然很多图书并不包括那么小的字体，但为了避免逐一查对原件，该馆对所有的书刊统一采用600dpi的分辨率进行黑白扫描。

③要考虑的其他因素。

很明显，在对印刷型文本进行数字扫描时，可以基于最小字符的高度和扫描质量要求来计算出并设置所需分辨率。在相同的扫描质量等级要求下，字符尺寸越小，所需的扫描分辨率就越大。在对那些印刷型文本进行扫描后需要OCR识别的项目来说，采用上述方法计算出的扫描分辨率仅仅是一个基准，在实际扫描时，需要根据这一基准进行多次试验，从而找出最适合于OCR识别的扫描分辨率。有时候，最适合于OCR识别的扫描分辨率与最适合于人眼浏览图像的扫描分辨率的数值可能不同，在这种情况下，具体采用哪个分辨率取决于项目的目标。

（3）手稿类信息资源数字扫描质量控制。

印刷型文本数字化质量控制的方法是基于字符高度作为原始

文献细节的量度。手稿和其他非印刷型文献（如地图、略图和制版印刷图等）不具备这个特征，但一般具有清晰并可识别的线条或笔画边沿。因此，对于大多数这类文献，比较好的细节量度应该是数字转换所要抓取的最细的线条、笔画或斑纹的宽度。

从各种实践来看，完全抓取这类细节至少需要 2 个像素。例如，一个原件的笔画宽为 1/100 英寸，扫描时至少需要 200dpi 才能充分抓取。对于黑白扫描模式来说，考虑到可能的采样误差和黑白像素阈值设置可能出现的偏差等因素，完全抓取需要的像素要求会更高（如 3 个像素）。如果以低于上述水平的分辨率（如 1 个像素）来扫描，那么这样的细节特征虽然常常也能扫描出来，但质量欠佳。

康奈尔大学图书馆对这类信息资源进行数字扫描所形成的数字图像的质量制定了四个等级指标：优秀、良好、合格和不合格（见表 3-11）。

表 3-11[①] 手稿类信息资源数字扫描质量等级描述与 **QI** 值对应表

质量等级描述	QI（质量指标）的值
优（优秀）	2
良（良好）	1.5
中（合格，但要通过屏幕观察来确定图像的质量）	1
差（不合格）	<1

采用灰色和彩色扫描模式时，扫描分辨率的计算公式为[②]：

$$dpi = QI/0.039w$$

[①] Cornell University Library. BENCHMARKING RESOLUTION REQUIREMENTS BASED ON STROKE WIDTH. ［2012-10-11］. http：//www.library.cornell.edu/preservation/tutorial/conversion/conversion-05.html.

[②] Cornell University Library. BENCHMARKING RESOLUTION REQUIREMENTS BASED ON STROKE WIDTH. ［2012-10-11］. http：//www.library.cornell.edu/preservation/tutorial/conversion/conversion-05.html.

这里，QI 是质量等级值，取值见上表；

W 是可识别的最细线条、笔画、斑纹的宽度，单位是毫米（注：如果单位是英寸，则公式中 0.039 去掉）；

dpi 是扫描分辨率。

对于黑白扫描，需要对上述公式进行调整，以补偿扫描过程中抓取不充分的因素。调整后的公式如下：

$$dpi = 1.5QI/0.039W$$

在实际扫描中，属于这个范畴的众多文献不能简单地以线条边沿的状态来确定扫描图像的质量，这时，分辨率不再是决定数字图像质量的唯一因素。比如，很多数字化项目都建议对所有手稿采用灰色或彩色扫描，而不进行黑白扫描。

（4）连续色调型信息资源数字化质量控制。

图片等连续色调型信息资源数字扫描的分辨率确定是非常困难的，因为这类文献缺乏一个明显的客观的且固定的文献细节量度基准。对于这类文献，量度细节的判断带有很强的主观性。例如，可以把城市街景照片的量度细节界定为数字化后进行放大，街道标牌应清晰可辨。但人的肖像照片中单根头发或毛孔是否可以作为量度该类文献的细节基准？

从微观层面上讲，图片等连续色调型文献平面介质上分布为大小不同且形状不规则的颗粒束，且这些颗粒束呈现出随机团簇的特征。但在实践层面，这些团簇不具有可识别性，因为很难将它们与背景噪音相区分。所以，颗粒团簇也无法作为度量这类文献细节的基准。

正因为如此，几乎所有的信息资源数字化项目都回避了连续色调型文献的量度细节确定问题。不少项目采用了下面描述的一种间接方法（其实也是一种非常含糊的方法）来调整并确定扫描分辨率①：将照片等连续色调型文献的一定尺寸规格（如 35 毫米、4×

---

① Cornell University Library. Benchmarking Resolution Requirements for Continuous Tone Documents. [2012-01-20]. http：//www.library.cornell.edu/preservation/tutorial/conversion/conversion-06.html

5英寸)的底片进行数字扫描,生成数字图像,再将数字图像扩印成某一特定尺寸(如8×10英寸)的照片,根据扩印照片的质量,判断并提出对分辨率的要求。

实际上,除了扫描分辨率外,色调和彩色再现对连续色调型信息资源的数字扫描质量影响可能更大。

连续色调型信息资源在数字扫描时呈现出很多的挑战。有些项目是基于照片的底片进行扫描从而获得高质量的数字图像。对于棕褐色图片的扫描,有的项目采用黑白扫描,而有的项目采用彩色扫描,当然,后者生产的图像质量更高,但生成的文件尺寸也更大。

对于照片扫描涉及的另外一个问题是:如果照片背面有重要信息,而这些信息不仅用户感兴趣,而且在其他地方很难找到,那么是否将照片的背面扫描为一个单独的图像文件?不同的数字化项目有不同的做法。当然,对这类照片背面的信息进行扫描将增加照片正面的数字图像的信息量,从而可以作为原始照片的更有效的等质替代品。

(5) 半色调型信息资源数字化质量控制。

半色调型信息资源数字化生产时,文献的网屏与数字图像的栅格经常会发生冲突,从而导致生成图像歪曲,并常常在生成图像表面出现一层网纹。因此,半色调型信息资源数字化困难度更大。

一些扫描设备已经设计了一些半色调扫描专用功能,这些功能的基本原理是使半色调型信息资源扫描时尽可能连续色调化,其中之一是采用灰色扫描,并且分辨率设置为半色调过网线数的4倍。过网线数可以使用半色调网屏测量仪器来确定。对于高质量半色调型文献(如精致艺术复制品)的数字化,所需的分辨率更高(如1000dpi左右),而大多数半色调文献的数字化在600dpi分辨率和8位位元深度下实施也许可以。

康奈尔大学图书馆在以600dpi分辨率对19世纪和20世纪早期的半色调型文献进行数字扫描时,没有辨别出任何明显的网纹。当使用扫描设备的半色调扫描专门功能时,应该降低扫描分辨率。

国会图书馆已经设计了四种方法用于半色调文献的数字化①。康奈尔大学对半色调型文献的处理也有更多的讨论②。

3.1.3.2 产品质量检验

产品质量检验是数字化项目实施的一个重要步骤，其目的在于判断产品是否达到了预期质量。数字产品质量检验涉及如下一些问题③：

（1）检验对象。数字化项目输出的产品除了数字化主文档外，还有各种副本以及相应的元数据文档，要确定对哪些产品进行检验。

（2）检验方法。不同的数字化项目由于项目要求可能不同，对图像质量的检验方法可能也不尽一样。例如，在对大型尺寸文献拍照后的照片进行数字扫描项目中，如果项目要求是"真实地"展现照片的外观，那么检验方法应该是：从外观细节、彩色、色调、页面纹理等方面将数字图像与原来照片进行对比。但如果项目的要求是消除照片拍照过程中引起的色偏，便应该将数字图像与原始文献（而不是照片）进行对比。

（3）检验参照物。在信息资源数字化项目中，没有一个统一的标准（甚至也没有一个统一的指标体系）用于对产品质量进行检验。这是因为，与一般产品不同的是：数字图像来自于原始文件的扫描，其扫描所得图像的质量与扫描过程有关外，更多的是与被扫描文件的质量有关。如果被扫描文件是原始文献，那么，判断数字图像质量的参照物就毫无疑问地是原始文献。但是，如果是基于

---

① Carl Fleischhauer. Digital Formats for Content Reproductions. ［2012-11-06］. http：//memory. loc. gov/ammem/formats. html.

② Anne R. Kenney, Louis H. Sharpe II. Illustrated Book Study：Digital Conversion Requirements Printed Illustrations. ［2012-08-09］. http：//www. loc. gov/preserv/rt/illbk/ibs. htm.

③ Cornell University Library. DEVELOPING A QC PROGRAM. ［2012-11-09］. http：//www. library. cornell. edu/preservation/tutorial/quality/quality-02. html.

"中间替代品"（如胶片）进行数字扫描，那么，数字图像与原件便是"隔代"了，对这样的数字图像进行质量检验时，将参照物界定为"中间替代品"？还是原始文献？还是两者均作为参照？不同数字化项目的做法也不同。

（4）检验范围。检验范围是指：对所有的数字图像都进行检验？还是仅抽取部分（如20%）数字图像进行检验？另外，还要规定判断数字图像质量的检验方法，比如，是采用数字图像的100%屏幕放大率来对比被扫描文件的方法进行检验？还是仅仅基于数字图像的屏幕显示尺寸进行主观评测？不同数字化项目的做法不同。例如，康奈尔大学图书馆的数字化项目采用的是对所有的数字图像都进行检验，并且是以数字图像的100%屏幕放大率与原始文件对比来实施。

（5）检验环境。数字图像质量的检验环境对检验结果有着非常重要的影响。而检验环境又受众多因素制约。如果检验环境不合适，即便是高质量的数字图像也会被判定为不合格。比如，如果受配置限制，显示器不能提供全部颜色，那么，采用这个显示环境对24位元的全彩色图像进行检验，显示的结果必定是"多色调"图像，从而被判断为"不合格"产品。

检验环境包括的因素有：

其一，硬件配置。一个基本的原则是：硬件配置应支持对数字图像质量检验所需的速度、存储和显示质量的要求。硬件系统的建立除经验外，更要与具体的检验需求相结合。

其二，软件配置。数字图像的显示效果与所采用的显示软件密切相关。显示软件选择的一个基本原则是：选用支持被检验数字图像的格式和色彩空间的公用软件。

其三，观看环境。数字图像和原始文献需要在完全不同的环境下进行观看。原始文献最好在明亮的环境下观看，而数字图像却要借着显示屏幕在低照度的环境下观看。

其四，检验人员。数字图像质量的检验是个复杂的视觉过程，检验过程与检验结果都具有很大的主观性。不同的检验人员在相同的检验环境下对同一数字图像的检验结果可能完全不同,即使同一检验人员在不同的时间里使用相同的检验环境对同一数字图像的检验结果也可能不完全一样。所以,一个比较理想的检验方式可能是:由同一检验人员使用同一台设备在同样环境下对所有的数字图像进行检验。在很多情况下,还要对检验员进行培训。

这里,还涉及一个问题:检验人员的彩色视觉缺陷。研究表明,一些彩色视觉缺陷与染色体上存在有缺陷的隐性基因有关,女性具有彩色视觉缺陷的概率为1/250,而男性为1/12,其原因在于女性有两个染色体,而男性只有一个。所以,对检验人员进行彩色视觉检查也是很必要的。

其五,显示器校准。同一数字图像在不同的显示器上呈现效果可能不一样,所以,当使用多台显示器进行数字图像检验时,就需要对它们进行校准操作(即将显示器的彩色转换设置调整到标准状态,从而使图像显示标准化,并可以消除偏色)。显示器校准的方法有使用校准硬件和校准软件两种,并且常常是两者相结合使用。

其六,彩色管理。对彩色文献进行数字化的困难之一,是在从扫描到显示再到打印的数字化链中,如何保持颜色的一致性。完全精确地再现颜色是很困难的,因为输入和输出处理颜色的方式不同。很多数字化项目采用了颜色管理软件对彩色文献数字化中的颜色进行管理,其目的是确保数字再现时图像的屏幕显示和打印尽可能与原件相匹配。

(6)检验程序规范化。数字图像检验程序的规范化,有利于提高检验工作效率,减少检验失误或误差。数字化项目应该编制一个产品检验工作手册,作为检验工作的依据。工作手册中应详细规定产品检验流程,列出每一个流程中所涉及的人员、需要的技能、仪器设备以及相应的硬件和软件,明确不合格产品的作废或替换方法等。

3.1.4 数字化生产主要参数值设置

3.1.4.1 数字文档类型

当今实施的数字化项目对二维平面介质信息资源进行数字扫描时，一般都采用"一次性扫描法"。所谓"一次性扫描法"，是指对原始信息资源仅扫描一次，当数字资源出现无法存取危机时，采用数字迁移等长期保存方法对其进行维护，从而确保数字资源长久能够被当时软件访问。"一次性扫描法"一般要经历两个步骤，分别产生数字主文档和各种应用副本。

（1）数字主文档的生产。

数字主文档是由数字化设备直接生成的数字图像。该类图像质量最高，可以作为原始资源的等质量替代品。数字主文档图像的分辨率最高，抓取的信息最多，用途最广。

数字主文档是长期保存的对象，也是生成各种应用副本的母本（更准确地说，是产生"复制加工级"应用副本的直接母本，是产生"网上发布级"应用副本的直接或间接母本），还可以供高质量出版印刷使用。文件格式一般为 TIFF，不压缩或无损压缩。不同类型的文献，生成的数字主文档中对分辨率、色彩、扫描精度、位元深度等参数的具体要求也不尽相同，但均以最大限度地呈现原始文献细节为准则。适应于各种类型的信息资源数字转换。

生产数字主文档的主要原因有下述两个方面：

其一是保存的需要。在一定条件下，数字主文档可以用来制作纸质副本或计算机输出缩微胶片，保护容易损坏的原件，降低用户对翻阅原件的需求。但这种操作必须满足产权保护的要求。

其二是成本的需要。生成高质量的数字主文档，初期成本高一些，但比生成低质量的图像而不能满足长期的需要，必要时又得重新扫描来说，还是划算些。准备、检验、标引和管理数字图像所需的成本，可能会远远高于数字扫描的成本。

（2）各种应用副本的生产。

3 数字化生产

这些应用副本主要有"复制加工级"和"网上发布级"两大类①。

① "复制加工级"应用副本。这类文档由数字主文档转换而来。其作用有三：一是"网上发布级"应用副本派生的母本；二是供专家、合作伙伴及专门组织的成员在网上有权限地访问；三是用于较高质量的印刷（印刷质量次于数字主文档）。适用对象是拓片、地图、工程图等超大幅面图像以及摄影胶片等信息含量丰富、体积大的图像。印刷型文本类的文字图像因其压缩后文件体积不大，无须此级文档。

② "网上发布级"应用副本。因用途和使用对象不同，又可分为三级：

- 精细级。供普通读者网上访问、下载和打印，显示尺寸相对较大，一般大于屏显尺寸。适用于拓片、字画、地图、古籍彩绘本、书影、手稿、珍贵照片、古籍珍善本、孤本等需要在网上放大浏览的图像。
- 普通级。供普通读者网上访问、下载和打印。通常以屏幕显示尺寸为界限，高度压缩。适合于网上传播无须放大浏览的静态图像。
- 图标。通常以缩略图方式。一般为 GIF 或 PNG 格式，或高度压缩的 JPEG 格式。适用于书刊文件（多幅合成图像）的封面、影视海报标贴、单幅的照片图像等。

图书报刊文件类文献资源通常在原扫描精度的基础上，将若干有序的单页图像合成为一个 PDF、HTML 或 XML 格式的电子文档，浏览时，页面图像大小可根据需要调节。有些电子图书生成软件，在打包时可适当对原加工的数字图像进行再次压缩，以便提高网上传输的速度。

表 3-12 是"一次性扫描法"所产生的文档类型及基本特征。

---

① 孙一刚，等．科技部科技基础性工作专项资金重大项目研究成果．[2011-10-10]．http：//cdls2.nstl.gov.cn/mt/blogs/2nd/archives/docs．

表 3-12 "一次性扫描法"产生的文档类型及特征

文件类型	常用文件格式	压缩情况	来源	基本用途
数字主文档	TIFF	不压缩或无损压缩	由数字化设备直接生成	长期保存,最高质量打印
复制加工级应用副本	JPEG	有损、适度压缩	数字主文档转换而来	产生"网上发布级"应用副本派生的母本;供专家、合作伙伴及专门组织的成员在网上有权限地访问;用于较高质量的印刷
网上发布级应用副本 — 精细级副本	JPEG、GIF、PNG	有损、适度压缩	从复制加工级应用副本产生,也可直接从数字主文档产生	供普通读者网上访问、下载和打印。显示尺寸相对较大,一般大于屏显尺寸
网上发布级应用副本 — 普通级副本	JPEG、GIF、PNG	有损、适度压缩	从复制加工级应用副本产生,也可直接从数字主文档产生	供普通读者网上访问、下载和打印。通常以屏幕显示尺寸为界限,高度压缩
网上发布级应用副本 — 图标	JPEG、GIF、PNG	有损、适度压缩	从复制加工级应用副本产生,也可直接从数字主文档产生	屏幕显示。通常是缩略图方式

3.1.4.2 国外代表性数字化项目生产主要参数值设置

国外已经实施的信息资源数字化项目有很多,康奈尔大学图书馆对比较有代表性的数字化项目的数字化生产的做法进行了下述总结规整(见表3-13)。

表 3-13①　国外代表性数字化项目生产主要参数值设置

	印刷型文本	图片文献	超大尺寸文献	手稿
美国国会图书馆数字化工程	300dpi，1位元深度黑白扫描，TIFF，ITU-T.6无损压缩	3000-5000像素，8位元深度灰色扫描或24位元深度彩色扫描，TIFF，不压缩	300dpi，24位元深度彩色扫描，TIFF，不压缩	300dpi，8位元深度灰色扫描或24位元深度彩色扫描，TIFF不压缩或JPEG 5：1压缩
美国国家档案馆数字化工程	300dpi，8位元深度灰色扫描，TIFF，不压缩	长边3000像素，短边2700像素，8位元深度灰色扫描或24位元深度彩色扫描，TIFF，不压缩	200dpi，8位元深度灰色扫描或24位元深度彩色扫描，TIFF，不压缩	(同印刷型文本)
哥伦比亚大学图书馆数字化项目	300dpi，1位元深度黑白扫描，TIFF，ITU-T.6无损压缩	200-300dpi，8位元深度灰色扫描或24位元深度彩色扫描，TIFF，不压缩	(大幅度透明片) 24位元深度彩色扫描，PhotoCD或TIFF	(同图片文献)
JISC数字化公司	300dpi，8位元深度灰色扫描或24位元深度彩色扫描，TIFF v.6，不压缩	照片：同印刷型文本 绘画：600dpi，8位元深度灰色扫描或24位元深度彩色扫描，TIFF，不压缩	先拍照，再以不低于2400dpi的分辨率扫描照片	(未涉及该类文献)

---

① Cornell University Library. Representative institutional requirements for conversion. ［2011-10-17］. http：//www.library.cornell.edu/preservation/tutorial/conversion/table3-1.html.

续表

	印刷型文本	图片文献	超大尺寸文献	手稿
世界记忆工程	200dpi，1位元深度黑白扫描，TIFF v.6，ITU-T.6无损压缩	100dpi，8位元深度灰色扫描或24位元深度彩色扫描，TIFF-JPEG无损压缩，对要求不严格的图像采用有损压缩	100dpi，8位元深度灰色扫描或24位元深度彩色扫描，TIFF-JPEG无损压缩。对于大于A3幅面的地图，采用先拍照后再扫描照片	100dpi，4位元深度灰色扫描或24位元深度彩色扫描，TIFF-JPEG无损压缩，对要求不严格的图像采用有损压缩
科罗拉多数字化工程	600dpi，1位元深度黑白扫描，TIFF，不压缩 或者：300dpi，8位元深度灰色扫描（有的需要24位元深度彩色扫描），TIFF，不压缩	照片：3000-5000像素，8位元深度灰色扫描或24位元深度（或更高）彩色扫描，TIFF，不压缩 图形文献：3000像素或300dpi，8位元深度灰色扫描或24位元深度彩色扫描，TIFF，不压缩	地图：300dpi，8位元深度灰色扫描或24位元深度彩色扫描，TIFF，不压缩	（未涉及该类文献）
加利福尼亚数字图书馆工程	600dpi，8位元深度灰色扫描，TIFF，LZW无损压缩	600dpi，24位元深度彩色扫描，TIFF-LZW	300-600dpi，24位元深度彩色扫描，TIFF-LZW无损压缩	（同图片文献）

3.1.4.3 我国数字化生产主要参数值设置建议

2003年，科技部科技基础性工作专项基金重大项目《我国数字图书馆标准规范建设》发布了子项目研究报告《数字资源加工标准规范与操作指南》，该报告借鉴了国外信息资源数字化项目实施经验，结合国内数字化项目的实际，提出了各类文献数字加工标准[①]。

---

① 孙一刚，等．科技部科技基础性工作专项资金重大项目研究成果．[2011-10-10]．http：//cdls2.nstl.gov.cn/mt/blogs/2nd/archives/docs.

3 数字化生产

在借鉴上述研究报告的基础上，结合本书组对我国一些数字资源加工项目的考察，列表汇总出如下数字化生产主要参数值设置建议（见表3-15），但随着技术进步，相应参数值也随着变化。

为减少篇幅，表3-15中采用的代码和注释的含义列在表3-14中。

表3-14	表3-15中采用的代码和注释的含义
栏目或注释	代码与含义
数字图像类型	A＝数字主文档；P＝复制加工级应用副本；L＝网上发布精细级应用副本；M＝网上发布普通级应用副本；S＝网上发布图标应用副本
位元深度	1＝1位黑白；8A＝8位灰色；8B＝8位彩色；24＝24位彩色；36＝36位彩色；48＝48位RGB或CMYK
压缩情况	N＝不压缩或无损压缩；Y＝有损、适度压缩
备注	K1＝对数字图像进行裁切、纠偏、去噪处理；K2＝成比例扩展、锐化、去网纹、裁切、纠偏，去噪；K3＝最低限度调整彩色和色调
[注1]	目录、提要和正文等一般文字页黑白扫描，并要充分考虑OCR的要求。封面可灰色扫描或彩色扫描
[注2]	插图页可彩色扫描或灰色扫描
[注3]	该类资源幅面较大或超大，记载字体字号相对一般印刷品要大很多，但其收藏时加盖的印鉴刀锋相对精细微小。由于石材常年受自然界风雨侵蚀，部分字迹或图案残损模糊。未及托裱之原拓片，纸张质地很薄，长年叠放，折痕明显。拓片通体色彩以墨色为主，少量朱红色。基于此，在进行数字加工时，首先，要注意拍摄或扫描局部平面的平整和光线均匀；其次，考虑到在大部分情况下没有OCR需求，对较大幅面的拓片可以适当降低扫描分辨率；再次，对于图书馆的应用，建议采用专用的高端数字扫描系统加工；另外，由于图幅较大，主文档的TIFF格式文件大小通常为每幅数百兆，而一般发布级的JPEG格式文件大小最高为数兆，因此，为满足精细印刷等需要，建议生成同分辨率和像素数的JPEG图像作为研究加工级①。

---

① 聂华，等. 文献资源数字加工与发布标准研究. 图书情报技术，2005（09）：72-75.

表3-15 我国数字化项目生产主要参数值设置建议

文献类型	载体及尺寸	数字图像类型	主要参数值设置建议				备注
			分辨率（DPI）	位元深度	文件格式	压缩情况	
图书、期刊、论文集类信息资源	普通印刷型文本。载体尺寸小于或等于A3	A	600	1	TIFF	N	[注1]、K1
		L	500		TIFF、GIF		
		M	350				
		S	72				
	含有插图的印刷型文本。载体尺寸小于或等于A3	A	600	1、8A、24、36、更高	TIFF	N	[注1]、[注2] K3
		L	500		JPEG、GIF、PNG	Y	K2
		M	350				
		S	72				
	珍贵或残损的印刷型文本。载体尺寸小于或等于A3	A	600	8A、24、36、更高	TIFF	N	K3
		P	600		JPEG	Y	K3
		L	400		JPEG、GIF、PNG	Y	K2
		M	350				
		S	72				
报纸、海报、年画、剪纸类信息资源	普通型。A1、A2、A3版面	A	600	1	TIFF	N	K1
		L	300		TIFF、GIF		
		M	150				
		S	72				
	套色印刷。A1、A2、A3版面	A	600	8A、8B、24	TIFF	N	K3
		P	600		JPEG、GIF、PNG	Y	K2
		L	300				
		M	150				
		S	72				
	缩印本。版面小于A3	A	800	1、8A、8B、24	TIFF	N	K3
		L	400		JPEG、GIF、PNG	Y	K2
		M	250				
		S	72				

93

续表

文献类型	载体及尺寸	数字图像类型	主要参数值设置建议				备注
			分辨率（DPI）	位元深度	文件格式	压缩情况	
照片印制品类信息资源	载体尺寸大于或等于8×10英寸	A	600	8A, 24, 36, 更高	TIFF	N	K3
		P	600		JPEG	Y	K3
		L	400		JPEG, GIF, PNG	Y	K2
		M	150				
		S	72				
	载体尺寸在4×5英寸与8×10英寸之间	A	700	8A, 24, 36, 更高	TIFF	N	K3
		P	700		JPEG	Y	K3
		L	400		JPEG, GIF, PNG	Y	K2
		M	150				
		S	72				
	载体尺寸小于或等于4×5英寸	A	1000以上	8A, 24, 36, 更高	TIFF	N	K3
		P	1000以上		JPEG	Y	K3
		L	400		JPEG, GIF, PNG	Y	K2
		M	150				
		S	72				
手稿、乐谱、草稿类信息资源	小幅珍品，尺寸小于或等于A3	A	800以上	24, 48	TIFF	N	K3
		P	800以上		JPEG	Y	K3
		L	500		JPEG, GIF, PNG	Y	K2
		M	150				
		S	72				
	一般稿件	A	600以上	24, 48	TIFF	N	K3
		P	600以上		JPEG	Y	K3
		L	500		JPEG, GIF, PNG	Y	K2
		M	150				
		S	72				

续表

文献类型	载体及尺寸	数字图像类型	主要参数值设置建议				备注
			分辨率（DPI）	位元深度	文件格式	压缩情况	
普通古籍（包括现代方志、家谱）。善本古籍（包括古代方志、家谱）类信息资源	普通古籍，黑白印刷	A	600	1	TIFF	N	K1
		L	500		TIFF, GIF,		
		M	150				
		S	72				
	普通古籍，有色印刷	A	600	8A, 8B, 24, 36	TIFF	N	K3
		L	500		JPEG, GIF, PNG	Y	K2
		M	150				
		S	72				
	普通古籍，手写	A	800	8A, 24	TIFF	N	K3
		P	800		JPEG	Y	K3
		L	500		JPEG, GIF, PNG	Y	K2
		M	150				
		S	72				
	善本古籍，单字尺寸大于或等于5厘米	A	600	24, 36, 48	TIFF	N	K3
		P	600		JPEG	Y	K3
		L	500		JPEG, GIF, PNG	Y	K2
		M	150				
		S	72				
	善本古籍，单字尺寸在3厘米与5厘米之间	A	800以上	24, 36, 48	TIFF	N	K3
		P	800以上		JPEG	Y	K3
		L	500		JPEG, GIF, PNG	Y	K2
		M	150				
		S	72				
	善本古籍，单字尺寸小于3厘米	A	1000以上	24, 36, 48	TIFF	N	K3
		P	1000以上		JPEG	Y	K3
		L	500		JPEG, GIF, PNG	Y	K2
		M	150				
		S	72				

续表

文献类型	载体及尺寸	数字图像类型	主要参数值设置建议				备注
			分辨率（DPI）	位元深度	文件格式	压缩情况	
地图、大型设计图、航空航天遥感图	所有尺寸	A	800 以上	8A,8B,12位,24,36,48	TIFF	N	K3
		P	800 以上		JPEG	Y	K3
		L	600		JPEG,GIF,PNG	Y	K2
		M	300				
		S	150				
拓片、字画类信息资源【注3】	单字尺寸的80%超过5厘米	A	600	24,36,48	TIFF	N	K3
		P	600		JPEG	Y	K3
		L	500		JPEG,GIF,PNG	Y	K2
		M	200				
		S	72				
	单字尺寸的80%在2厘米与5厘米之间	A	700	24,36,48	TIFF	N	K3
		P	700		JPEG	Y	K3
		L	500		JPEG,GIF,PNG	Y	K2
		M	200				
		S	72				
	单字尺寸的80%在2厘米之内	A	800	24,36,48	TIFF	N	K3
		P	800		JPEG	Y	K3
		L	500		JPEG,GIF,PNG	Y	K2
		M	200				
		S	72				

续表

文献类型	载体及尺寸	数字图像类型	主要参数值设置建议				备注
			分辨率(DPI)	位元深度	文件格式	压缩情况	
照相、电影等胶片、缩微胶片类信息资源	照相、电影等胶片、彩色底片和正片。最小边长小于或等于35毫米	A	3000	24,36,48	TIFF	N	
		P	3000		JPEG	Y	
		L	1600		JPEG,GIF,PNG	Y	K2
		M	1000				
		S	72				
	照相、电影等胶片、彩色底片和正片。最小边长大于35毫米	A	2600	24,36,48	TIFF	N	
		P	2600		JPEG	Y	
		L	1400	24,36,更高	JPEG,GIF,PNG	Y	K2
		M	1000				
		S	72				
	缩微胶片	A	800	1,8A,24	TIFF	N	
		L	500		TIFF,GIF	Y	K2
		M	150				
		S	72				
甲骨、织帛、竹简等实体文献类信息资源	原始尺寸大于或等于10厘米	A	1000以上	24,36,48	TIFF	N	K3
		P	1000以上		JPEG	Y	K3
		L	600		JPEG,GIF,PNG	Y	K2
		M	300				
		S	72				
	原件尺寸在5厘米与10厘米之间	A	1200以上	24,36,48	TIFF	N	K3
		P	1200以上		JPEG	Y	K3
		L	800		JPEG,GIF,PNG	Y	K2
		M	400				
		S	72				

续表

文献类型	载体及尺寸	数字图像类型	主要参数值设置建议				备注
			分辨率（DPI）	位元深度	文件格式	压缩情况	
甲骨、织帛、竹简等实体文献类信息资源	原始尺寸小于5厘米	A	1400以上	24,36,48	TIFF	N	K3
		P	1400以上		JPEG	Y	K3
		L	1000		JPEG,GIF,PNG	Y	K2
		M	600				
		S	72				

3.2 音频数字化生产

3.2.1 数字化生产基础

音频数字化就是将在时间和幅度上连续变化的模拟音频进行数字化处理，转换成在时间上取样和幅度上量化的离散的二进制数字信号的过程。在这个转换过程中，涉及主要参数有采样频率和采样数位（也称量化级），二者是决定数字音频质量的主要因素。

3.2.1.1 模拟音频

声音是一系列连续的空气压力波，当这种压力波撞击人的耳膜时，内耳的神经细胞受到刺激产生信号，这种信号传递到大脑，就可以"听到"声音了。声音信号可以分解为各种频率正弦信号的叠加，这种信号称作模拟信号。模拟信号的振幅和频率，随时间连续变化。

模拟音频技术是将音频信号通过模拟方式记录、传输和重放，也即利用电流（或电压）的大小变化来"模仿"声音波形。早期的录音设备（如滚筒录音机），就是将声波压强刻录在石蜡滚筒的声槽里，以对声波的高压和低压或音波的振幅进行模拟，因此称之为模拟录音设备。

模拟录音技术已有100多年的历史。自1877年托马斯·爱迪生发明石蜡滚筒录音机以来，模拟录音技术的基本发展轨迹可描述为：机械录音→磁性录音→光学录音。与此相对应的模拟音频信号载体是：滚筒→磁带→光盘。

机械录音是用机械方法把声音信号刻录在石蜡或锡箔滚筒上，其能量转换过程是：声→机械→声。

1924 年，马克斯菲尔德和哈里森设计出电气唱片刻纹头，同时，贝尔实验室也成功地进行了电气录音，录音技术得到很大提高。1925 年，世界第一台电唱机诞生，这种电唱机仍然是机械录音，其能量转换过程是：声→电→机械→电→声。

磁性录音可以追溯到 1898 年，丹麦科学家波尔森发明了第一台钢丝式录音机，其能量转换过程是：声→电→磁→电→声。这种最早的磁性录放音装置最初采用的是直接录音，即无偏磁录音，音质很差，直到直流偏磁方式和放大器技术发明以后，1945 年，钢丝和钢带式录音机进入实用阶段。

第二次世界大战期间，德国的磁性录音技术取得了很大的发展。第二次世界大战结束后，磁带录音技术进入了一个黄金发展阶段，磁带录音机开始迅速普及并沿用至今。磁性录音技术也几经改进日臻完善。但是，在模拟技术领域里无论如何加以改善，也不能实现音质的大幅度提高。

随着科学技术的发展，录音技术进入了数字时代，1979 年，第一张数字光盘问世，标志着数字时代的来临。录音设备发展历史如表 3-16 所示。

表 3-16[①]   **录音设备发展历史**

录音设备	说　　明	使用年代
石蜡滚筒录音机	2 分钟或 4 分钟格式，石蜡或石蜡化合物	1877—1929 年

[①] CDP. Digital Audio Best Practices Version 2.0. ［2007-11-15］. www. cdpheritage. org/digital/audio/documents/cdpdabp_ 1-2. pdf.

续表

录音设备	说　　明	使用年代
可录式唱片机（直接式或醋酸基唱盘）	带盘直径为7英寸、12英寸或16英寸，转速33转/秒或78转/秒，通常在以纸、玻璃或金属带基上敷以乙烯	1929—1970年
钢丝录音机	卷轴钢丝，长度多为15~30英寸，单向	1945—1955年
开放式滚轮录音磁带机	带盘为0.25~2英寸或3~10.5英寸，带速为1 7/8~30英寸每秒	1945年至今
小型盒带录音机	硬盒内置1/8英寸磁带，带速为1 7/8英寸每秒	1965年至今
微型盒式磁带/迷你盒式磁带录音机	2~4厘米的小盒式磁带	1977年至今
数字光盘，MP3及其他数字化录音设备	声音可以数字文件的形式直接录制到光盘或内置式硬盘上	2000年至今

3.2.1.2　数字化生产基本模式

音频数字化最常见的模式是脉冲编码调制（PCM，Pulse Code Modulation）。其基本原理是：首先，通过播放设备将模拟音频转换成一连串电压变化的信号（如图3-2所示，图中横坐标为时间，纵坐标为电压大小值）；其次，沿横坐标轴将信号进行等时距分割（图3-2中采用的分割时距是0.01秒），这个分割时距就是采样频率（在该图中，采样频率是1/0.01 = 100Hz）；再次，把分割线与信号图形交叉处的坐标位置记录下来，得到每交叉点坐标（如(0.04，11.65)），其中用于表示纵坐标数字的二进制的位数就是采样位数），由于已经知道时间间隔，可以去除横坐标，得到纵坐标的一个数字序列，这一序列数字就是将以上模拟信号进行数字化的结果。

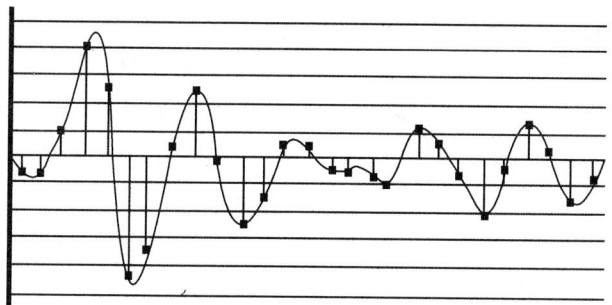

图 3-2① 模拟音频数字化与原理图

数字音频文件（如 WAV 文件）中，文件头记录了采样频率和可容许最大记录振幅，文件内容记录了一连串表示振幅大小的数字，有正有负。常见 CD 唱盘是以 PCM 格式记录的，它的采样频率是 44100Hz，采样位数 16 比特，也即振幅最小可达 -32768（$-2^{16}/2$），最大可达 $+32767$（$2^{16}/2-1$）。

3.2.1.3 影响数字音频质量的生产因素

影响数字音频质量的生产因素有采样频率、采样位数（又称采样精度、量化级）、通道个数和文件格式等几个方面。

（1）采样频率。

采样是指用每隔一定时间间隔的信号样本值序列代替原来在时间上连续的信号，即在时间上将模拟信号离散化。每秒的采样次数称为采样频率，以千赫兹（即每秒几千个样本）来描述。根据奈奎斯特（Nyquist）采样定理，只要采样频率大于或等于被采样信号的最高频率的 2 倍，借助一定设备，就可以从样值序列信号中无失真地恢复出原始模拟音频信号。因此，一个数字音频样本所能记载的最高模拟频率值应是其采样频率的一半，比如，采样频率为 44.1kHz 的音频光盘介质只能记录最高频率为 22.05kHz 的模拟声

---

① 林俊桂．音频数字化简单原理．[2011-07-10]．http：//www.nhlcgz.com/blog/u/21/archives/2007/80.html．

音。这意味着当声波经过某一点时,每秒就有44100个离散的振幅测量值对其进行表示。

人耳可以听到的声音是频率在20~20kHz之间的声波,根据奈奎斯特采样定理,理论上只要用40kHz以上的采样频率就可以完整记录20kHz以下的信号。那么,为什么CD唱盘的规格是44.1kHz(而不是40kHz)呢?因为在CD发明前,硬盘价格昂贵,存储数字音频信号的主要媒体是录像带,用"黑"与"白"来记录0与1。而当时的录像带格式为每秒30张,而一张图又可以分为490条线,每一条线又可以储存三个取样信号,因此每秒有30×490×3=44100个取样点,为了研发方便,CD唱盘也继承了这个规格。实际上,无论使用多么高的采样频率,记录的数字与实际的信号之间总会有误差,这种误差称为数字转换失真,或称为量化失真。

目前采样频率主要有96kHz和44.1kHz两种规范。其中,档案保存标准采样频率为96kHz。如果没有资源(计算机处理能力、人员、时间及数字存储空间等)上的限制,则一般以采样频率为96kHz来进行音频资源数字化生产,并以该频率来保存数字主文档。对于那些数字化生产资源不充足的项目,采样频率的选择应基于对模拟音频类型和质量的分析。

对于某些原始音频资源来说,采用比44.1kHz更高的采样频率并不能更有效地表达出更多的信息,如乙烯录音带或模拟盒式录音带,因为这些资源不能记录频率高于22.05kHz的声音。

从声源角度划分,模拟音频主要有三种类型:

• 人类声音。所有人类声音的频率都在20~20kHz之间,这类音频数字化的采样频率应该是44.1kHz。

• 场景录音。一般是指在一个特定场景下对人类声音进行的录音。所以,数字化采样频率也是44.1kHz。但是,如果场景录音包括了音乐,或来自于自然界中的其他声音(如昆虫声音、鸟叫的声音等),那么数字化时的采样频率应该考虑96kHz。

• 音乐录音。是指乐器产生的宽范围频率的录音。对这些录音数字化时，虽然大多数可以用44.1kHz频率进行采样，但有些超过了这个采样频率的范围，所以，一般都采用96kHz，这样也有助于数字音频的编辑。

（2）采样位数。

上述采样结果中，每个样值的幅度仍然是连续的模拟量，还需对其进行离散化处理，将其转换为有限个离散值，才能最终用二进制编码来表示其幅值。采样位数是指表示振幅测量值的二进制码的位数，其单位是比特（bit）。比如，8比特位数的取值范围是0～255，16比特位数的取值范围为0～65535，而24比特位数的取值范围0～16777215。由于人耳对于音量较为敏感，所以，以较高采样位数进行采样的音频听起来会"更平滑"些，更能逼真地再现原始模拟音频。

一般来说，人耳仅可以辨别出15比特及17比特的音频样本差别。有些听音者，尤其是受过专门训练的音频技师，可以辨别出同一音频资源的24比特录音和16比特录音之间的差异，但一般人很难辨别出它们的差别。

录音设备不可能也没必要丝毫不差地将某一音频资源再现出来。以24比特进行高数据位数的采样，可以明显地消除因设备配置带来的缺陷，并可为计算机音频编辑系统附加的音频处理提供更多的提升空间。

此外，数字转换时采用的采样频率和采样位数与原始音频资源息息相关，不仅仅局限于人耳所能听到的音域。许多声音所表现的频率范围要远远高出22.05kHz，24比特的采样位数比16比特的采样位数更能清晰地记录更多的语音信息。还有，技术飞速发展使得数字音频的未来应用存在着诸多变化。因此，在进行音频数字化时，最佳采样位数的选择受制于众多因素。表3-17列出了目前数字化项目采用不同的采样频率和采样位数的优缺点。

表 3-17①　　不同采样频率和采样位数的优缺点分析

要求	采样频率	采样位数	优点	缺点
最低	44.1kHz	16 比特	CD 无须音频转换 占用的存储空间最小 比较适宜于较低质量音频的数字化 数字转换所需时间最短 广泛应用于家用音频标准 CD 国际标准	可接受的频率范围最小 对未来的应用难以提供足够的质量支持 在出版传播或迁移至新格式方面可能有限制 由于质量较低，替代原始模拟音频的程度有限
推荐	44.1kHz	24 比特	能较好地再现原始音频 替代原始模拟音频的程度较高 出版与传播界接受程度较高 是目前专业数字音频的事实标准	可接受的频率范围较小 占用存储空间较大 复制到 CD 上时，需要转换采样位数 数字转换所需时间成本都有所增加
最佳	96kHz	24 比特	DVD 的音频标准 采样频率范围大 更准确地再现高质量的模拟音频 代替原始模拟音频的性能高 未来应用的潜力大 可能成为未来音频数字化推荐标准 目前为最高质量的数字音频 正迅速地被广泛接受	存储空间最大 数字转换所需时间最长 有些音频文件的质量没有明显提高 复制到 CD 上时，需转换采样位数 网络传播时，需要压缩

（3）声道个数。

在记录数字音频时，若每次生成一个声波数据，则称为单声

---

① CDP. Digital Audio Best Practices Version 2.0. ［2011-11-15］. www.cdpheritage.org/digital/audio/documents/cdpdabp_ 1-2. pdf.

道；若每次生成两个声波数据，则称为双声道（立体声）。另外，还有四声道、5.1声道等。声道数量越多，听觉感受越好，但音频文件存储所占空间越大。目前为止，有下述几种主要类型的声道①。

- 单声道。单声道是比较原始的声音转换形式，在音频数字化初期应用比较广泛，但现在已很少使用。单声道音频播放时缺乏声音的位置定位。
- 双声道（立体声）。双声道技术是指声音在录制过程中被分配到两个独立的声道，从而达到较好的声音定位效果，克服了单声道的缺点。该技术可以使听众清晰地分辨出各种声音的方向，使音乐更富想象力，更接近于临场感受。时至今日，这种技术应用还比较广泛，并且仍然有不少产品遵循该标准。
- 准双声道（准立体声）。准双声道是指在录制声音时采用单声道，但在放音时，有时采用立体声，有时采用单声道。这种技术曾经使用一时，但现在已基本不再使用。
- 四声道。技术的发展，出现了三维音效，四声道也应运而生。三维音效是指一个虚拟的声音环境，通过特殊技术营造一个趋于真实的声场，从而获得更好的听觉效果和声场定位。

四声道有四个发音点：前左、前右、后左、后右，听众则被包围在中间，有时还增加一个低音（有人称为4.1声道），以加强对低频信号的回放处理。四声道技术为听众带来了来自多个不同方向的声音环绕，获得各种不同环境的听觉感受。如今，四声道技术已经融入到不少产品的设计中，可能成为未来发展的主流趋势。

- 5.1声道。5.1声道已广泛运用于各类影院中，一些比较知名的声音录制压缩格式（如杜比AC-3、DTS等）都是以5.1声道为技术蓝本。5.1声道来源于4.1声道，只是增加了一个中置单元。该单元负责传送低于80Hz的声音信号。

声道技术发展很快，目前已出现了7.1声道系统，该声道是在

---

① 声道数．[2011-07-09]．http：//detail.zol.com.cn/product_param/index619.html．

5.1声道基础上增加了中左和中右两个发音点。

(4) 文件格式。

模拟音频数字转换后以文件的形式存储、播放和传播。目前，数字音频文件的格式有很多种，不同格式所采用的编码不同，采样频率、采样位数和声道个数不一样，压缩算法、压缩比例以及压缩效果也存在一定差别。所以，数字音频文件的保存格式也是影响模拟音频数字转换质量的因素之一。表 3-18 列出了音频数字化生产中常用的文件格式以及相应的说明。

表 3-18[①]　　音频数字化生产常用文件格式与说明

格式名称	格式描述
WAV	由微软公司开发的最早的数字音频格式，被 Windows 平台及其应用程序广泛支持。该格式支持多种压缩算法，采用 44.1kHz 的采样频率、16 位采样位数。因此 WAV 的音质与 CD 相差无几，但前者对存储空间需求大，不便于交流和传播
CD	采样频率为 44.1kHz，采样位数是 16 位。CD 存储采用了音轨的形式，又叫"红皮书"格式，记录的是波形流，是一种近似无损的格式
MP3	全称是 MPEG-1 Audio Layer 3，它在 1992 年合并至 MPEG 规范中。MP3 能够以高音质、低采样率对数字音频文件进行压缩。因此，音频文件能够在音质丢失很小的情况下（人耳根本无法察觉这种音质损失）把文件压缩到最小的程度
MP3Pro	由瑞典 Coding 科技公司开发。其中包含了两大技术：一是 Coding 科技公司的解码技术，二是由 MP3 的专利持有者法国汤姆森多媒体公司和德国 Fraunhofer 集成电路协会共同研究的一项译码技术。MP3Pro 可以改善原先的 MP3 音乐音质，并能压缩音频文件，且压缩效果较好

---

① 音频数字化可采用的编码标准．[2010-10-10]．http：//zhidao.baidu.com/question/1178483.html? si=9.

续表

格式名称	格式描述
WMA	由微软公司出品。该格式采用减少数据流量但保持音质的方法来达到更高的压缩率,其压缩率一般可以达到1:18。此外,WMA还可以通过DRM(数字版权管理)方案防止拷贝,或者限制播放时间和播放次数,甚至限制播放机器等,防止盗版
MP4	采用的是AT&T所研发的以"知觉编码"为关键技术的a2b音乐压缩技术,由美国网络技术公司(GMO)及RIAA联合公布的一种音乐格式。MP4在文件中采用了保护版权的编码技术,可有效地保证音乐版权的合法性。MP4的压缩比可达到1:15,体积较MP3更小,但音质却没有下降
SACD	Sony公司发布。采样频率为CD格式的64倍,即2.8224MHz。重放频率带宽达100kHz,为CD格式的5倍,24位采样位数
QuickTime	苹果公司推出的一种数字流媒体。版本有1.0、2.0、3.0、4.0和5.0。在5.0版本中还融合了支持最高A/V播放质量的播放器等多项新技术
VQF	由YAMAHA和NTT共同开发的一种音频压缩技术。压缩率可达1:18。接近CD音质,但VQF未公开技术标准,至今未能流行
DVD Audio	与DVD视频尺寸以及容量相同,是音乐格式的DVD光盘,采样频率可选择为"48kHz/96kHz/192kHz"或"44.1kHz/88.2kHz/176.4kHz",采样位数可以是16、20或24比特,两者之间可自由组合。一般有2个声道,但最多可6个声道
MD	Sony公司推出。44.1khz采样频率,2个声道。采用ATRAC压缩算法(自适应声学转换编码),可把CD唱片的音频压缩到大约1/5,而声音质量没有明显损失
RealAudio	Real Networks公司推出。有三种格式:RA(RealAudio)、RM(RealMedia,RealAudio G2)和RMX(RealAudio Secured)。主要适用于网络在线播放
Audible	拥有四种不同的格式:Audible1、2、3、4。不同格式适应于不同的音频源。格式1、2和3采用不同级别的语音压缩,而格式4采用更低的采样频率和MP3相同的解码方式,所得到语音效果更清楚

续表

格式名称	格式描述
AIFF	苹果公司开发的声音文件格式，被 Macintosh 平台和应用程序所支持
MAC	苹果公司开发的声音文件格式，被 Macintosh 平台和多种 Macintosh 应用程序所支持，支持一些压缩算法
S48	采用 MPEG-1 layer 1、MPEG-1 layer 2（简称 Mp1, Mp2）声音压缩格式
AAC	由 Fraunhofer IIS-A、杜比和 AT&T 共同开发的一种音频格式，它是 MPEG-2 规范的一部分。AAC 音频算法在压缩能力上远远超过了以前的一些压缩算法（如 MP3 等）。同时支持多达 48 个音轨、15 个低频音轨、多种采样频率和采样位数

除了上述四个因素之外，数字化音频的质量还受其他一些因素的影响，如扬声器质量、计算机声卡 A/D 与 D/A（模/数、数/模）转换芯片质量，以及各个设备连接线屏蔽效果等。

3.2.2 数字化生产系统

3.2.2.1 基本流程

模拟音频数字化生产的基本流程如图 3-3 所示。

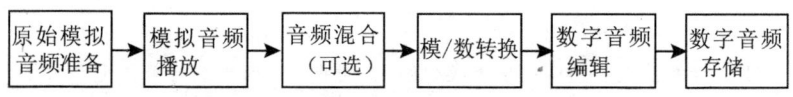

图 3-3 模拟音频数字化生产基本流程

数字化生产的第一个阶段是模拟音频的准备。模拟音频的载体有多种，但目前常见的有磁带（有盒式、开盘式等）和唱盘。磁带的数字转换准备包括磁带载体状态和材质成分的识别、氧化层与基层之间粘连的修复、载体各种变形和损伤的处理、磁带表面的无损干燥清洁等。唱盘的数字化准备也包括唱盘状态和材质的识别、唱盘载体清洁、唱针的合理选择以及重放速度的确定等方面。

模拟音频的播放是通过播放设备实现的。播放设备一般有开盘式磁带机、盒式磁带机、唱盘机等。

音频混合是一个可选过程。其功能是将音频混合设备（如音频混合板）置于模拟音频播放设备与模/数转换设备之间，在数字转换之前对由模拟音频播放设备播放出的模拟信号进行增强处理，从而提高数字转换的质量。有些音频混合设备还有另外一种用途，它可以将多个模拟音频播放设备与模/数转换设备连接起来。

模/数转换是数字化生产的核心，实现这项功能的设备称为模/数转换设备，这种设备目前市场上有很多规格（如 16 位、24 位等）。

数字音频编辑包括音量调节、跟踪、频率均衡、噪音降低和压缩处理等。使用专门软件（如 Tools、Sound Forge、Adobe Audition 等）完成这些操作。数字音频编辑还有助于提高音质，广泛应用于各种副本的生成中。但数字主文档要谨慎使用。

数字音频存储首先涉及的是格式。目前已有不少格式用来存储数字音频文件，常用的也有多种，如 WAV、AIF 和 MP3 等。文件格式的选择首先应当考虑的是这种格式的目前兼容性和未来可持续发展性。数字主文档应该考虑选择非压缩格式，以确保音频的高保真度。在目前常用的格式中，WAV 和 AIF 是非压缩格式，MP3 是压缩格式，但这三种格式均不开放源代码，它们分别归属于微软、苹果和弗朗霍夫学会。

数字音频存储涉及的另一个问题是存储器。通常使用的存储介质有光盘（CD、DVD）、硬盘（包括 RAID 硬盘存储系统）和磁带备份系统等。

3.2.2.2 硬件设备

（1）模拟音频播放设备。

在数字产品广泛普及的今天，模拟音频播放设备早已退出主流市场，所以购买质量理想的这类设备实属困难。旧货市场和在线销售网站是目前购买这类设备的两个可能渠道。如果对所选购的设备不够熟悉，购买前应咨询相关音频专家，或通过专业人员购买。所有旧设备使用前都应进行专业检修和维护，并在使用过程中要定期维修。

不仅购买比较困难，而且学会合理操作这类设备也同样会遇到麻烦。可以利用一些本地资源，比如，地方广播站的录音师，一些本地音响迷和音频收集爱好者，也可以访问一些音频收藏协会的网站等。

目前常用的模拟音频播放设备有下述几种：

①开盘式磁带机。开盘式磁带机有两种：单频道（或称单音频，每个方向上有一个磁道）和双频道（或称双音频，每个方向上有两个磁道）。单频道播放机对立体声磁带的播放效果甚差，无法将两个声道分离开。而双音频磁带机在播放时有时会因磁道之间存在空隙而丢失部分音频信息。当没有单音频播放机时，采用双音频播放机播放单音频录音带时也会出现问题，但这个问题可通过使用音频编辑软件把单音频复制成双音频的方法来解决。

另一个问题是播放速度。现在的开盘式播放机的播放速度有 3 IPS（每秒英寸）和 7.5 IPS 两种，而很多老式播放机的播放速度是 1 7/8 IPS（这通常也是很多历史资料录音的速度）。专业设备的播放速度则是 7.5 IPS 和 15 IPS。许多旧的音频资料为了得到恰当的播放速度，不得不寻求老式设备。以速度不匹配的设备播放音频资料进行数字化，生产出的数字音频会产生音质缺陷，要么是声音慢得拖拖拉拉（以低于模拟音频的速度进行数字转换时），要么是声音快得吱吱响（以高于模拟音频的速度进行数字转换时）。

开盘式磁带机有一般用户级和专业级两种。Ampex、Otari 和 Studer 是著名的专业级开盘式磁带机生产商，半专业和家用开盘式磁带机则多由 Revox 和 Tandberg 等生产商制造。

开盘式磁带机需要专业维护和定期校准。理想情况是：操作员对每件模拟音频磁带与播放设备之间的匹配进行校准。这是因为播放机和磁带的磁道结构不一样，播放前，要对两者的磁道结构进行匹配操作。确定开盘式磁带机磁道结构的产品（如，Magnaview）可以用来形象化地对磁道进行描述。

②盒式磁带机。大多数盒式磁带机的播放速度是 1 7/8 IPS，

但仍有少数以半速甚至双倍速度来播放。与开盘式磁带机一样，盒式磁带机在播放时也存在单音和立体声问题。在现代大型盒式机之前，几乎所有便携式设备都是单频道的。采用双音频盒式磁带机播放单音频录音时产生的问题也可以用音频软件复制磁道的方法来解决。

盒式磁带机也有一般用户级和专业级两种。专业磁带机适应性强，可以通过磁头校准操作来调整磁带张力。盒式磁带机的制造商主要有 Nakamichi、Teac、Tascam 和索尼等。

③唱盘机。唱盘机主要是音频为 33 1/3 rpm（转数/分钟）、45 rpm 和 78 rpm 的乙烯基磁片（早期的磁片也有用其他材料生产的）。目前，市场上有多种唱盘机，在选购时，应特别注意唱头的质量，在录音重放时应考虑速度、定心、均衡和唱针选择。

（2）音频混合设备。

在音频数字化生产流程中，音频混合设备属于可选设备。除了增强模拟音频播放信号的功能外，还可用于多频道输入的均衡和调节。当生产系统需要多端输入时（如磁带机、唱盘机及其他模式音频播放设备），音频混合器可以连接所有输入设备，从而形成对模/数转换器的单一入口。Grace Designs 公司生产专业音频混合器，Beringer、Mackie 和 Sabine 等公司生产一些流行的低端音频混合设备。但是，音频混合设备要谨慎使用，因为从模拟音频播放到模/数转换之间的路径越直接，模/数转换质量越高。

（3）模/数转换设备。

在模拟音频数字转换流程中，模/数转换设备是关键。该设备发送到计算机的数字信号质量直接决定了最终数字音频的生产质量。有些项目采用声卡进行模/数转换，但这种方法可能会把外部噪音引入到转换系统，影响数字音频的质量。而外部模/数转换设备则避免了这种现象。购买模/数转换设备时应注意的技术指标有：噪音水平（用 dB 表示）、采样频率（用 kHz 表示）和采样位数等。目前高端模/数转换设备至少包括 44.1kHz 和 96kHz 两种采样频率，以及 16 比特和 24 比特两种采样位数。

（4）计算机的考虑。

数字化生产音频工作站使用的计算机的主要作用有二：其一是

连接模/数转换器，作为模拟音频的数字转换输出接口，接受并暂时存储数字音频文件；其二是通过软件对数字音频进行编辑（如音量调节、跟踪、频率均衡、噪音降低和压缩处理等）。

上述两种用途的计算机都需要两个关键技术指标：处理能力和RAM容量，主要原因是一般的数字音频文件都比较大。应该说，计算机越高端，中央处理器性能越强，内存容量越大，对数字音频文件的处理效率就越高。在音频数字化生产项目实施过程中，对这两项指标不会有最高限制，但几乎都有最低限制。就目前技术而言，一般的最低要求是1GHz处理器和1GB内存。当然，也有不少项目拥有3~4GHz处理器和5~16GB内存的计算机用于数字音频处理。如果音频软件支持多个处理器，那么目前技术背景下应选择多核芯片。

除上述要求外，对于第一种应用，还要配备至少一个高速的与模/数转换设备相连接的接口（如目前常用的USB2.0接口等），接口类型要与转换设备的接口相适应。对于第二种应用，由于一般音频编辑软件的运行需要占用相当多的计算机资源（包括处理器、内存和外存容量等），因此，最好采用一台单独计算机，这样不仅可以提高数字音频文件的编辑效率，而且也可以避免与其他软件同时运行时争夺资源。此外，病毒防护可能非常棘手，所以，工作站应该断开与网络的连接。

（5）其他设备。

在音频数字化生产系统中，除上述硬件设备外，一般还需要监听器、耳机、麦克风、电缆以及数字存储设备等。

音频工作站的音频在回放时，音频技师能够精确地听到声音的质量很重要，所以，需要配备至少一副专业的耳机和音频质量监听器（如扬声器）。

对于那些直接通过录音方式进行数字化的项目，高质量的麦克风或者带有前置放大器的麦克风尤其重要，对最终音频质量起着重要作用。市面上录音质量比较好的麦克风品牌有Shure和AKG等，如Shure SM58就是一种耐用和兼容性强的麦克风，许多音乐家多年来一直用它，且价格也比较低廉。

电缆也是数字化音频生产工作站的组成部分。虽然常被忽略，但它的确可能会对数字音频的质量产生影响。质量低劣的电缆会受噪音干扰，并把噪音引入到生产系统。目前的优质电缆不仅具有噪音干扰的屏蔽功能，而且接头质量也高。

3.2.2.3 软件

数字化音频工作站会用到多种软件，其中之一是数字音频编辑软件。这类软件可以实现对音频文件进行各种编辑操作。操作之一是基于音频数字主文档生产出音效最优化的副本。这种副本可以通过编辑软件来进行音量级别的调节、无声间隔的删除、噪音的消除或降低等操作来实现。操作之二是音频信号的调节，包括合理设定声级。如果声级定得太高，会有超载和失真现象，如果声级定得过低，则会受到噪音的侵扰。一个高质量的声级计无论是在模/数转换过程中，还是在利用软件对音频信号进行调节的过程中都是必不可少的。声级的设定有成批设定和单独设定两种，前者是对一批相似的录音设定一个声级，后者则是对每一个录音单独设定声级。当然后者针对性更强，效果会更好。常用的音频编辑软件有 Pro Tools、Sound Forge 和 Adobe Audition 等。

另一种常用软件是数字音频文件格式转换软件。比如，将数字音频主文档（常常是 24 比特的采样位数）保存到 CD 光盘（16 比特）时，或者把 WAV 格式的文件压缩为 MP3 格式时，都需要格式转换软件。这类软件也有很多，比如，iTunes、Audition、Logik 和 SoundForge 等。格式转换有两种方式：成批转换和单一转换。

3.2.3 数字化生产主要参数值设置

2003 年，科技部科技基础性工作专项基金项目研究报告《数字资源加工标准规范与操作指南》中，列出了数字音频主文档（表3-19）和供用户访问副本（表3-20）两种类型文件生产的主要参数值[1]。

---

[1] 孙一刚，等. 科技部科技基础性工作专项资金重大项目研究成果. [2011-10-24]. http://cdls2.nstl.gov.cn/mt/blogs/2nd/archives/docs.

表3-19① 数字音频主文档生产主要参数值设置建议

文献类型	文件级别	主要参数值设置建议				
		采样频率	采样位数	通道数	文件格式	压缩情况
特殊录音资料	保存	128/98kHz	24比特	5.1声道	WAV	不压缩或无损压缩
极高质量要求	保存	96/48kHz	24比特	5.1声道	WAV	不压缩或无损压缩
CD质量标准	保存	96/48 kHz	24比特	双声道	WAV	不压缩或无损压缩
录音最低质量	保存	44.1/22.05kHz	16比特	双声道	WAV	不压缩或无损压缩
语音质量	保存	44.1/22.05kHz	16比特	双声道	WAV	不压缩或无损压缩
语音最低质量	保存	32/16kHz	8比特	单声道	WAV	不压缩或无损压缩

表3-20 数字音频用户访问副本生产主要参数值设置建议

应用场景	主观质量描述	文件级别	主要参数值设置建议				
			采样频率	采样位数	通道数	文件格式	压缩情况
较高比特率	相当于CD质量	使用	44.1 kHz	16 bit	双声道	MP3、AAC	压缩
	略低于CD质量	使用	44.1 kHz	16 bit	双声道	MP3、AAC	压缩

---

① ISO/IEC 13838-7
ISO/IEC JTC 1/SC 29/WG 11 N2503-Sub1；IS0/IEC 14496-3：sub1
ISO/IEC JTC 1/SC 29/WG 11 N2503GA；ISO/IEC 14496-3：sub4.

续表

应用场景	主观质量描述	文件级别	主要参数值设置建议			
			采样频率	采样位数	通道数	文件格式	压缩率
较低比特率	FM radio 质量	使用	22.05 kHz	16 bit	单声道	MP3、AAC	压缩
	AM radio 质量	使用	22.05 kHz	16 bit	单声道	MP3、AAC	压缩

音频数字化的质量控制是一个重要但有时又很容易被忽视的问题。采用的最简单方法是"听",但说起来容易,做起来难。因为,人类耳朵"听"的能力是有限的,但是可以通过训练使耳朵"听"得好些,尤其是在事先已知内容的情况下。一副高质量的专业耳机可以大大提高人听的能力。

对数字音频文件质检可采用随机采点的方法。负责质检的技师首先对数字音频文件抽样出检查点,然后对这些检查点"听"其声音是否连续性,是否有失真现象,回放速度是否合适,是否有外部掺进的杂音,音量设置是否正常等。质检还要对整个数字音频文件的完整性进行检查。任何声音失真及录音断点现象都要反映到元数据中。质检也要对元数据的准确性和完整性进行检查,并注意文件名的准确性。

对数字音频文件的质检是一个主观判断的过程。从事质检的技师应该熟悉各种类型的录音,最好在该质检领域有过听力训练的经历。

3.2.4 数字化生产相关问题讨论

美国图书馆与信息资源协会和国会图书馆于2006年召开一次业内同行专家参加的圆桌会议,对音频资料数字化生产中存在的诸多有争议的(甚至是悬而未决的)问题进行了比较深入的探讨[1],

---

[1] Library of Congress. Capturing Analog Sound for Digital Preservation: Report of a Roundtable Discussion of Best Practices for Transferring Analog Discs and Tapes. [2011-11-02]. www.clir.org/pubs/reports/pub137/pub137.pdf.

总结如下：

3.2.4.1 数字转换准备

（1）唱盘的数字转换准备。

①材质的识别。唱盘材质有很多种，最早期唱盘使用的是橡胶等比较易碎的材质，后来出现了醋酸纤维制品（常常是表面涂玻璃和铝材料），再后来又出现了更耐用的乙烯材料及金属母盘等。不同材质的唱盘需要采用不同的技术（常常是比较专业的技术）从其载体中播放出模拟音频。

虽然可以使用高端的材料科学技术（如激光折射和光谱等）来识别唱盘的材质，但现在的数字化项目很少采用这些技术，一般是由经验比较丰富的音频技师凭借肉眼就可以识别绝大多数唱片的材质。

②清洁唱盘。在将模拟唱盘进行播放之前应清洁唱盘，并检查裂缝或断层现象。清洁的方法依据唱盘的材料略有不同。通常应当在干燥的环境下，采用非破坏性方法（如真空吸尘、抗静电刷等），有时也可用去离子水、纯水或液体肥皂来清洗。

③选择唱针。确定合适的唱针尺寸非常重要。这是因为，不同的唱盘类型凹槽也不同，并且原来的播放已经使一部分凹槽受到磨损。在这种情况下，针对不同状态的凹槽壁选择不同尺寸的唱针，可以得到比较清晰的放音效果。实际上，在所有因素中，唱针选择对于音频信号的精确再现最重要。

唱针的选择目前基本是凭借技师的经验，采取的主要方式是选用不同唱针反复试听比较。很明显，这种方法很费时间。有些项目采用显微镜来检查并测量凹槽，以代替反复试听，但对这个问题，目前尚有争议。有人认为这种方法富有成效，也有人认为唱针选择的最好方法是由经验丰富的技师依据他们训练有素的听力水平，显微镜只是一种辅助手段。

还有一个争论是唱针是否可以当做清洁工具，当唱盘播放时唱针经过凹槽把灰尘挖出。有人认为，使用这种方法也仅局限在硬质材料的唱盘上，因为采用唱针对较软质和易碎材料的唱盘凹槽进行清洁，有可能会对唱盘造成损伤。

④选择重放速度。第二次世界大战以后生产的唱盘,速度一般为78,45,或33-1/3 rpm。第二次世界大战前,尽管唱盘速度一般为78 rpm,但在商业唱片市场上唱盘刻录速度缺乏一个统一的精确校准设备,多数情况是唱片的刻录速度取决于刻录机器的运转速度,而后者受电源稳定性的影响很大。

(2) 磁带的数字转换准备。

①识别磁带。对磁带状态的识别有助于预测在数字转换过程中可能会出现的问题,以便寻求可能的解决方法。磁带生产年代和材质等信息还可以帮助操作人员在数字转换过程中降低对磁带的损伤程度。

磁带状态识别首先是凭借检查人员视觉,然后是检查原始磁带盒以及所附带的说明文件。但是,由于磁带生产或放置时间过久,或使用次数过多等原因,致使附带说明文件丢失,或不完整,或附件内容难以理解,符号不准确,甚至磁带装错了盒子导致与附带说明根本对不上等情况时有发生。虽然不能完全依赖磁带盒提供的信息,但这通常是识别磁带状态的最好原始线索。

另一个问题是识别磁带的材质。一般根据检验人员的视觉就可以判断,也可以考虑一些非破坏性的检验方法,磁带盒上的标签有时可以标明磁带的材质,但并不总是可靠,有时也用一些破坏性的检查方法。

②处理粘连。在对模拟录音磁带进行预处理过程中,经常遇到的最严重问题是破坏性粘连,它直接影响到磁带的可转换性。所有破坏性粘连在数字转换之前必须进行修复。

然而,修复磁带粘连常常会存在物理损坏风险。修复方法有多种,其中之一是用石脑油的轻质液体或异丙醇,从塑料或聚酯录音磁带上消除胶粘残留物,但这种方法对磁带的潜在长期影响还没有一个一致性结论。另一种方法是采用酒精,但酒精不能用在醋酸录音磁带上,因为这样会溶解磁带。还有一种比较常用的方法是采用新的无酸的纸质磁带带头(电惰性的)来取代旧的纸质或塑料带头,因为旧的纸质带头可能呈酸性,会造成磁带变形,旧的塑胶带头会积聚静电电荷,在播放时可能放电。对于修复后的磁带,可以缓慢地缠绕在干净无孔磁带盘芯和金属轴上。

磁带粘连的处理和清洗需要丰富的经验和专门的技能；否则，会给磁带带来一些不可逆转性的损坏。

③处理损坏和变形。不适易的存储环境可能会导致录音磁带受损。潮气会使磁带变形，这种情况主要影响醋酸纤维磁带，在播放时，会造成磁带面与磁头不能平展地充分接触。处理这种变形的主要方法是将磁带缓慢地缠绕于干净的磁带盘芯和金属轴上，并在适宜的环境中保存较长一段时间。当然，如果需要，则也可以用一些先进的技术，如调整磁带和磁头间的张力强度，甚至用压垫来播放等。

一些录音磁带，因为设计或制造缺陷，可能导致氧化物的遗漏。如果氧化物是液体，会阻滞磁带的播放，如果氧化物为颗粒粉末状，会导致磁带脱落。对于第一种情况，如果磁带没有被永久性损坏，则可以使用一些新技术进行转换。对于第二种情况，要清除磁道上松散的氧化物。

一些聚酯录音带会产生水解，黏合磁带用的化学物质会从空气中吸收水分，导致黏性脱落或黏合剂分解。在播放时，磁带会发出震鸣声，有时会破裂，不能播放。目前常用的处理方法是，播放前将这些磁带放在低热度的对流烘箱或孵化器中烘焙。然而，这种补救措施的效果只是暂时的，随着时间推移，磁带会变形。所以，目前还没有一种理想的方法从根本上解决这个问题。

④清洁。如果磁带长期在不适宜的环境中存储，则会吸附大量杂质，如灰尘、污垢和霉菌等，甚至还会有虫害。这时，就需要对其进行清洁。首选的清洁处理应该是无损的、并且是干燥的方法。干燥沉淀物可以采用真空过滤吸尘，以防止对健康的危害（如霉菌和有害微粒）或其他介质的污染。清洁磁带的另一种常用方法是使用一种称为培纶（Pellon）的人造材料，这是一种商用的、不含研磨剂和润滑剂的人造材料，常用于服装工业。如果磁带潮湿，则可首先用蒸馏水清洗，接着进行空气干化、真空吸尘。

3.2.4.2 数字转换方面

（1）唱盘的数字转换。

3.2 音频数字化生产

①破碎的唱盘。易碎载体的唱盘（如玻璃唱盘）容易破碎，一些涂漆唱盘容易脱落。破碎唱盘可能使重放不能正常进行。即使收集到所有碎片，也不大可能再完整地拼凑起来，因为有些碎片会收缩。这种情况，应该保存所有破损的唱盘碎片，利用信号重建方法（如光学成像技术），可以从这些破损的唱盘碎片中获得音频信息。

②损坏的唱盘。如果唱盘被损坏，但没有破碎，则有很多方法可以播放。出现裂纹和剐痕的唱盘可以播放，但播放过程会产生相应噪音，而这种噪音同时也将被记录在数字音频文件中。扭曲变形的唱盘也能播放，但需要放慢速度，或调整声道压力，目前，已出现一种装有真空泵的转盘，可用来校正变形的唱盘。但这种真空装置只能用在载体材质柔韧性较好的唱盘上。

③纹道（凹槽）变形的唱盘。一些唱盘纹道的变形可以得到修复。修复过程应该被记录到相应的元数据中。唱盘纹道变形一般有下述几种情况：

其一是缺少导入纹道。可以尝试不同的唱针，从而尽可能多地抓取音频信息。

其二是纹道层浅或被磨损。也可以通过尝试的方法来选择合适的唱针，并仔细对比每个唱针播放的声音。

其三是纹道偏离中心。一般是由制造误差导致的，播放时会产生音频失真现象，其原因在于唱盘不规则运动会引起频率小幅度偏离。这种声音失真的修复应尽可能在数字转换前进行，转换过程中采用合适的方法虽然也会降低失真程度，但失真声音会保存在数字音频中，而转换之后修复失真目前还缺乏实用的工具。

其四是唱盘主轴孔偏离中心。一般采用机械方法来修复，用一个比标准主轴小的轴并调整唱盘的定位，从而得到准确的播放效果。

（2）磁带的数字转换。

①选择播放速度。一旦模拟磁带适合播放，准确的重放速度是数字转换质量的关键之一。音频数字化项目应该具备一台万能播放设备，它能以目前已经存在的所有模拟音频的速度播放所有已知的

磁头配置，并且具有可变音调控制功能。当对一个磁带的播放速度有疑问时，操作人员应该采用上述万能播放设备从最低的播放速度（如 7-1/2 IPS）开始，逐级上调速度，辨别播放出的声音，从而找到合适的播放速度。

数字音频转换专业人员的仔细辨听是确定重放速度的第一步。用检测设备检测磁带播放的背景杂音也有助于确定重放速度。另外，操作人员应该知道，在一盘磁带的录制过程中，记录速度有时是变化的，特别是现场录音。

②其他问题。模拟磁带进行数字化转换时，还常常会遇到下述问题：

- 调整磁头角度，以适应原始磁带的方位。调整后的磁头角度应尽量与模拟磁带录制时的磁头角度相一致。除了使用示波镜以调整最佳频率和相位的一致性外，数字转换操作人员还应仔细辨听录音。反复调试磁头方位会增加磁头不均匀磨损的可能性，需要更多的维护。
- 设定录音电平。应采用录音界公认的频率校准磁带。为此，数字化项目应收集各种不同的频率校准磁带。
- 使用峰值电平仪表来检查录音电平。
- 确保监测设备不会影响放音信号，更不能导致放音信号的失真。
- 数字转换后生成的数字音频的存储介质（如 CD-R、数字录音带等）对录音电平的设定也有一定影响。当生成数字保存副本时，电平的设定依赖于线性 PCM（脉冲编码调制）记录的采样位数。采样位数越高，提供的动态范围就越大。演讲和讨论等的模拟录音可能包含有随意的瞬时的噪音（如咳嗽声），电平的调整可以不考虑这类因素。在某些特定环境下，自动电平调整处理器在数字化转换过程中可以使用。
- 确保重放曲线图与原始音频相匹配。实际上，绝大多数模拟磁带数字转换时都可以设置为标准重放均衡（EQ）曲线，比如，美国广播工作者协会（NAB）和国际广播咨询委员会（CCIR）的音频数字化项目实施时就是采用这种方法。

(3) 采样频率的选择。

自从 1982 年引入激光唱盘，CD 的标准采样频率一直为 44.1kHz，采样位数为 16 比特（称为音频技术行业的"红皮书标准"）。采样频率采用 44.1kHz 是 CD 制造者在音频保真度和光盘的播放时间之间做出权衡的一种折中办法。在使用这种采样频率的 20 多年里，数字录音和数字载体的存储能力得到很大增强。DVD 作为一些人首选的载体而出现，并对它进行了 96 kHz/24 比特的配置处理。欧洲音频档案国际协会（IASA）已以 96kHz/24 比特作为标准。

关于设定 96kHz/24 比特作为新的数字音频生产标准，存在很大争议。反对者认为如果把现在 DVD 的采样频率 96 kHz 降到原来 CD-R 的 44.1 kHz，不能如实再现原始声音。他们建议用 88.2 kHz 取代 96 kHz。那些支持 96kHz/24 比特标准的人们认为，新的数字转换设备采用这种采样频率转换效果更好，并且音频信息的损失非常小。此外，他们还推荐 96kHz/24 比特用来生产数字音频主文档，如果用户将发布副本的采样频率和采样位数降到 44.1kHz/16 比特，音频质量的损失也不大，这也可能是采用高标准进行数字转换的较好办法。

(4) 元数据的产生。

一个数字音频文件可以伴随着多种元数据，比如，描述型元数据（如磁道清单，音频的作者、内容等）、管理型元数据和技术型元数据（如在数字转换过程中所用硬件的描述、硬件设置、数据压缩方式等）。

元数据内容之一来自于伴随模拟音频的附属文件（如盒子上的符号，说明书等）。另外，在模拟音频数字转换过程中出现的各种情况（如粘连及修补、速度的变化、放音阻塞、磁带表面脱落等）也是元数据的主要内容。

在模拟音频的保存副本中，开头部分常常是一些简短的前言性的口头说明。如果数字化过程中这部分内容以内嵌方式记录在元数据中，那么，该部分就无须进行数字转换。

对数字音频文件的元数据记录不仅有助于对其快速查找，而且也是数字音频文件迁移到新平台或新介质时所必须参考的。因此，元数据记录必须准确、充分、全面，不仅要记录原始音频磁带或唱盘的特征，而且也要详细记录整个数字转换过程。一开始就详细记录元数据要比以后用到时再寻找并记录元数据容易得多，成本也少得多。

3.2.4.3 音频数字化项目实施的一些建议

已经实施的众多音频数字化项目积累了不少有益的经验和建议，可供新上马或拟上马的音频数字化生产项目参考。美国国会图书馆对这些建议进行了总结①。

（1）参考工具方面。

- 构建一个基于互联网的信息平台，用于指导音频数字化项目的实施。该平台应该至少包括：已经实施的音频数字化项目的基本信息，音频数字转换领域有关专家信息，音频数字化生产系统建立所需硬软件清单，一些过时或难以找到的放音设备的技术手册和规格说明，数字化生产平台建立的有关规范等。

- 制作一个简单实用的流程图（最好不要超过一页），指明识别模拟音频存储介质的材质的基本程序。这个流程图也是将模拟音频进行外包数字化生产的重要参考。因为，知晓模拟音频载体的材质将对其数字转换进行风险评估有很好帮助。

- 制作一个参考图表，列出已知所有磁带的品牌、开始生产日期、终止生产日期、生产厂家、存储介质物理特征和化学成分等。

- 制作一个音乐专家的名册，以便在对特定内容类型的音频进行数字转换时，遇到相关问题（如重放速度的确定）情况下，方便咨询。

- 由全国性或地区性的专业研究机构牵头，编制一个音频数字化生产领域的术语词表，该词表应以在线方式免费提供服务。编

---

① Library of Congress. Capturing Analog Sound for Digital Preservation：Report of a Roundtable Discussion of Best Practices for Transferring Analog Discs and Tapes. [2011-12-09]. www.clir.org/pubs/reports/pub137/pub137.pdf.

制该类词表的主要原因在于，音频数字化涉及太多的专业术语，这些术语对于数字化生产的一般操作人员都比较陌生。

● 鉴于目前还缺少一个有关音频数字化方面的操作规范，可以从一些相关机构所制定的有关标准或规范中抽取内容，编制音频数字化操作规范。这些相关组织主要有：美国电化学协会（AES）、国际档案音频保存协会（ARSC）和音频艺术与科学学会（NARAS）等。

（2）基础设施建设方面。

● 对于规模较小的数字化项目，可以考虑与其他同类项目实施机构合作购买一些难以购买到的或贵重的专用设备，如留声机唱针、磁头、已经过时或即将过时的设备等，这类设备供应商越来越少。稀有设备一般比较昂贵，合作购买可以减轻投资负担。

● 建立区域性音频数字化生产线，或音频数字化生产专业公司。相对于二维平面介质数字化生产而言，音频数字转换的数量要小得多。图书馆、档案馆等一些信息机构可以将其所保存的模拟音频采用外包方式进行数字转换。这样，不仅可以避免昂贵的生产系统的投资，而且也可以避免专业人员的培训。但前提是，要有一些供外包生产选择的专业公司或生产线的存在。

（3）操作人员的基本技能方面。

音频数字化是一项专业性很强的工作，操作人员应具备一些基本的技能，这些技能至少包括下述一些方面：

● 识别音频磁带和唱盘的成分。
● 清洁和修复磁带的粘连。
● 确定合适唱针，实现音频唱盘的理想重放效果。
● 熟悉历史上已经使用过的各种录音载体。
● 能够正确操作各种录音载体。
● 熟悉计算机基础知识，并熟悉数字音频文件类型、元数据析出方法和数据完整性测试技能。
● 识别各种音频载体的老化特征，以及减少载体老化应采取的技术。
● 熟悉各种音频介质的合适保存环境。

3 数字化生产

- 基本的数字化生产设备运转、维护和检测技术。
- 音像资料的编目和管理知识。
- 有关音像资料的知识产权知识。

4 数字资源发布

在图书馆信息资源数字化项目的生命周期中,数字资源发布是面向用户提供服务的重要窗口。发布对象是网上发布级应用副本,发布过程包括数据库建立和发布网站构建。其中,发布级应用副本在第3章已讨论,发布数据库包括数字对象数据库和元数据数据库,一般采用现成的商业化大型数据库系统,发布网站则由数字化项目自己构建(或委托专业公司设计,但要项目本身提出质量要求)。因此,本部分仅探讨数字资源发布网站的建设质量原则和这些原则在发布网站生命周期中不同阶段的应用。

4.1 数字资源发布网站建设质量原则

在对众多数字资源发布网站考察的基础上,Minerva认为[①],这类网站的建设应该遵循的基本原则有透明性、有效性、维护性、可访问性、用户中心、应答性、互操作性、产权保护和长期保存等。

4.1.1 透明性

数字资源发布网站的透明性是指网站能够清晰地表达构建者的目的,并具有明显的可识别特征。透明性体现在:

(1) 网站内容表达的清晰性。互联网上有数以亿计的网站,即使采用非常优秀的搜索引擎,检索结果也往往成百上千。内容表

---

① Minerva. Quality Principles. [2011-03-10]. http://www.minervaeurope.org/structure/workinggroups/userneeds/documents/cwqp.htm.

达清晰的网站有助于用户快速判断其相关性，降低不确定性。衡量"快速判断"的标准是：用户在无任何导航指引下，就应知晓网站的内容和拥有者，以及网站是否包含用户真正需要的信息。实现"快速判断"的基本方法是，网站首页必须拥有关键识别信息。最理想的情况是这些关键识别信息出现在网站名称之中，最糟糕的情况是这些关键识别信息需用户点击一个超链后弹出。因此，数字资源发布网站的名称应该避免使用那些容易让人联想的成分，因为"联想"会带来误导，从而降低网站的透明度。

（2）网址的可识别性。一般来讲，IP 的可识别性很差，而仅体现机构部门而不体现网站内容的 URL 的可识别性也不高，反映网站内容的网络实名的可识别性相对较高。所以，少许投资注册一个实名是增加网站透明性的理想选择。

（3）网站宗旨陈述的简洁性。一般出现在主页上的网站宗旨陈述的目的在于对其主题和重要内容进行描述，而不是对网站进行促销。简洁的网站宗旨陈述一般要控制在 50 个字以内，且尽可能采用多语种对照。有时，为了增加网站的生动性，在首页上使用漂亮图片等非文字材料，简单点击后弹出网站宗旨描述页面，这种方式对网站透明性具有负面作用。如果这种方式的使用不可避免，那么，应该提供一种跨过主页直接进入网站宗旨陈述信息页面的简单链接。

4.1.2 有效性

数字资源发布网站的有效性是指对收藏的文献资源进行选择、数字化加工与发布，以方便用户有效利用。该原则的核心在于网站内容。高质量网站的内容必须是经过精心选择的、与主题相关的、有效的、正确的、配有合适注解和辅助信息的内容。有效性体现在：

（1）数字化内容选择。数字资源发布网站大多数都是由图书馆等文化机构创建的，这些机构收藏的信息资源非常丰富。但在通常情况下，它们没有足够的资源也没有必要将收藏的所有信息资源都进行数字化，因此，内容选择不可避免。虽然不同数字化项目的选择标准不尽相同，甚至差别很大，但一个良好的选择标准至少应体现下述五个方面的价值：①用户需求，选择利用率较高的信息资源进行数字化；②目标用户群，选择对用户最有价值的信息资源进行数字化；③数字保存，选择物理载体易碎的信息资源进行数字化；④项目主题，选择与数字化项目主题最相关的信息资源进行数字化；⑤合作机构，在合作型数字化项目中，选择实现合作机构价值的信息资源进行数字化。

(2) 发布内容的准确性。数字资源发布网站同时具有教育和研究功能，发布内容是所在领域中的重要信息资源，任何错误都会降低网站质量。数字化生产和发布的技术人员通常不具备专业知识背景，所以，内容发布前需要本领域专家对其正确性和准确性进行审查。当然，原始信息本身也会有差错，这就需要在发布前加注释。

(3) 背景信息的添加。这类网站发布的信息常常是独有的资源，提升其使用价值的有效方法之一是提供一些背景信息，如出处、相关历史事件、同一机构或其他机构中相关信息资源的链接和参考文献等。

(4) 展现方式的合理性。虽然展现方式的选择具有很大程度的主观性，但一些基本原则有助于提高网站的有效性，包括：图片应有清晰标注；图片与注释信息之间的关系应清晰、准确；所有内部和外部链接都应有效，不产生死链；图片的显示分辨率应合适，高分辨率图片要确保知识产权；大幅图片应使用低分辨率的图标，同时提供下载大幅图片的链接等。

(5) 导航的合理性。导航是一个宽泛的主题，但在数字资源发布网站中，导航的设计应遵循的基本规则有：避免用户访问出现迷航；可清晰地显示用户所在位置；提供返回最近访问页面的方式；提供页面内导航；避免使用滚动条；提供站内搜索；提供网站结构示意图等。

4.1.3 维护性

数字资源发布网站的维护性是指网站应及时更新，以确保网站内容的时效性。维护性体现在：

(1) 技术维护。网站设计技术必须与技术更新步伐相一致，确保互联网环境下网站的可访问性。技术维护要求对过时网站进行备份,并采用新技术以发挥网站平台的性能。

(2) 过时信息存档。数字资源发布网站也存在一些时间敏感性信息,如主页上设计的最新动态、最新进展等栏目。这些信息一旦过时,就要及时存档,方便日后访问。过时信息的停留会对用户访问产生负面影响。

(3) 静态信息刷新。数字资源发布网站中,静态信息常常占很大比例。为了吸引用户,这类信息也应周期性地进行外观维护。由于这类维护常常被忽视,因此,应作为网站管理计划中一个有机组成部分加以实施。

4.1.4 可访问性

数字资源发布网站的可访问性是指网站必须对所有用户都是可访问的,无论用户采用什么技术,也不管他们的身体状况存在有哪些访问障碍。可访问性体现在:

(1) 访问技术的保障性。数字资源常常是社会文化遗产的重要组成部分,任何公民都有访问的权利,包括各类存在访问障碍的用户,如视力障碍、听力障碍、神经障碍和肢体活动障碍等。技术进步已使这个特殊群体的用户访问成为现实,适合他们访问的新型界面设备可代替传统的"浏览器—鼠标—键盘"标准访问模式,盲人屏幕与键盘以及相应的软件可以浏览 Web 页面。实现可访问性原则的核心是网站设计要提供这些设备的访问接口。这类接口的设计要遵循可访问性的国际标准,如 W3C 的 Web 可访问计划指南(WAI)①。另外,也可采用一些工具,将正常网站界面自动转化为适应特殊用户访问的其他类型界面。目前这类工具有很多,在 W3C 网站中有一个清单②,可供下载测试与试用。

---

① W3C. Web Accessibility Initiative (WAI). [2011-03-20]. http://www.w3.org/WAI/.

② W3C. Web Accessibility Evaluation Tools. [2011-03-28]. http://www.w3.org/WAI/ER/tools/.

(2) 网站所有内容的可访问性。这些内容不仅包括当前的,而且也包括已经过时的;不仅包括静态的,而且也包括动态的。这就要求对过时内容进行存档,并提供访问链接。

(3) 支持网站浏览技术的多样性。用户访问网站所用的浏览器可能有多种,如IE、Mozilla、Netscape和Opera等,用户访问的终端平台可能多样,访问终端与互联网的连接方式也可能存在差异,数字资源发布网站的设计应支持用户的各种访问技术,避免使用专用技术,谨慎要求用户安装插件。

4.1.5 用户中心

数字资源发布网站的用户中心是指网站设计与维护必须考虑用户需求,并通过网站评估和信息反馈等方式收集用户意见和建议,确保网站的有用性、易用性和对用户的吸引性。用户中心体现在:

(1) 网站的用户保障。选择有代表性的用户全程参与网站生命周期每个阶段(包括网站规划、设计、实施与测试等)的运作将有助于网站实施的针对性,问卷调查和用户访谈等咨询形式将有助于摸清用户的真正需求和对网站的期望值所在。与互联网上普通网站相比,数字资源发布网站大多具有很强的专业性,包含大量相应领域知识,如专业术语和专业方法等,因此,在影响用户使用较大的方面广泛征询意见尤其重要。

(2) 用户使用效果的反馈。在正常运行过程中,网站应提供用户意见的反馈机制,反馈方式可以是在线问卷调查,也可以是自由评论。

(3) 内容的可添加性。网站应该充分利用交互性便利,在严格的用户身份验证基础上,提供用户添加内容或对已有内容添加链接的功能。在通常情况下,用户添加的内容和链接具有很强的独特性和吸引力。但这种功能要应用适度,否则会适得其反。

4.1.6 应答性

数字资源发布网站的应答性是指用户应能与网站直接交流,并对所提问题和建议能够收到合适的回应。比较理想的情况是,这种

回应安排在一个开放的论坛中,以便用户之间相互交流,相互学习。应答性体现在:

(1) 网站的交互能力。交互机制的设置可使用户提出问题,共享理念。这类网站的主要功能在于教育和研究,因此,用户所遇到的问题比一般网站要多,需要相互交流和专家帮助的期望值也高,交流的价值也大。

(2) 网站的咨询能力。网站要有固定的咨询人员,且拥有时间和资源来回答用户提问,管理用户论坛,提供用户在线交互。这类咨询人员应具备本领域的专业知识,甚至要与本领域的专家保持密切联系,需要时能够及时获得帮助。

(3) 网站内容管理方针的制定。数字资源发布网站具有很高的文化和学术水准,有的甚至代表一个国家、一个地区的文化形象,其发布内容必须根据有关规定进行审查。所以,必须制定相应的管理措施,使得用户对网站内容的编辑功能限定在合适层面,并对增加的内容进行严格审查。

4.1.7 互操作性

数字资源发布网站的互操作性原则是指该网站与其他文化网站之间相互访问的能力。互操作的实现将有助于用户在更广范围内查找所需信息。互操作性体现在:

(1) 元数据的标准化。互操作的实质是网站之间实现信息共享。采用相同或相似的数据模型和元数据描述元素集合对实现互操作至关重要。W3C 已针对不同领域推荐了相应的元数据标准。

(2) 网站设计技术的标准化。网站的设计和展示形式要采用先进的标准化的技术,避免使用标准 Web 技术以外的专用工具,避免用户使用网站时下载和安装额外插件。

(3) 元数据收割。网站发布的数字资源的元数据应支持 OAI 元数据收割。这类元数据不仅包括对单件数字资源进行描述的元数据,而且也包括对数字资源集合进行描述的元数据。

(4) 网站的可被发现性。作为一个整体,数字资源发布网站无论是对人工搜索工具还是对自动搜索工具(如搜索引擎)都必须是开放的。为此，网站的描述应该采用 W3C 推荐的 RSLP 数据资源集合描述元数据框架和 DC 网页描述标准，并在网页的 META 标记中镶嵌这两种类型的元数据。如果所在专业领域中已存在网站目录，那么还应为网站目录提供所需的元数据描述。

（5）分布式检索。分布式检索有两个层面：站点本身的分布式检索和站点数据库的分布式检索。前者可通过 META 标记实现，后者则需要 Z39.50 协议或 SRW/SRU 的 Web 服务界面。

4.1.8 产权保护

数字资源发布网站产权保护是有关网站使用过程中涉及的伦理与法律因素，包括网站发布内容的知识产权管理和用户个人隐私的保护两个方面。产权保护体现在：

（1）发布内容拥有者的产权保护。很多情况下，网站拥有者并不拥有所发布内容的产权，这在一个发布多个文化机构数字资源的整合型网站中尤其突出。因此，保护内容持有者的产权有时意味着保护网站拥有者的产权，但更多情况下是保护第三方的产权。这里的产权不仅涉及著作权，而且还涉及未经授权对站点图像的复制和使用。

（2）网站构建者的产权保护。网站构建者常常拥有网站结构的产权和新建数据库的创建产权，尽管数据库的内容可能归第三方所有或属公共领域的信息。因此，严禁整个数据库复制，设置用户访问条件。

（3）网站拥有者对发布内容侵权的防止。任何网站都要合法，如果所发布内容的产权归第三方所有，那么，就必须签署正式的法律合同，以确保内容发布的合法化，并应在网站主页上清晰地陈述用户使用条款。

（4）用户个人隐私的保护。如果用户访问网站内容时需要注册，那么这些注册信息（如姓名、地址等）有的属于个人隐私，网站必须予以保护。应在网站主页上清楚地陈述用户个人隐私的保护方针，并尽可能少地获取和维护用户个人信息。

(5) 网站内容下载的合法性。教育功能是数字资源发布网站的重要功能之一,为了教育的目的,网站内容可以免费下载使用,但严禁用于任何商业目的。网站用户要严格遵守国际许可框架《创新共同许可协议》①,确保非商业性的、以教育为目的的信息资源下载使用。

4.1.9 长期保存

数字资源发布网站的长期保存是指采取一定的保存策略和标准确保网站和其内容能被用户长期访问。所有网站面临的一个非常现实且充满风险的因素是技术快速变革,使目前用于网站设计的主流技术很有可能在不太久的将来被淘汰,导致的结果是网站将无法访问。这对数字资源发布网站的影响尤其突出,因为这类网站肩负着文化遗产长期保存的使命。长期保存体现:

(1) 网站构建选用标准的技术和方法。虽然未来采用的技术和方法具有难以预测性,但纵观技术的发展轨迹,几乎可以得出的结论是:未来的支撑技术大多基于当前的主流技术和标准技术。因此,网站的设计与实现应尽可能地选择使用标准技术,包括数据模型、文件格式、展示技术和存储介质等。相对于互操作原则是关于现行网站之间的相互访问来说,长期保存原则可以理解为现实与未来系统之间的互操作。

(2) 保存技术和方法的制定与实施。这些包括:①网站数据的备份与恢复;②灾难性恢复计划,用于处理火灾、涝灾及地震等不可抗拒因素导致的数据不可逆转的损坏;③高质量存储介质的选用;④网站内容的 Web 存档,这要考虑知识产权许可;⑤存档介质的定期检查与测试;⑥存储介质的迁移等。

(3) 长期保存策略的制定。目前,常用的长期保存策略有数字迁移和数字仿真。根据网站的性质,选择保存策略,并对所选策

---

① Creative Commons. Creative Commons licenses. [2011-04-01]. www.creativecommons.org.

略的风险进行评估。

4.2 数字资源发布网站建设生命周期

数字资源发布网站是文化遗产网站的重要组成部分，担负着文化遗产的长期保存和用户服务的重要使命。与一般网站相比，该类网站更重视数字资源的生产、存储与使用。根据一般网站的开发过程，结合这类网站的特点，其生命周期可划分为下述几个主要阶段：

（1）网站规划。包括：确立网站理念，识别目标用户群，建立服务宗旨，确定发布的数字资源类型，制定用户个人隐私保护和网站数字资源长期存取的方针等。

（2）网站设计。包括：确定网站服务方式，构建网站内各级网页的展示体系，选择网站技术平台等。

（3）Web 发布数据库的建立。从数字化主文档中生成"Web 发布级"的用户访问副本，并选择合适结构构建数据库。

（4）元数据数据库的建立。根据数字化生产阶段生成的元数据，采用合适的数据库结构来构建元数据数据库，并构建元数据与 Web 发布数据库之间的链接。

（5）网站制作。包括：制作技术的选择，数字化主文档存取副本数据库与元数据数据库的访问与浏览界面的设计与测试，网站整体的测试、修改与完善等。

（6）网站发布。包括：Web 服务器的连接，网站上传等。

（7）网站的维护与更新。根据网站内容时效、用户反馈和建议等，对网站实施维护与更新。同时，也包括对 Web 发布数据库和元数据数据库的维护和更新。

根据 Minerva 的调查与分析，上述九项质量控制原则在数字资源发布网站建设生命周期的各个阶段影响不同，表 4-1 列出了影响程度的权值分布，"★"的数量表示影响程度的大小。

表4-1① 网站生命周期中不同阶段对应的质量控制原则重要性分布

	网站规划	网站设计	Web数据库	元数据数据库	网站制作	网站发布	网站维护
透明性	★★	★★★	★	★	★★★	★★★	★★
有效性	★★	★★★	★	★★	★★★	★★★	★★★
维护性	★★	★	★	★	★	★★★	★★★
可访问性	★★★	★★★	★	★	★★★	★	★
用户中心	★★	★★★	★★	★	★★★	★★★	★
应答性	★★	★★	★	★	★★	★★★	★★★
互操作性	★★★	★★★	★	★	★★★	★★	★★
产权保护	★	★	★★★	★★★	★	★	★
长期保存	★	★	★★★	★★★		★	★★

质量是网站的关键特征，数字资源发布网站尤其如此。因为这类网站发布的内容是信息资源数字化的产品，业已实施的数字化项目大多集中在文化遗产领域（如美国国会图书馆的"American Memory"和欧盟的"欧洲文化遗产数字化项目"等），文化遗产网站的重要功能在于教育和研究，而这两项功能的实现都视质量为重点。网站的质量必须在一开始就要规划。在众多影响因素中，用户是核心，因为这个因素涉及了网站生命周期的每一个阶段。如果规划合理，且有现成的标准和良好的实践可供参考，那么，构建一个高质量的网站并不比构建一个低质量的网站更困难、成本更高、效率更低。

---

① Minerva. Quality Principles for Cultural Websites. [2011-04-01]. http：//www.minervaeurope.org/publications/qualitycriteria.htm.

5 数字保存基础

数字保存所涉及的问题很多，但界定在信息资源数字化建设生命周期的范畴之内，数字保存是指对数字资源的长期保存，其对象是各种类型的数字主文档，其目的在于实现用户对数字资源的有效访问。为实现这个目标，至少要进行：

- 对比各种长期保存策略的优势和局限性，从而选择制定合适保存策略；
- 对长期保存策略的实施过程风险进行分析，从而避免在长期保存过程中数字资源的丢失与损坏，保证其完整性、准确性和可访问性；
- 对保存对象的形成和保存演变进行记录，从而为其提供可跟踪的历史信息，并为后续保存策略的实施提供参考；
- 制定数字保存系统的质量保证标准与质量认证模式，从而构建可信任的数字保存系统（该部分内容分别在第6章和第7章论述）。

对于上述几个方面，本章进行的研究分别为：

- 在长期保存策略方面，考察目前常用的两种策略（数字迁移和数字仿真），从实施成本角度对它们进行对比分析；
- 在长期保存策略实施风险方面，由于数字仿真不会改变保存对象的特性，所以长期保存策略实施风险实际上就是数字迁移的风险，本部分将研究数字迁移的风险构成与评估；
- 在对保存对象的历史演进记录方面，对保存型元数据的类型进行分析，并说明其每个元素的格式规范；
- 在数字保存系统方面，给出系统的基础模型，制定系统质量指标框架，但不涉及系统构建的具体实施过程。

5.1 数字长期保存策略

总体上说，数字资源的长期保存策略主要有两种：数字迁移和数字仿真。保存策略将对数字资源生命周期的管理及所需的相关费用均产生重要影响。反过来，保存费用的预算也将决定或限制保存策略的选择。然而，目前大多数用于数字资源长期保存成本计算的商业模型和相关文献中关于保存费用预算大多只强调一般费用，对特定保存策略所需费用细节和不同保存策略所需费用的比较研究论述甚少①。

本节的研究思路是：建立基于数字仿真和数字迁移的数字资源长期保存所需费用的数学模型，分析每一种策略实施所需的费用项目，详细比较两种策略实施的费用区别，并在此基础上得出结论：使用数字迁移对数字资源进行格式转换花费可观，数字仿真将会节省这笔可观费用，但反过来，数字仿真需要更多的初始投资，对数字资源的中短期保存来说不太合适。因此，对采用数字迁移和数字仿真保存数字资源费用的比较分析与保存时间关系非常密切。

数字仿真所需费用根据要完成的任务可以分解为下述三大块②：

(1) 一次性费用：仿真工具的开发；
(2) 循环费用：为初始硬件平台开发仿真软件；
(3) 访问时需要的费用：运行仿真软件及合适软件环境。

---

① Dürr, E., Meer, K.. Emulation and conversion - Organizational and architectural overview. Way of working, costs, methods. [2010-07-20]. http://www.library.tudelft.nl/e-archive/Documenten/Resultaten/roquade2.pdf.

② Erik Oltmans, Nanda Kol. A Comparison between Migration and Emulation in Terms of Costs. [2010-07-20] http://www.rlg.org/en/page.php?Page_ID=20571#kb7.

在仿真工具的开发费用方面，举一个例子①，2004年IBM根据the KB保存公司的要求开发出了一个通用虚拟计算机（UVC）的演示版本。包括研究设计在内，总共用了32周（每周40小时）的工作量。第一个基于这个虚拟计算机（UVC）概念的仿真工具现在已经投入使用②。

仿真工具的开发首先需要根据初始的软硬件平台构建一个概念模型，然后由技术专家来实现这个概念模型，并且还要对实现了的仿真工具进行不断维护。对于不同的平台要开发不同的仿真工具。

仿真工具的费用有三个方面：开发费用、维护费用和使用费用。一般来说，维护费用相对较低，但开发费用比较大。但是，仿真工具的开发费用可以由其他数字资源保存项目一起分担。因为，一旦一个仿真工具投入使用，它可以被用来访问其他具有相同初始环境的数字资源，实现仿真工具的共享。这一点，与数字迁移存在重大区别，数字资源的迁移费用只有一个项目来承担，无法实现费用的分担。

但是，计算仿真工具的使用费用比较困难。为了对这项费用能够作出一个合理的估算，就需要计算仿真模型初始硬件环境的配置时间以及与数字资源相关的软件环境的安装时间。如果整个过程是自动的，那么所花费的时间就会少一些。在这一方面，与数字迁移也存在重大区别。因为，在数字迁移实施过程中，有很多转换工具都可以用来实现数字资源的格式乃至环境转换，并且这种转换过程相对来说比较简单。但从另一个角度来讲，数字迁移的实施对象不是一个数字资源的整体，而是数字资源中的单个对象，这就需要对一个数字资源集合中的每一个数字对象单独进行转换。因此，采用数字迁移的费用与要转换的数字资源集合的规模有直接关系，规模

---

① Lorie, R.. The UVC, a Method for Preserving Digital Documents: Proof of Concept. IBM/KB Long-Term Preservation Study Report［2010-07-20］http://www.kb.nl/e-depot.

② Digital Asset Preservation Tool.［2010-07-20］http://www.alphaworks.ibm.com/tech/uvc.

越大，所需费用就越高。但仿真工具是应用在一个数字资源集合的整体，其使用费用不受数字资源集合规模的影响。

Shenton 在 2003 年提出了一个用于非数字资源保存的总费用的数学计算模型①：

$$K(t) = s+a+c+p1+h1+p(t)+h(t)$$

这里，$K(t)$：保存一个非数字资源集合 t 年所用的全部费用；

s (selection)：资源的初始选择费用；

a (accessioning)：后续资源的选择费用；

c (cataloguing)：资源的编目费用；

p1 (initial preserving)：资源的初始保存费用；

h1 (initial handing)：资源的初始操作费用；

$p(t)$ (long-term preservation：资源的长期保存 t 年费用；

$h(t)$ (storage)：存储 t 年费用。

这个公式也同样适合于数字资源的保存，只不过是变量有所变化。适合于数字资源保存费用计算模型的最基本框架结构为：

$$K(t, a) = s(a) + i(a) + h(t, a)$$

这里，$K(t, a)$：对数字资源 a 进行保存 t 年所需的总费用；

s (selection)：数字资源选择费用；

i (ingest)：数字资源装入存储系统费用；

h (storage)：存储成本。

数字资源选择成本包括数字资源的获取费用和对数字资源进行处理要做的准备费用。数字资源装入存储系统费用包括运用软件自动处理数字对象所需的费用，比如，将相关的元数据转换为一个可用的格式，并将数字对象存储在某种存储系统中等。存储费用包括购买存储介质、对存储介质进行刷新以及数据库管理系统的维护等。总体费用与数字资源的数量和保存时间有直接关系，数量越多保存时间越长需要的费用也越高。

---

① Shenton, Helen. Life Cycle Collection Management. Liber Quarterly, 2004 (3/4)：59-70.

在进行数字仿真与数字迁移成本对比时，上述模型中的 s 和 i 可以去掉。原因有两个方面：其一是这两项费用对于数字仿真与数字迁移是一样的，对两种方法的比较结果不产生任何影响；其二是对这两项费用的估算很困难，由于它们依赖于数字资源存储机构与数字资源提供机构所达成的存储协议（选择成本）和采用的合适软件类型（装入存储系统费用），不同环境对这两项费用的影响很大。因此，在进行数字仿真与数字迁移成本对比时，可以仅仅着眼于存储费用和这两种方法的实施费用。

基于上述分析，数字迁移的成本模型可描述为①：

$$K(t,a) = h(t,a) + m(t,a)$$

这里，$K(t,a)$：存放数字资源集合 a 经过 t 年所需的总费用；

　　　h：存储成本；

　　　m：迁移成本。

这里引入的新变量 m 表示迁移一个数字对象所需的费用，这个费用的计算依赖于存储时间 t（时间越长，数字资源格式转换的次数可能就越多）和数字对象 a 的数量（数字对象越多，格式转换工作量就越大）。

数字仿真的成本模型为：

$$K(t,a) = h(t,a) + E + e(t)$$

这里，$K(t,a)$：存放数字资源集合 a 经过 t 年所需的费用；

　　　$h(t,a)$：存储成本；

　　　E：开发仿真工具的费用；

　　　$e(t)$：仿真成本。

这里引入了两个新变量，即开发仿真工具的一次性费用（E）和仿真工具的年仿真费用（e），这两项费用与数字资源的规模大小无关，然而仿真工具需要经常维护，其费用与使用的时间有关。

---

① Erik Oltmans, Nanda Kol. A Comparison Between Migration and Emulation in Terms of Costs. ［2010-07-20］. http：//www.rlg.org/en/page.php? Page_ ID =20571#kb7.

为了比较数字仿真和数字迁移所需成本，结合 the KB 项目，作出下述一些假设①：

- 保存的数字资源集合中数字对象的数量每年都增加。
- 数字资源的存储费用根据采用 KB 项目的统计设定为每个对象每年 \$0.05。
- 两种保存策略所需的存储空间相等。
- 平均迁移一个数字对象到新的格式，根据 KB 项目的统计设定为每年 \$0.10。
- 开发一个仿真工具一次性投资，根据 KB 项目的统计设定为 \$200000（包括研究和设计费用）。
- 仿真工具维护费用，根据 KB 项目的统计设定为每年 \$30000。
- 运行仿真工具和相应的软件环境的费用不予考虑。

基于上述设定，保存 1000000 个数字对象为期 50 年的费用如图 5-1 所示。

从图 5-1 可知，维护一个有 1000000 个数字对象的数字资源集合 50 年中，前 5 年的仿真费用要高于迁移费用，但以后迁移费用就高于仿真费用，而且它们之间的差距越来越大。在 50 年里迁移费用要比仿真费用平均高出 79%。

另外，数字资源集合越大，这两种方法的费用差别就会越大。如果在图 5-1 中，所保存的数字资源集合改为 5000000 个，保存时间同样是 50 年，那么采用这两种方法的保存费用如图 5-2 所示。

由上述两幅图可以看出，当保存的数字资源的规模扩大 5 倍时，迁移费用是仿真费用的 2 倍还多。

由以上分析可知，在最初的一段时间，数字仿真的费用要高于

---

① Erik Oltmans, Nanda Kol. A Comparison Between Migration and Emulation in Terms of Costs. [2010-07-20]. http：//www.rlg.org/en/page.php? Page_ID=20571#kb7.

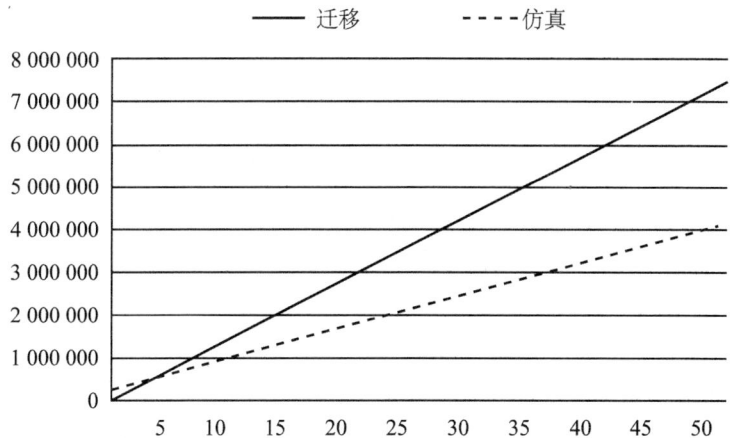

图 5-1① 保存1000000个数字对象50年采用数字迁移和数字仿真所需费用对比

数字迁移，这段时间的长短取决于下述几个因素：

• 当需要保存的数字对象的数量增加时，数字仿真的费用高于数字迁移费用的时间段要缩短。

• 如果每个数字对象每年的平均迁移费用增加，那么数字仿真费用高于数字迁移费用的时间段也要缩短。

• 当开发仿真工具的费用增加时，数字仿真费用高于数字迁移费用的时间段要增长。

• 当仿真工具的每年维护费用增加时，数字仿真费用高于数字迁移费用的时间段也要增长。

上述的对比分析结果是建立在对几个变量假设值的基础上的，为了说明这个比较结果的普遍性和有效性，一些开发人员已经开发出了一个软件系统，用户可以从下述网站上免费下载运行：http：//www.rlg.org/en/downloads/v9n2_ f1_ CostsArchi ving3. xls

在数字资源长期保存的理论与实践中，就其生命周期管理而

---

① Storage Costs Digital Preservation Strategy. ［2010-07-20］. http：//www. rlg. org/en/downloads/v9n2_ f1_ CostsArchiving3. xls.

5 数字保存基础

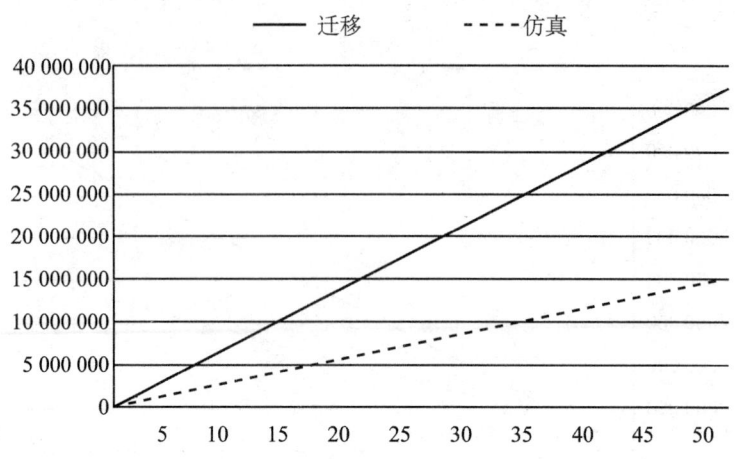

图 5-2①　保存 5000000 个数字对象 50 年采用数字迁移和数字仿真所需费用对比

言，数字仿真和数字迁移存在着本质区别，其保存成本也有着很大差异。从长远来看，从成本角度考虑，也许仿真技术更适合大型数字资源的保存。

在上述讨论中，我们忽视了一些比较重要的事实。首先，没有考虑到，根据规模经济原理，如果需要转换的数字对象数量相当多，则每个对象的迁移成本也许少一些。其次，我们按照数字对象的数量计算迁移费用，实际上，按照数字资源集合的体积大小来计算费用同样也很有价值。所有这些也说明了，数字资源长期保存的费用模型需要在广泛的实践中继续研究和深入探索。

5.2　数字迁移风险管理

5.2.1　数字迁移原因与类型

数字迁移的原因有很多，其中大部分都与文件格式有关。非结构化的或没有格式的文件是一个简单的二进制数据流，软件开发商

---

① Storage Costs Digital Preservation Strategy. ［2010-07-20］http：//www.rlg.org/en/downloads/v9n2_ fl_ CostsArchiving3.xls.

142

对数据文件进行结构化，从而允许他们的软件对数据文件进行有效地读写数据操作。随着软件应用越来越复杂，文件格式的种类也快速增多。软件的不断进化，新格式或格式的新版本不断地取代已有的格式或版本，这就使得以过时格式存储的数字资源必须进行不断的迁移，从而确保用户对其存取。具体原因如下①：

（1）格式过时或市场份额非常小。导致这种现象的原因可能有三：其一是软件开发商退出市场，或改变了商业重点，或停止了对原格式的支持；其二是主导市场的软件开发商已经放弃了这种格式的应用；其三是原格式的灵活度不足以支持新软件机制。

（2）原格式依赖于特定硬件和操作系统，而这个环境被其他操作系统所取代。

（3）格式本身是专有的，开发商又不公开其格式信息。

（4）数字资源管理要求格式简单化。大型数字资源仓库常常包含用于同一应用的不同时期生产的不同格式的数字文档，在这种情况下，数字资源仓库为了维护各种版本就必须支付额外的管理和存储费用。

（5）元数据需求的增长。很明显，数字资源的简单描述不足以管理大型数据文件仓库，内嵌型元数据对于当前文件格式的未来版本来说也许是实用的和所需的，复杂的元数据需求可能要求改变元数据文件的格式。

从实施情况来看，数字迁移主要有下述几种类型：

（1）数字文件的日常刷新。若干年前，数字资源从一种存储介质转存到另一种存储介质是迁移的主要形式。然而，随着存储介质的稳定性和可靠性的提高，目前这种形式的数字迁移越来越少。

（2）当数字文件从一种应用转到另一种应用时，需要改变数字文档的格式。这种迁移形式的一个例子是数字文档从苹果机操作系统的应用转到 WINDOWS 操作系统的应用。

---

① Bennett, John C. A Framework of Data Types and Formats and Issues Affecting the Long Term Preservation of Digital Material. [2010-07-20]. http://www.ukoln.ac.uk/services/elib/papers/supporting/#blric.

(3) 数字资源格式本身的完全改变。比如，将 WORD 格式文件转换为 ASCII 格式文件。

(4) 从数字主文档格式制作副本。在一些情况下，数字化主文档不适合于公共存取，这时就要生成适合存取格式的文件副本。比如，存储的是直接扫描格式 TIFF，为了发布和公共存取需要，可能要转换为 PDF 格式的文件副本。

5.2.2 数字迁移风险分析

作为一种数字资源保存策略，数字迁移的过程和结果都具有不确定性。为了尽可能减少这种不确定性所带来的风险，方法之一是构建一个风险管理框架，该框架将整个迁移过程分解为若干个可描述的且可计量的步骤。风险评估就是将风险分析过程进行结构化的一种方法，如果这种方法描述和使用得当，不同人对数字文件的相同信息进行评估，所得到的风险值应该基本相同。

数字迁移风险主要有三大范畴[1]：其一是与数字资源管理相关的风险。这类风险包括缺乏机构支持、资金、系统软硬件以及数字文档管理人员等。这些都是数字资源管理的重要组成部分，数字资源乃至其拥有者都在不同程度上受到数字迁移影响，与数字资源有关的法律政策也会增加迁移的风险值。其二是与数据文件格式相关的风险。这些包括在迁移过程中容易被修改的文件内部结构要素。其三是与格式转换过程相关的风险。格式转换软件的转换结果可能理想，也可能不理想，转换错误或有或无，或大或小。

如果将上述三大范畴进行细化，数字迁移风险包括的具体内容如下[2]：

(1) 内容稳定性风险（指二进制数据流的结构）。包括：软件

---

[1] Euhlir, Paul. Framework for the Preservation of and Public Access to USDA Digital Publications. [2010-07-25]. http://preserve.nal.usda.gov:8300/npp/frameprt.html.

[2] Lawrence, Gregory W. et al. Risk Management of Digital Information: A File Format Investigation. [2010-07-29]. http://www.clir.org/pubs/reports/pub93/pub93.pdf.

虫、对存储介质误操作和设备机械故障等因素导致二进制数据流的破坏;新的压缩方式所产生的文件格式对二进制数据流配置的改变;文件头信息没有迁移,或迁移不完整,或迁移错误;数字图像的质量(如分辨率、颜色等)受到二进制数据流配置改变的影响;新的文件格式改变了字节顺序等。

(2)安全性风险。格式迁移影响了采用水印和数字戳等加密技术对原始数字资源进行加密的信息。

(3)内容连贯性和完整性风险(与其他相关文件的关系,或与数字环境中诸如软硬件依赖性之间的关系)。包括:由于对不同软硬件的依赖性,浏览和访问新的文件格式需要新的配置;与其他文件的链接(如元数据文件、脚本等)在迁移过程中被改变;由于文件格式组织或新的压缩方法导致新格式的文件体积减小,使存储更密集,并产生潜在的文件目录结构问题;由于新存储介质或操作系统的文件组织协议导致文件存储更密集,影响标签和文件结构等。

(4)参考性风险(在数字图像集合中检索特定数字图像的能力)。包括:由于文件格式的更新和受URL的影响,文件扩展名被改变;迁移活动没有被完整记录,导致来源信息不完整或不精确,这对未来的迁移活动带来潜在问题。

(5)成本风险。包括:因为数字迁移性质的差异可能导致每个迁移周期涉及不同步骤,因此,长期保存的数字迁移成本具有不可预测性;由于信息资源的价值难以精确衡量,所以,迁移的优先顺序无法设置;迁移成本有时难以精确计算等。

(6)人力资源风险。包括:在整个数字迁移决策过程中,员工的轮换和缺乏连续性导致长期计划难以实施,尤其是在元数据抓取不充分以及缺乏完整迁移过程记录情况下;员工缺乏足够的技术技能;迁移周期的难以预测性使得人力资源需求规划(如技能、时间、资金等)更加困难等。

(7)功能风险。包括:新文件格式对原文件格式数字资源的一些功能(如打印)产生影响;数字迁移增加或减少原始文件的性能以及需要对检索界面进行修改,如新格式要求对WEB界面的支持;新文件格式不支持的原文件格式中一些功能在迁移过程中丢失;原文件格式的一些信息增值在迁移过程中丢失等。

(8) 知识产权风险。产权管理限制新格式产生的一些数字资源的应用,比如,一些数字资源的产权许可仅仅限定在一定分辨率范围内的图像发布,而新格式生成的图像超出了这个分辨率范围。

5.2.3 数字迁移风险评估与测度

数字迁移过程可用图5-3来表示:

图5-3 数字迁移过程示意图

这里,转换软件有三种类型:其一是为一个特定数字迁移项目由技术人员编写的程序;其二是为一个特定目的而编写的商业软件,如抽取不同格式原文件中的一些数据生成一个新格式数据文件;其三是大众化商业转换程序,如在苹果机和PC机文件格式之间相互转换的软件。上述每种类型的转换软件各有优缺点,第一种类型针对性强,但开发周期长且费用高,商业软件虽然成本低廉,但针对性一般来说较差。

转换软件的主要功能在于实现数字资源的格式转换,在实际应用中风险值最高,对这种类型风险进行评估包括下述四个方面[1]:

(1) 同构数字资源转换过程风险评估。其方法是对比数字文件转换前后的格式属性,关键在于需要知道原始文件格式的所有特征,然后在转换后的新格式文件中寻找这些特征的存在情况。比较过程是由人工进行,虽然非常费时,但最准确。

作为这种评估方法的一个变通,选择具有代表性的测试文件进

---

[1] Haynes, David, et al. Responsibility for Digital Archiving and Long Term Access to Digital Data. [2010-08-10]. http://www.ukoln.ac.uk/ervices/elib/papers/supporting/#blric.

行格式转换,然后人工计算这些文件转换前后格式属性的吻合情况,并以此为参照点评估整个数字资源集合的转换风险。这种评估方法适合于原始文件的格式是一种类型的数字资源集合。

(2)异构数字资源转换过程风险评估。可以将异构数字资源集合分解为若干个同构数字资源子集合,采用上述方法对每个子集合进行风险评估,再汇总为整个集合的风险值。如果这个数字资源集合包括的文件种类和数量庞大,那么这种方式费用昂贵又缺乏效率。

另一种方法是采用一个文件阅读器。首先界定每种类型格式文件迁移风险的格式特征,训练文件阅读器完全准确地识别这些特征,然后执行该阅读器遍历检查每个文件迁移前后的特征值。在检查过程中,当发现目标文件与原文件格式特征值不一致时,就记录下来,记录的内容包括文件的名称、文件的位置、与文件相关的风险特征的类型和数量等。在检查一批文件后,将这些记录汇总成报告输出。一个好的文件阅读器应该具有足够的灵活性,能够阅读几乎所有格式的文件,能够识别定义的所有风险特征。

上述两种方法的出发点都是要完全准确地获取文件的格式特征信息,然而由于大多数文件格式都具专有性,致使获取这类信息非常困难,而这又正是数字迁移风险评估的关键所在。所以,应该提倡文件格式的开放化和标准化。

(3)转换软件风险评估。如果存在多个转换软件供用户选择,且每个软件都能提供主要的乃至全部的核心性能,同时又提供一些可选性能,那么,这时就需要设计一些指标对这些软件进行评估,以便选择出适合于特定数字迁移项目的转换软件。

一个理想的数字迁移软件至少应该具备下述性能:能够分析原文件格式与目标文件格式的差别,能够识别和报告迁移风险的等级,能够精确地将原格式文件迁移到目标格式文件,能够进行单个文件迁移也能够进行成批文件的迁移,能够提供迁移记录等。

(4)元数据风险评估。在对数字资源主文档迁移时,必须考虑相应的元数据迁移。离开元数据,主文档可能就没有任何信息意义。元数据的文件格式可能与主文档的格式完全不同,比如,主文档格式是 TIFF，而描述该主文档的元数据文件格式是 HTML，如果主文档的名字或地址在迁移过程中发生变化，那么元数据中的相应内容就必须改变；否则，主文档就无法被存取。

数字迁移风险的测度有两个指标：风险概率和风险影响。

Gregory W. Lawrence 等人将风险概率分为 5 个等级①：非常高（5 级，风险概率在 26% ~ 99% 之间），高（4 级，风险概率在 11% ~ 25% 之间），中（3 级，风险概率在 6% ~ 10% 之间），低（2 级，风险概率在 1% ~ 5% 之间）和非常低（1 级，风险概率低于 1%）。同样，风险影响也分为 5 个级别：灾难性（E 级，信息完全不可逆转丢失，无法从其他资源中再生成），非常严重（D 级，信息部分不可逆转丢失，并且不可能从其他资源中再生成），严重（C 级，信息完全丢失，可从其他形式的资源中完全再生成），重大（B 级，信息部分丢失，可从其他形式资源中完全再生成）和较小（A 级，信息部分或完全丢失，但都可从其他数字文件中复制）。

这样，针对某件特定数字资源进行数字迁移的风险主要有 5 个等级：5E（风险概率非常高，且将导致灾难性影响），3D（风险概率中等，且导致非常严重的影响），2C（风险概率较低，且导致严重影响），1B（风险概率非常低，且导致重大影响），1A（风险概率非常低，且导致较小影响）。一个详细的数字迁移风险测度二维图（见图 5-4）：

在图 5-4 中，如果测度值落在 1A-B 至 2A-B 之间，则数字迁移风险较小，迁移可进行。如果测度值落在 1C-D、2C-D、3A-D、4A-D 之间，则数字迁移过程风险很高，迁移应该推迟，直到这些风险降低。如果测度值落在 1E、2E、3E、4E 和 5A-E 之间，则数

---

① Lawrence, Gregory W. et al. Risk Management of Digital Information：A File Format Investigation. [2010-07-29]. http://www.clir.org/pubs/reports/pub93/pub93.pdf.

5.2 数字迁移风险管理

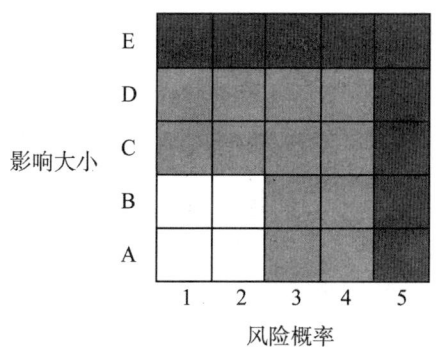

图 5-4① 数字迁移风险决策图

字迁移应该禁止。

由上可知,数字迁移的风险可以计量,风险值的大小在不同的迁移条件下会有所不同,有时差别可能会很大,产生风险的主要原因在于原文件和目标文件格式特征的差异。可以采用不同方法评估和计量格式特征迁移风险的等级。对大多数文件格式来说,文件的基本结构具有共性,所以对一种格式的特征分析可以促进对其他格式的理解。

相对于文件格式迁移风险存在较大区别来说,组织机构、软硬件和元数据的迁移风险大同小异。数据迁移项目的各种风险要素在项目实施之前都必须评估和计量。

在数字迁移项目中,最大的困难在于对风险的性质和风险值的解释。比如,什么时候某种风险可以接受,能够接受的风险值是多少等。风险评估工具不能代替经验,更不能代替有效并且正确的判断。风险评估工具不是万能的,即使最完善的工具也不能确保数据迁移的万无一失。

---

① McNamee, David. Assessing Risk Assessment. [2010-08-10]. http://www.mc2consulting.com/riskart2.htm.

5.3 保存型元数据

图书馆信息资源数字化项目中,数字资源的保存一般分为两大部分:数字文档和元数据。数字文档包括数字主文档和为了各种应用而生成的不同副本,元数据包括描述型元数据、分析型元数据、管理型元数据、结构型元数据和保存型元数据。

保存型元数据是用来描述有关数字资源保存特征信息的元数据,是由负责数字资源维护机构保存的一种内部信息。这种数据不被用户所用,只是用于数字对象的长期维护。因此,保存型元数据与数字资源访问系统无关,可以采用各种格式进行记录,比如,EXCEL 电子表格格式和 ACCESS 数据库格式等。

5.3.1 保存型元数据缘起

保存型元数据的诞生是数字资源长期保存的需要。在图书馆信息资源数字化的实践进程中,早期大多采用"多次扫描法",即当数字资源出现无法存取时,就采用新技术对原始资源进行再次数字化,这种方法不存在数字资源的长期保存问题,也不存在保存型元数据的构建。但这种方法的缺点很明显,其一是成本高昂,数字化设备和数字化生产过程都需要很高的投入;其二是对原始信息资源载体的破坏,每次数字化都要对原始资源载体进行操作,一些操作(如搬运、扫描曝光等)对原始资源载体损伤很大。

随着数字化技术和数字图像处理技术以及保存技术的发展,"一次性扫描法"得到了广泛应用,数字资源的长期保存也应运而生,保存型元数据也逐步发展起来。"一次性扫描法"[1] 是指对原始信息资源仅进行一次扫描,当数字资源出现无法存取危机时,采用数字迁移等长期保存的方法对其进行维护,从而确保数字资源能够被当前软件访问。

---

[1] Katherine M. Wisser. Guidelines for Digitization [EB/OL]. [2010-09-01] http://www.ncecho.org/Guide/toc.htm.

很明显，"一次性扫描法"克服了"多次扫描法"的缺陷，不仅有利于原始信息资源载体的保护，而且也节省了重复扫描的费用。但是，计算机软硬件和文件格式的不断发展，使得对数字主文档难以有效存取。即使用于数字主文档保存的硬件和存储介质完整无缺，但其存取技术的过时也不可避免。因此，数字主文档的长期保存是任何一个图书馆信息资源数字化项目必须解决的一个重要课题。从目前的实践来看，最常用的方法是数字迁移。

同样的道理，由数字主文档产生的各种应用副本也会出现存取危机。解决这种危机的方法有两种：其一是对副本也采用数字迁移，其二是从迁移后的数字主文档中重新生成副本。具体采用哪种方法，取决于两个方面的因素：其一是风险，上述两种方法都存在着格式转换风险；其二是费用，上述两种方法的费用可能不同，有时差别会很大，要在权衡比较它们的风险和费用基础上来选择。

综上所述，数字主文档、各种应用副本构成了图书馆信息资源数字化项目中的数字资源，为了实现长期保存的目的，都要采用合适的方法进行数字迁移。迁移的对象是数字资源的内容，为了保证迁移的有效性，就需要数字资源的保存信息，比如，一些有关其生产和保存历史的记载以及每次迁移后数字资源的一些状态信息等，这些信息都是由保存型元数据记录的。

5.3.2 保存型元数据类型

根据目前的实践，NCECHO将保存型元数据分为用于识别数字对象的元数据、用于记录数字对象生产过程的元数据、用于记录数字对象修改的历史信息的元数据和用于记录原始信息资源产权状态的元数据等四种类型①。每种类型包括若干个元素，为了数字资源长期保存的需要，有些元素是必需的，这些元素对数字资源的长期保存至关重要。有些元素虽然不是必需的，但鉴于它们的存在有利于数字资源长期保存的实施，被列为推荐类型。有些类型（如

---

① Katherine M. Wisser, Druscilla R. Simpson. Preservation Metadata for Digital Objects. [2010-09-01]. http://www.ncecho.org/presmet/pmdo.htm.

数字对象识别元数据）乃至一些元素也是描述型元数据或管理型元数据的组成部分，所以，不同类型的元数据之间会有交叉。

5.3.2.1 数字对象识别元数据

这类元数据都是有关数字对象的识别信息的描述和记录，在数字资源的长期保存过程中，起着对单件数字资源的产生和收藏进行有效识别的作用。

（1）数字对象标志符（必须）。数字对象标志符是在保存数字对象的数据库中用于识别数字对象的唯一名称。这个标志符是不带数字对象扩展名的文件名。该元素的数据类型是字符数字型，应避免使用字符：>、<、&、#、=、+和空格等。

（2）原始资源的标题（必须）。原始信息资源的标题与数字图像的标题不同，对一件信息资源进行数字化后可能产生多个数字图像，这些图像对应的原始资源的标题相同，但每个数字图像的标题不一样。如果一件原始信息资源数字化后形成一个数字图像，那么这时原始资源的标题与数字图像的标题可能一致。该元素也包括在描述型元数据系统中，因此，在这两个元数据系统中，该元素的值应该一致。该元素的数据类型是字符数字型，并应该从原始标题中去掉"A"、"An"和"The"等字符。

（3）数字图像标题（必须）。该元素记录一个数字图像的标题，其数据类型是字符数字型，并应该避免使用"A"、"An"和"The"等字符。

（4）生产或保存数字资源的机构标志符（推荐）。该元素用来记录生产数字资源的机构代码，或保存数字资源的机构代码。其目的在于区分生产或保存数字对象的不同机构。数据类型是字符数字型，其值应该是机构代码，避免使用字符：>、<、&、#、?、=、+和空格等。

（5）原始信息资源收藏机构标志符（推荐）。该元素用来记录数字对象所基于的原始信息资源收藏单位，有利于数字资源的可持续管理。数据类型是字符数字型，其值是机构代码，避免使用字符：>、<、&、#、?、=、+和空格等。

（6）数字化项目标志符（推荐）。该元素用来记录生产数字对象的数字化项目,有利于数字资源的可持续管理。数据类型是字符数字型,其值应该是机构代码,避免使用字符:>、<、&、#、?、=、+和空格等。

5.3.2.2 数字对象生产元数据

这类元数据中的大部分元素是数字主文档生产过程中相关信息的描述和记录,个别元素是从数字主文档生成应用副本过程中的一些信息的记录,在数字资源长期保存过程中,具有重要的参考价值。

(1)数字对象的生产日期(必须)。该元素用来记录数字对象的产生日期,数据格式应采用 ISO8601 国际标准,即"YYYYMMDD"格式,并由数字化生产系统自动生成。

(2)数字资源的生产者(必须)。该元素用来记录生产数字资源的直接操作者,其值在很多数字化系统中可以通过设置自动生成。

(3)数字图像抓取的硬件设备(推荐)。这里的硬件包括扫描仪或数码相机,要记录它们的制造商和型号。该元素记录的数据被认为是相对静态的信息,在很多数字化生产系统中可通过设置自动生成,数据类型应是自由文本格式。

(4)数字图像抓取的硬件附属设备(推荐)。该元素用来记录所有的附属设备,如数码相机的镜头或灯源等,还应该记录制造商和型号,数据类型应是自由文本格式。

(5)用于数字图像抓取的软件(推荐)。该元素记录用于抓取数字图像的软件名称和版本,这里不要与数字图像处理软件混淆,可以通过设置由数字化生产系统自动记录,数据类型应是自由文本格式。

(6)数字图像抓取软件的设置信息(推荐)。该元素用来记录数字图像抓取的软件设置信息,包括曝光设置、颜色平衡设置和图像大小设置等,这些信息都采用软件特定的术语词汇,因此与抓取软件息息相关。数据类型应是自由文本格式。

(7)数字图像处理软件(推荐)。该元素用来记录被抓取后对数字图像进行处理的软件的名称和版本信息,勿与数字图像的抓取软件相混淆。一些软件既可用来进行数字图像的抓取，又可用来对抓取后的数字图像进行处理，这时两个元数据元素的内容相同。该数据应该被列在每个软件的相关字段中。数据类型应是自由文本格式。

（8）数字图像处理软件设置信息（推荐）。这项元数据的内容析出方法和规则与数字图像抓取软件的设置信息相同。

（9）分辨率（必须）。该项元素用来记录数字图像生产的分辨率。对于图像，该项数据的值是每平方英寸的像素数（dpi），但对于数字化音频和视频，目前还没有规范。声音文件的工业标准目前是以千赫（kHz）的值表示的记录分辨率，对于音频和视频混合文件采用像素线间的像素点数。

（10）压缩（推荐）。用来记录图像是否被压缩的信息，不适用于数字化主文档，适用于各种副本。该元数据的值应是"是"或"否"。

（11）压缩类型（推荐）。用来记录那些被压缩图像的压缩类型，不适用于数字化主文档。该元数据的值应是压缩格式的名称，如 JPEG、LZW、PNG 等。

（12）压缩比（推荐）。用来记录那些被压缩图像的压缩比，不适用于数字化主文档。

（13）数字图像的尺寸（推荐）。该项信息可以用来检测数字图像是否损坏，可通过数字图像抓取或操作软件来自动记录。其值的表达方式是：图像的高度像素数×图像的宽度像素数。

（14）位元深度（推荐）。从技术角度，图像的清晰易读取决于扫描分辨率和位元深度的结合。该元素的值是数字。

（15）颜色分辨率（可选）。颜色分辨率涉及图像的基板。大多数图像采用三色（RGB）显示，用于打印的图像常常采用四色（CMYK），默认为三色。该元素的值是 RGB 或 CMYK。

（16）水印（推荐）。水印是一种对图像加密的方式。数字化主文档中图像没有水印，为了加密的需要，副本中的图像常用水印。该元素的值为"是"或"否"，前者意味着有水印，后者则没有。

(17) 文件格式（必须）。数字图像的文件格式常常采用文件的后缀来描述，标准格式有 JPG、GIF、TIFF 等。该元素的值是字符型。

(18) 用途（必须）。用来描述数字图像的用途。该元数据的值为：数字主文档、复制加工级应用副本、网上发布精细级应用副本、网上发布普通级应用副本、网上发布图标应用副本。

5.3.2.3 数字对象修改元数据

这类元数据的两个元素用来记录数字资源的修改情况，便于查看数字对象的修改过程。

(1) 修改日期（如有修改，必须）。在元数据数据库中应设置一个可重复字段，用来记录数字对象产生后每一次修改的日期，有助于保存机构查阅数字对象在长期保存过程中的修改情况，并对数字迁移提供非常有价值的信息。该元素的值应符合 ISO8601 标准，即日期格式为：YYYYMMDD。

(2) 修改历史（如有修改，必须）。在元数据数据库中应设置一个可重复字段，用来记录数字对象产生后每一次修改的说明，有助于保存机构查阅数字对象在长期的保存过程中的修改情况，并对数字迁移提供非常有价值的信息。该元素的数据类型应为自由文本。

5.3.2.4 产权管理元数据

这类元数据的两个元素用来记录和识别资源的产权状态，在数字资源长期保存过程中，产权状态不仅影响其发布，而且还可能限制其迁移和应用方式。

(1) 产权状态（推荐）。用来识别数字对象内容的产权状态。数字图像的生产者自动拥有数字图像的产权，但可能没有拥有数字图像内容的产权。该元数据有利于数字资源的产权管理。在联合数字化项目中，原始信息资源的产权状态和数字图像的产权状态更为复杂。该元素的值为"拥有产权"、"不拥有产权"和"公共领域"三种情况。

(2) 原始信息资源的出版或发布日期（建议）。用来记录原始信息资源的出版日期或发布日期，有助于监视数字资源的内容进入公共领域的时间。该元素的内容格式应该符合 ISO8601 标准，且仅需 4 位年份。

5.4 数字保存系统的基础模型

从数字长期保存和用户服务实施的主体角度来考察，图书馆信息资源数字化项目运作模式有两大类型：

其一，这两项任务均由项目实施机构（图书馆）来完成。也即图书馆自己对"数字化主文档"实施长期保存，并将"网上发布级应用副本"发布到图书馆的数字资源发布网站，向用户提供各种服务。

其二，这两项任务均交给另外一个专业机构（如企业）来完成。该机构通过建立数字保存系统，代理实施图书馆的数字资源保存与用户服务功能。数字化项目实施机构（图书馆）与数字保存系统的运行机构签订协议，规定双方的权利与义务。在通常情况下，一个数字保存系统代理多个数字化项目的数字长期保存和用户服务业务。

第一种运作模式在数字化建设初级阶段比较普遍，我国目前基本处于这种运作模式阶段。第二种运作模式是数字化建设达到一定程度的产物，目前主要出现在欧美。本节及下述两章讨论的数字保存系统针对后者，同时也可供前者参考使用。

数字保存的质量不仅取决于数字资源的生产和检查过程，同时还体现在整个数字保存系统的决策、设计、使用和服务等环节。不同的功能由不同模块实现，OAIS 认为，一个较为完善的数字保存系统应该由数字资源获取模块、数字保存模块、数据管理模块、系统管理模块、保存计划模块和访问模块组成。模块之间进行信息交流。图 5-5 是数字保存系统基础模型。

（1）数字资源获取模块。

该模块提供从数字资源生产者接收所提交信息的功能和服务，并为数字保存系统准备存储和管理所需的保存内容。该模块在接收到所提交的信息后，对其进行质量检验，不合格者退回数字资源生产者，合格者将生成符合系统保存格式的保存信息，并从保存信息中提取描述信息。然后将保存信息传输给数字保存模块，将描述信息输出给数据管理模块。

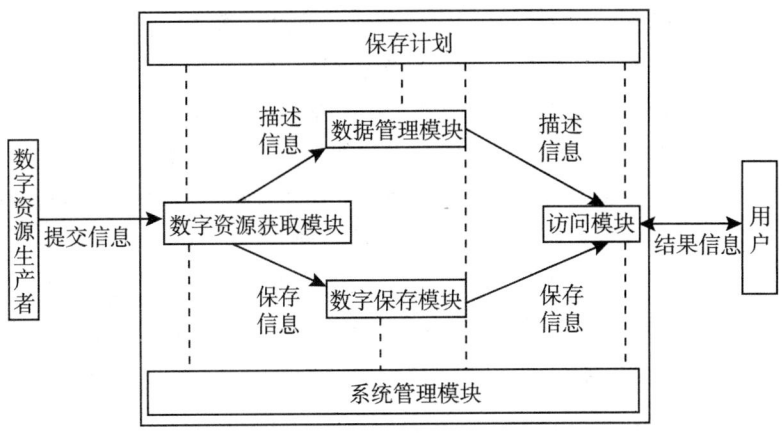

图 5-5① 数字保存系统基础模型

提交信息可以通过电子方式传输（如 FTP），从数字化介质提交给保存系统，或者直接挂接在保存系统的文件系统中以供访问。该模块在接收到提交信息后，给数字资源生产者一个确认信息，确认信息中可能包含一个重发请求。

对提交信息的质量检验主要用来证实提交信息进行分段传输的正确性，检验机制可能包括对每个数据文件的 CRC 校验，或者使用系统日志文件记录和确定文件传输或介质的读写正确性。

（2）数字保存模块。

该模块提供存储、维护和恢复保存信息的功能和服务。存储功能包括：从数字资源获取模块接收保存信息，并将其进行存储；管理存储等级，更新存储介质；执行常规和特殊的错误检查，并提供

---

① The Consultative Committee for Space Data System. Reference Model for an Open Archival Information System (OAIS). ［2011-10-23］. http：//www.ccsds.org/documents/650x0b1.pdf.

灾难恢复能力；根据访问模块的请求，将相匹配的保存信息提供给访问模块，实现用户的检索功能或对保存信息的直接访问功能。

存储等级是根据存储管理政策，将保存信息的内容存储在不同等级的介质上，从而实现对保存信息的特殊层次的服务，或构建特殊等级的安全措施，使不同保存信息得到适当等级的保护。

错误检验用以保证保存信息的各组成部分在数字保存模块内部传输过程中不被破坏。检验的常用方法 CRC（用于单件保存信息的检错）和 RS（可同时进行检错和纠错）等。这就要求数字保存系统内的硬件和软件要及时提供可能错误的通告，并将这种通告发送到错误日志中，由数字保存系统的管理人员进行检查。

灾难恢复将提供复制数字保存系统中保存信息的机制，并把复制后的保存信息存储到不同物理设备中，这一功能通常是通过硬件或网络的数据传输来实现。

（3）数据管理模块。

该模块实现下述两类信息的维护和存取功能：其一是保存信息的描述信息（如各类描述性元数据元素的内容），其二是数字保存系统内部的各种管理信息（用于支持系统操作）。前者是用户访问的入口，后者是实现系统管理的基础。这两类信息的基本用途在于：管理数字保存系统中的数据库，进行数据库的更新，对描述信息进行查询并生成结果集，从这些结果集中产生报告。

（4）系统管理模块。

该模块实现对整个数字保存系统的宏观管理，其主要功能包括：同数字资源生产者协商信息提交协议，审核提交信息的内容和格式以确保与协议相符；对整个系统软硬件的管理配置进行维护；从系统工程的角度对整个系统进行监控，以提高系统的操作水平和运行效率；建立和维护整个系统的构建标准和运行政策；提供用户支持。

提交信息的提交协议是数字保存系统与数字资源生产者在下述几个方面所达成的共识：其一是提交计划，从长期角度可以是一个框架合同，从短期角度可以是一个具体的提交日程表；其二是提交信息的标准和结构或格式规范等，这些规范是通过数字保存系统向数字资源生产者提供提交信息的模板方式来实现的。

系统管理配置在于维护系统配置的完整性和可控制性。它通过对整个系统的定期或不定期审核来发现系统的配置问题。这种审核活动一般包括：从数据管理模块接收系统的运行报告信息；从数字保存模块接收操作统计信息；汇总这两种报告并定期地向保存计划模块提供整个系统的运行情况和资源目录报告；向保存系统的信息更新模块发送更新变化。

信息更新是确保系统保存信息能够被用户实时访问的一个机制。它从系统管理配置中接收信息更新请求，并将更新结果作为提交信息重新发送给数字资源获取模块，进行相应的加工处理。

（5）保存计划模块。

该模块对系统外部环境进行实时监控，当保存信息的格式以及环境因素过时时，提出数字迁移或数字仿真等长期保存计划，并对过时的保存信息进行相应的更新，确保用户能够长期有效地存取。主要功能包括：评估保存信息的内容，检验是否过时；监控技术环境变化和用户需求变化及知识背景变化对保存信息的可访问性的影响；设计详细的数据迁移计划，并对该计划进行测试，确保数字迁移的顺利实现；设计提交信息模板，使提交信息的格式有利于数字资源的长期保存。

数字保存系统还要对新技术进行实时跟踪，监控和发现可能导致保存信息过时的环境变化，评估新技术的可能影响范畴，制定相应的更新策略。

（6）访问模块。

该模块提供帮助用户确定存储在系统中的所需信息的存在性、信息的描述性、信息的位置和信息的可用性，并允许用户查询和接收信息。该模块的功能主要包括：与用户交互，接收用户请求；对受保护的信息设置访问限制；生成查询结果，并将其发送给用户。

6 数字保存系统质量保证标准(草案)

本标准适用于所有类型的数字保存系统,包括不同组织(如商业性企业,信息机构等)运行的数字保存系统和不同规模的数字保存系统。

本标准以及第 7 章《数字保存系统质量认证》中使用的术语和定义如下:

(1) DPS(Digital Preservation System)。

数字保存系统,又称数字仓储系统(Digital Repository),保存内容是文献信息资源数字化的产品,或原生型文献数字资源(如荷兰国家图书馆的 e-Depot),或两者的复合(如 CNKI 的中国期刊全文数据库)。

(2) SIP(Submission Information Package)。

提交信息包,取自于 ISO14721《OAIS 参考模型》标准术语。数字资源提供者以 SIP 的方式向数字保存系统提交数字资源,数字保存系统接收数字资源提供者提交的 SIP,对其进行转换,生成符合系统保存标准的 AIP。

(3) AIP(Archive Information Package)。

保存信息包,取自于 ISO14721《OAIS 参考模型》标准术语。数字保存系统接收数字资源提供者提交的 SIP,对其进行转换,生成符合系统保存标准的 AIP。AIP 的组成包括数字对象、表征信息和保存描述信息三部分。

(4) DIP(Dissemination Information Package)。

分发信息包,取自于 ISO14721《OAIS 参考模型》标准术语。数字保存系统以 DIP 方式向用户反馈检索结果。DIP 的生成有四种情况:①DIP 是 AIP 的一个拷贝副本;②DIP 是 AIP 进行格式转换的数字资源；③DIP 是若干件 AIP 分割重组而成的数字资源；④DIP 是一件 AIP 的一部分。

（5）数字资源（Digital Resource）。

它是一组二进制数据流构成的文件，包括原生型数字资源和信息资源数字化生产的产品两种类型。

（6）数字对象（Digital Object）。

它是数字资源提供者向数字保存系统提交的以二进制码形式存储与展现的数字化内容文件，是组成 AIP 的内容信息。

（7）数字保存系统的可信任性（Trusted DPS）。

它是指数字保存系统所保存的资源的安全性、真实性和完整性。实现数字保存系统可信任的最有效方法是设计质量保证标准，并按照一定程序对其认证。

（8）表征信息（Presentation Information）。

它是指将数字对象（以二进制码形式存储与展现）转换为用户可阅读的信息（如以数字、字符等形式展现，并常采用一定格式，如 PDF）过程中所需的信息（如数字对象编码信息、格式信息、浏览软件等）。包括通用表征信息（如数字对象通用格式信息和通用浏览软件）和专用表征信息（如数字对象专用格式信息和专用浏览软件）两种。通用表征信息常常可通过访问一些标准格式注册库来获取，DPS 应该向用户提供获取这类信息的途径。目前，国际上几个权威的数字对象格式注册库有：国际数字化文件格式注册库（GDFR）、英国国家档案局数字化文件格式注册库（PRONOM）和英国数字资源研究中心的表征信息注册库。DPS 也可以建立这类表征信息的本地镜像。专用表征信息应该由 DPS 直接提供。

（9）保存策略（Preservation Strategy）。

它是数字资源保存的一套规则。有长期保存策略和常规保存策略之分，前者如数字迁移、数字仿真、数据备份等，后者如数据分布存储、数据校验、数字保存历史的回溯等。

（10）保存型元数据（Preservation Metadata）。

它也即保存描述信息,是用来描述数字对象保存特征的元数据,是数字保存系统的一种内部数据,这种数据不被用户所用,只是用于数字对象的长期维护。这类元数据的元素设置取决于数字资源长期保存的目的,一般包括数字对象识别元数据、数字对象生产元数据、数字对象修改元数据和产权管理元数据。

(11) 描述型元数据(Description Metadata)。

它是对数字对象进行内容特征和外部特征描述的元数据。构建描述型元数据的主要目的在于为用户访问提供检索点,包括检索入口和检索限定。

(12) 检索语言(Retrieval Language)。

它也称标引语言或索引语言,是对数字对象的内容特征和外部特征进行描述的一类语言,包括主题语言、分类语言以及自然语言在信息检索中的应用(如关键词)等。

(13) 目标用户群体(Designated Community)。

它是"一组已经被识别出的能够理解特定信息集合的数字资源潜在消费者。一个目标用户群体可能由多个用户群组成。"(取自于ISO14721《OAIS参考模型》标准术语。)

(14) 数字迁移(Digital Migration)。

它是数字资源长期保存策略的一种。它是当数字资源的文件格式出现过时危机时,将其转换为新的文件格式的一种操作。主要优点在于数字资源总是以能够被普遍接受的格式为人们所使用,现行的硬件与软件能够毫无障碍地访问数字资源。主要缺点有三:一是在格式转换过程中,数字资源的一些样式(layout),甚至一些数据将会丢失,如果数字资源的原始样式需要重点保存,则迁移法或许不是最好的选择;其二是迁移法的操作对象是数字资源集合中的单件资源,如果数字资源集合庞大,则转换过程很长,工作量很大;其三是如果数字资源的文件格式已作废或所用的转换工具不再有效,那么采用这种方法进行格式转换不可行。

6.1 管理质量标准

6.1.1 数字保存方针

除了下述五项子条款外,数字保存方针的内容还涵盖本标准其他各节中的条款。

6.1.1.1 系统职责声明

应该制订一个纲领性文件声明 DPS 所承担的职责,内容应该至少包括对其收录的数字资源如何进行长期保存、如何进行管理和如何进行存取。该文件的内容应不与数字保存相关法律、法规和条例相冲突。所有直接或间接的数字资源提供者以及各种方式的投资者应该能够获取这个文件。

6.1.1.2 后续保存计划

应该制订一个后续保存计划,当保存机构终止 DPS 运行或变更主营业务时,将保存的数字资源移交给其他 DPS,从而实现数字资源的保存和用户访问的连续性。

后续保存计划中所指定的 DPS 可以是多个,但每个 DPS 都需经过资质审核。在实施后续保存之前,DPS 应取得所有数字资源提供者的许可。

6.1.1.3 数字资源获取方针

应根据服务对象和建设目标制定数字资源的获取方针。该方针应该包括数字资源的选择标准和数字资源的获取标准。

数字资源的选择标准应至少包括数据格式、主题领域、语种、生产者等。

数字资源的获取标准应至少包括产权状态、存取限制、数据质量、购买的成本限制等。

6.1.1.4 数字资源收录的内容覆盖性说明

应该根据其规定的收录范围,公开说明收录的数字资源的覆盖完整率。

完整率的计算方法是,在 DPS 规定的收录范围之内,实际收录的数字资源总数与应该收录的数字资源总数之比。数字资源的计量单位可以是原始文献的种数、册数或篇数等。

6.1.1.5 数字保存方针的评审

应构建一个对数字保存方针进行评审的机制，定期或不定期地审查日常运行程序的合适性，不断更新和完善数字保存方针。

保存方针的评审应有同行专家和相关员工的参与。DPS也应保存和管理数字保存方针的不同版本。

6.1.2 人力资源配置

6.1.2.1 员工数量要求

聘用的员工数量应以支持系统所有功能和服务的实现为原则。

应该根据其功能和服务的实现设置岗位，依据每个岗位的工作量确定员工数量。并应证实每个岗位配备的员工数量既充足又不多余。

6.1.2.2 员工技能要求

员工技能应以岗位职责所需专业知识和技术为原则。

应该确定每个岗位的职责。并应证实每位员工具备所在岗位的所需技能（如技术和法律知识等）。

6.1.2.3 员工技能更新要求

员工培训计划应以岗位所需技能知识与技术发展同步为原则。

应该制订一套员工技能培训计划，以确保员工技能满足系统不断更新的技术需求。并应证实员工技能培训的有效性。

6.1.3 系统运行日志管理

6.1.3.1 日志的产生

应该设计或购买软件程序，实现DPS运行日志的自动生成。

应该设置日志文件的格式和事件。格式设置应该以方便日志分析为原则，事件设置（可设置为系统级、事务级和操作级等三个级别）应该以方便系统运行监控为原则。应该记录事件的操作时间、操作过程、出现的故障和错误的描述等。

6.1.3.2 日志的内容

系统日志的内容包括两大类：系统运行日志和用户访问日志。

系统运行日志应该记录运行过程的主要操作信息，如管理登录、数据修改与删除、服务器和网络设备的重新设置、软件装载与升级、硬件增减与更新、系统杀毒等有关信息（包括操作人、操作事项、时间、访问 IP 等）。该类信息有利于系统运行效率管理和系统运行故障管理，比如，管理员可以清楚判断系统运行过程中出现的错误和问题，提高解决问题的速度。

用户访问日志应该记录用户的访问历史，包括用户终端的 IP、登录时间、下线时间、账户、用户名、检索费用和下载明细等。这类信息涉及用户个人隐私，DPS 应该有保护用户个人隐私的声明和方法。

6.1.3.3 日志的分析

应该对系统的日志进行分析，从中了解系统的运行状况，发现薄弱环节，及时进行整改。日志分析涉及分析责任人、分析方法、分析周期以及分析报告。

分析责任人应该是系统管理员，必要时，辅助于相关技术人员，乃至外聘专业安全服务机构中的工程师。

分析方法可以是人工的，也可以采用软件。如果采用软件，则应该事先对软件的安全性进行检测。

分析周期可以是实时的，也可以设置一个固定时间值。但对系统的运行日志文件，管理员应当每天至少查看一次，及时发现系统存在的问题。

分析报告应该包括关键操作的定位、系统和事务故障的原因与解决方法、用户访问的各种统计等。

关键操作是指对系统安全构成重要威胁的操作，一般应包括系统启动和关闭、数字资源的备份与恢复、数字资源的更改等。

系统和事务故障分析是指根据系统记录的故障时间和错误代码等信息，分析并找出故障发生的原因和处理对策。对于外购软硬件或组件的故障，可以将故障信息发送至厂家，以帮助实现进一步的故障分析。

用户访问日志的统计可以采用各种统计图表可视化展示，并能下载，查看明细。比如，按照日期和时间段统计、按照浏览和下载流量统计等。

6.1.3.4 日志的维护

系统管理员应当定期对系统日志文件进行备份。

系统运行日志及用户访问记录保存时限应符合有关要求，比如，《计算机信息系统安全保护条例》要求保存 60 天以上。

6.1.4 灾难性事件的防御与恢复

6.1.4.1 灾难性事件应对方案的制定

应制定一个完备的灾难性事件应对方案，详细描述不同灾难（火灾、水灾、地震、系统崩溃等）应采取的措施，明确规定执行措施的员工。

容灾系统是灾难性事件的常用方案，是指在相隔较远的异地，建立两套或多套功能相同的 DPS，互相之间可以进行健康状态监视和功能切换，当一处系统发生灾难性事件而停止工作时，整个应用系统可以切换到另一处，使得该系统功能可以继续正常工作。根据对系统的保护程度，容灾系统可划分为数据容灾和应用容灾。

数据容灾是指建立一个异地的备份，实现本地关键数据的实时复制。

应用容灾是在数据容灾的基础上，在异地建立一套完整的与本地 DPS 相当的备份应用系统，在灾难性事件发生时，远程系统迅速接管业务运行。

数据容灾是抗御灾难的保障，应用容灾是灾难性事件应对方案的理想选择。前者投资少，但后者投资多。

6.1.4.2 灾难性事件应对方案的测试

应定期测试灾难性事件应对方案的有效性。

测试可以以模拟的方式进行，也可以以真正关闭系统来测试。在一般情况下，模拟测试比较可行，可以避免在真实测试中所造成客户服务的暂停。测试的目的在于发现问题，完善灾难应对方案。

应该明确对灾难性事件应对方案进行测试的周期。

6.1.4.3 灾难性事件的恢复

应确保灾难性事件的恢复,实现数字保存和用户服务的连续性。

灾难性事件的恢复可以自己实施,也可以委托给专业机构实施。DPS 应该权衡两种实施方法的利弊,从中选择。灾难性事件的恢复能力受制于很多因素,如资金支持。任何一种灾难性事件的恢复方案都会存在风险,DPS 应该知晓并承担这类风险。

6.1.5 系统风险管理

6.1.5.1 风险识别

应该识别系统存在的风险,并记录归档。

可以按照系统功能模块来识别系统风险。风险类型可以归纳为:(1)系统管理风险,包括运行机构管理风险、员工聘用风险、财务风险等;(2)系统运行风险,包括数字资源获取风险、数字资源保存风险、元数据管理风险、用户访问风险等;(3)技术支持风险,包括硬件风险、软件风险、网络风险等;(4)系统环境风险,包括物理环境风险、政策环境风险等。

6.1.5.2 风险评估

应该按照风险概率和风险影响两个方面对 6.1.5.1 中已识别的风险进行评估,将它们归为需要重点监控、需要一般监控、无须监控等三类。

风险概率可通过特定时间内风险发生的次数来衡量。根据 DCC 建议,可以采用下述五个级别:

(1)非常低(1级,50年发生一次);
(2)低(2级,5年发生一次);
(3)中(3级,1年发生一次);
(4)高(4级,每个月发生一次);
(5)非常高(5级,每个月发生一次以上)。

风险影响可通过风险发生后数字资源真实性和可理解性的具体缺失状况来衡量。可以采用下述五级:

(1)较小:导致数字资源的真实性和可理解性部分丧失,但可完全恢复；

（2）重大：导致数字资源的真实性和可理解性完全丧失，但可完全恢复；

（3）严重：导致数字资源的真实性和可理解性部分丧失，且其中一些丧失是 DPS 不可恢复的；

（4）非常严重：导致数字资源的真实性和可理解性较普遍丧失，且这些丧失是 DPS 不可恢复的，但可由第三方恢复；

（5）灾难性：导致数字资源的真实性和可理解性完全丧失，且所有丧失是采用任何方法都无法恢复的。

风险测度可以通过二维图方式来表现（见图 6-1）：

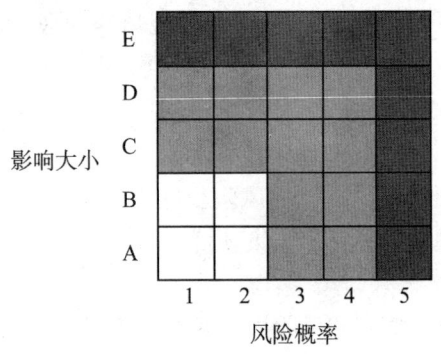

图 6-1　风险测度图

对于落到 1E-5E 和 5A-5E 区域的风险，应该重点监控。对于落到 3A-3D、4A-4D、1C-4C 和 1D-4D 区域的风险，应该一般监控。对于落到其他区域的风险，可以不予监控。

6.1.5.3　风险管理策略

应该为 6.1.5.2 中已识别的需要重点监控和需要一般监控的风险制定并实施管理策略。

应该在长期实践过程中，不断总结、完善和调整不同类型风险的相应管理策略。

不同类型的风险应该采用下述不同的管理策略：

（1）风险规避策略：为了避开可能导致风险发生的环境，而及时采取的行动。

(2) 风险处置策略：当风险发生时应该采取的处置方法。

(3) 风险转移策略：通过适当的方式将风险转移给其他组织，如签署服务合同。

(4) 风险容忍策略：接受和容忍一定等级的风险，但要有一个"度"的界定，并采取一些有效行动来降低风险影响。

6.1.6 财务管理

6.1.6.1 财务计划

应该制定和执行能够支持系统正常运行的财务计划（包括短期的和长期的）。

财务计划的基本内容应包括：（1）收益情况，包括通过提供服务收费（为数字资源提供者提供委托保存服务，为用户提供数字资源检索、浏览和下载服务等）、财政拨款、获得的捐助等；（2）支出情况，包括数字资源获取费用、DPS运行费用、数字资源长期保存费用、管理费用等；（3）盈亏情况；（4）用于处理突发性故障的备用资金；（5）纯收入的分配和亏损的弥补等。

6.1.6.2 财务运行

财务运行应该是透明的，符合相关会计标准，并依据当地有关法律接受相关审核。

对财务运行的上述要求的目的在于防止对DPS的财务保障造成威胁的不当或不法的行为。另外，有些财务数据是机密的，不适合公之于众。但是，DPS应该能够证实其财务运行在合适的范围内做到了最大程度的透明。

6.1.6.3 财务分析报告

应该定期对财务风险、收益、投资和支出进行分析，并形成报告。并对这些财务要素进行管理，维护它们之间的合理平衡。

财务风险分析包括风险识别与应对措施的制定，收益分析包括收益来源与杠杆，投资分析包括投资评估与平衡，支出分析包括支出计划与准备。

6.1.7 数字保存产权管理

6.1.7.1 数字保存协议

应该与数字资源提供者或委托保存者签署正式保存协议，界定双方有关数字资源提供和保存的权利和义务。该协议至少涵盖以下条款：

（1）数字资源的提交条款。该条款应清晰地规定数字资源提供者或委托保存者提交的数字资源应该符合的条件（如数字资源的文件格式、学科专业等）。

（2）数字资源的修改条款。该条款应清晰地界定DPS获得的对数字资源修改的授权和限制，以使为了保存的目的对数字资源进行的必要修改合法化。

（3）数字资源的访问条款。该条款应清晰地界定DPS对一些特殊类型数字资源提供访问的条件。比如，对有产权保护的数字资源的访问条件（如IP限制），对民族或政治敏锐性的数字资源的访问条件（如用户类型的限制）等。

（4）数字资源的注销条款。该条款应清晰地界定DPS对数字资源实施注销的条件（如无法再向用户提供访问）。

（5）正式承担数字资源保存责任的时间条款。该条款应清晰地界定DPS对数字资源提供者或委托保存者提交的数字资源正式承担保存责任的时间。正式承担保存责任意味着DPS获取对数字资源的完全控制，提交者无法对数字资源实施修改操作。在一般情况下，这个时间界定在基于SIP的AIP（DPS的保存信息包）的生成之时。

6.1.7.2 数字资源产权验证与跟踪

应该拥有一个履行6.1.7.1中数字保存协议的机制，实现对数字资源产权的验证、数字资源保存和提供服务过程中的产权跟踪，以及数字资源访问限制的管理。

6.1.7.3 数字资源产权纠纷的规避

应制定措施，在接收产权不明晰的数字资源时，规避可能出现的产权纠纷。规避措施应在权威机构或法律专家的指导下制定，以使其所承担的产权风险最小化。

6.2 性能质量标准

6.2.1 数字资源获取

"获取"是一个过程,该过程发生在数字资源以最终保存格式存储在 DPS 之前。不同 DPS 对数字资源的获取过程可能不同,取决于数字资源的类型以及 DPS 与数字资源提供者达成的协议。

6.2.1.1 数字资源保存内容的界定

应该确定每类数字资源的保存内容。比如,某个 DPS 只保存某类数字资源的文本内容,而不保存它的显示格式;而另一个 DPS 则在保存文本内容的同时,还保存数字资源的展现形式(如古籍类数字资源)。如果数字资源的唯一标志符在 DPS 获取之前就存在,则该标志符也应该成为保存内容。

数字资源保存内容的确定应在 DPS 与数字资源提供者达成的协议中具体说明,并在每类数字资源的存储与传输流程中详细规定。

6.2.1.2 数字资源相关信息的界定

应该明确界定数字资源提供方应提交的数字资源相关信息。比如,数字资源访问限制信息(技术上的、产权上的等)和数字资源创建信息(创建时间、创建机构)等。

这类信息的确定应该在 DPS 与数字资源提供者签署的保存协议中具体说明,并与数字资源的保存内容一起提交。

6.2.1.3 数字资源来源的可信任性

应该对数字资源生产者进行考察,确保数字资源来源的可信任性。

数字资源来源可信任性的认定一般需要延伸到数字资源生产领域。常用的手段包括:检查数字资源生产企业的资质证明,考察其数字资源生产流程是否符合标准作业流程,评估数据校验方式是否安全可靠等。

6.2.1.4 SIP 的正确性和完整性

应该对 SIP 的正确性与完整性进行验证，以便检测 SIP 提交过程中可能出现的数据丢失和损坏。

对 SIP 正确性的验证能力，在很大程度上取决于对 SIP 内容的了解程度以及验证过程中所采用的工具。可以简单地仅验证 SIP 文件格式的相符性，也可以对 SIP 的内容进行检验。验证有时需人工介入，如验证一幅图片的描述信息与图片是否匹配。

对 SIP 完整性的验证可以通过与数字资源提供者提交的 SIP 清单进行对比来实现。

对 SIP 的完整性和正确性的验证可以实时处理，也可以批处理。

对于验证后属于不完整和不正确的 SIP，DPS 要有相关程序给予处理，包括拒绝接收、暂缓接收、纠正后或补全缺失信息后再接收等，不能仅以简单的报错方式处理。

6.2.1.5 数字资源获取的反馈

在数字资源获取过程中应该按照事先约定时间向数字资源提供方反馈确认信息，以核实提交过程是否出现疏漏。

这里的"事先约定时间"应该在 DPS 与数字资源提供者达成的协议或数字资源提交计划中明确说明。反馈信息可能分三种情况：（1）一切顺利结束，则通知数字资源提供方获取过程结束；（2）提交 SIP 不完整，则根据具体情况通知补充提交；（3）提交 SIP 出现错误，则通知重新提交。如果反馈信息不完整，则数字资源提供方可向 DPS 索取更详细信息。

6.2.1.6 数字资源获取过程的记录

应及时记录数字资源的获取操作过程和管理行为。记录方式可以是自动也可以是人工，取决于获取操作的性质。

6.2.2 AIP 的质量

DPS 接收数字资源提供者提交的 SIP，对其进行转换，生成符合系统保存要求的 AIP。

6.2.2.1 AIP 的组成

应该定义 AIP 的组成。该组成应该至少包括：数字对象、表征信息和保存描述信息。

数字对象是 AIP 的基本组成部分，一件 AIP 可能仅包括一个数字对象，也可能包括多个数字对象，还可能仅包含一个数字对象的一部分，或多个数字对象的若干部分。

表征信息是指将数字对象（以二进制码形式存储与展现）转换为用户可阅读的信息（如以数字、字符等形式展现，并常采用一定格式，如 PDF）过程中所需的信息（如数字对象编码信息、格式信息、浏览软件等）。

保存描述信息也即保存型元数据，其目的在于确保数字对象发生改变时（如数字迁移时），可以被有效地追踪和检验。

一件 AIP 的各个组成部分可能分散在多个文件中，DPS 应该确保每件 AIP 各个组成部分之间采用链接等方式捆绑在一起，以备长期保存之需。

6.2.2.2 SIP 到 AIP 转换过程的记录

应该记录从 SIP 到 AIP 的转换过程。其目的在于确保 AIP 能够如实再现提交的 SIP。

该转换过程有时很简单，比如，仅涉及封装形式和保存位置的改变。但在通常情况下，这个过程涉及复杂转换（如数据格式的转换）。

这种记录的内容应该包括：转换的概括描述，以及每类 AIP 转换的具体描述，如果存在需要特殊转换的 AIP，则还应包括特殊转换过程的描述。

这种记录的产生方法有两种：其一是对每件 AIP 的转换过程进行记录，每件 AIP 都产生一个文档；其二是采用批处理方式，对每类 AIP 的转化过程进行集体描述。

6.2.2.3 SIP 的处理结果

应该对获取的每件 SIP 都有明确的处理结果。

对每件 SIP 的处理结果有三种情况：（1）转换为一件完整 AIP；（2）转换成一件或多件 AIP 的一部分；（3）丢弃。无论何种情况，DPS 都应该对 SIP 的处理结果进行记录，其目的在于确保获取的 SIP 不被遗漏，方便各方检验和确认。

6.2.2.4 AIP 的唯一标志符

应该制定一套命名机制来确保每件 AIP 都有一个唯一标志符。其目的在于确保能够永久地、唯一地识别所保存的每件 AIP。

如果 SIP 在被 DPS 接收之前就拥有标志符，那么该标志符应该是 AIP 唯一标志符的生成基础。如果在长期保存过程中，AIP 的唯一标志符发生改变，那么 DPS 应该记录唯一标志符的变化过程。AIP 的唯一标志符命名机制应该能够满足 DPS 当前与未来的需求（如随着系统保存规模的扩大，唯一标志符命名机制应该满足不断增加的 AIP 命名需要）。

6.2.2.5 AIP 的表征信息

应该为保存的每件 AIP 提供所需的表征信息，或提供获取表征信息的途径。

表征信息是用户理解和使用数字对象所需的信息，包括通用表征信息（如数字对象通用格式信息和通用浏览软件）和专用表征信息（如数字对象专用格式信息和专用浏览软件）两种。

通用表征信息常常可通过访问一些标准格式注册库来获取，DPS 应该向用户提供获取这类信息的途径。目前，国际上几个权威的数字对象格式注册库有：国际数字化文件格式注册库（GDFR）、英国国家档案局数字化文件格式注册库（PRONOM）和英国数字资源研究中心的表征信息注册库。DPS 也可以建立这类表征信息的本地镜像。

专用表征信息应该由 DPS 直接提供。

6.2.2.6 AIP 的正确性和完整性

应该验证所生成 AIP 的正确性和完整性。

验证的内容包括：(1) AIP 构成完整性和正确性（见 6.2.2.1）；(2) SIP 到 AIP 转换的完整性和正确性（见 6.2.2.2）。

正确性验证的基本方法是将 AIP 内容与 SIP 内容进行相符性对比，这种对比有时可能很简单（如对比文件中记录的数量，或一些简单的统计），有时可能很复杂。

完整性验证的基本方法是校验,包括:采用的校验方法及其正确性的测试、校验过程的日志、对特殊 AIP 采用的特殊方法等。但应把 AIP 的校验信息与内容信息分开保存,以防止内容信息被恶意更改时校验信息也随之发生变化,避免造成 AIP 的永久性破坏。

6.2.2.7 AIP 生成过程的记录

应该记录 AIP 生成过程中所有操作和管理活动。其目的在于为 AIP 是否根据相关规定(包括本标准 6.2.2.1 至 6.2.2.6)生成而提供判断依据。

该类记录的创建应该与 AIP 生成过程中的操作和管理活动同步进行。创建方法可以是系统采用软件自动建立,也可以由人工记载,取决于操作和管理活动的性质。

6.2.3 AIP 的保存

6.2.3.1 AIP 的保存策略
6.2.3.1.1 保存环境的监控

应该对数字保存的环境进行实时监控,从而实现对即将过时的 AIP 表征信息进行警示。

保存环境的监控可由人工实现,也可借助国际上权威的数字对象格式注册登记服务系统来实现。前者需要专职人员对用户使用的软件技术进行持续监控,后者需要订购数字对象格式注册登记系统的相关服务。

6.2.3.1.2 保存环境监控结果的评估

应该对保存环境监控结果进行评估,从而判断是否需要实施保存策略,以及什么时间实施。这种评估有助于保存策略实施的及时性。

6.2.3.1.3 保存策略的实施

保存策略目前主要有数字迁移和数字仿真两种。

数字迁移需要编制格式转换程序,将格式过时的 AIP 中数字对象转换为新格式,并更新 AIP 中的相应表征信息。

数字仿真需要设计仿真工具,但不改变 AIP 中数字对象的格式和相应表征信息。

DPS应该针对格式即将过时的数字资源采取上述两类保存策略分别进行中型实验，根据实验结果选择合适的保存策略。

在保存多种格式数字资源的DPS中，保存策略的实施对象局限于格式即将过时的那部分数字资源。在保存格式单一的数字资源的DPS中，保存策略的实施对象应为全部数字资源。

6.2.3.1.4 保存策略实施的有效性

在保存策略实施后的一段时间内，应该对其有效性进行调查。

有效的保存策略实施后，用户能够理解和使用相应的数字资源。因此，对保存策略实施的有效性的评判来自于用户。在实际操作过程中，如果一个DPS服务的目标用户群体比较宽泛，则可以选择有代表性的用户进行调查；否则，应该全面调查。

6.2.3.2 保存型元数据

它是用来描述数字对象保存特征的元数据，是由数字保存系统运行组织管理的一种内部数据。这种数据不被用户使用，只用于数字对象的长期保存。

6.2.3.2.1 保存型元数据元素的描述

参照OCLC/RLG提出的保存型元数据框架，DPS的保存型元数据元素描述应该至少包括名称、类型、定义、数据类型、注释。

名称是指元数据元素的名称。

类型包括"必须"和"推荐"两种，前者是指数字对象长期保存所必须具备的元素，后者是指有利于数字对象长期保存的实施而推荐的元素。

定义是对元素概念与内涵的说明。

数据类型是指元素描述值的数据类型，包括字符型、数字型、日期型等。

注释是指元素应用或描述的说明。

6.2.3.2.2 保存型元数据的分类

应该至少分为四类：数字对象识别元数据、数字对象生产元数据、数字对象修改元数据和产权管理元数据。

数字对象识别元数据是有关数字对象识别信息的描述和记录，在长期保存过程中，起着对单件数字对象的产生和收藏进行有效识别的作用。

数字对象生产元数据是对数字对象生产过程信息的描述和记录。

数字对象修改元数据是用于记录数字对象长期保存过程中的改变情况。

产权管理元数据是用来记录和识别数字对象的产权状态,在数字对象长期保存过程中,产权状态不仅影响其发布,而且还可能限制其迁移和应用的方式。

6.2.3.2.3 数字对象识别元数据

应该包括的元素至少有:数字对象标志符、数字对象标题、生产或保存数字资源的机构标志符。如果数字对象来源于信息资源数字化的产品,则该类元数据包括的元素还应该有:原始信息资源的标题、原始信息资源收藏机构标志符。

6.2.3.2.4 数字对象生产元数据

应该包括的元素至少有:生产日期、生产者、压缩方式、文件格式。如果数字对象来源于信息资源数字化的产品,该类元数据包括的元素还应该有:数字抓取的硬件及其附属设备、数字抓取的软件及其设置信息、数字对象处理软件及其设置信息。

6.2.3.2.5 数字对象修改元数据

应至少包括两个元素:修改日期、修改历史。

6.2.3.2.6 产权管理元数据

应至少包括产权状态元素。如果数字对象来源于信息资源数字化的产品,则该类元数据还应该包括原始信息资源的出版日期元素。

6.2.4 数字资源检索

6.2.4.1 检索语言

6.2.4.1.1 主题语言

对于有相关受控词表支持的文本型的描述型元数据元素,DPS应该采用该词表进行主题标引和检索,并应采用关键词标引和检索作为补充(见6.2.4.1.2)。

6.2.4.1.2 自然语言

对于无相关受控词表支持的文本型的描述型元数据元素，DPS 应采用关键词标引和检索，并应辅助于字段级顺序扫描检索（见 6.2.4.2.5），如题名字段、文摘字段、参考文献字段等。

6.2.4.1.3 分类语言

对于有相关分类表支持的描述型元数据元素，DPS 应采用该分类表进行分类标引，并根据该分类表设计分类导航，实现分类检索。

对于无相关分类表支持的描述型元数据元素，DPS 应自行设计一个实用的分类表，进行分类标引，并基于该分类表设计分类导航，实现分类检索。

6.2.4.2 检索方式

向用户提供的检索方式应至少包括：简单检索、组合检索、二次检索、分类检索、字段级顺序扫描检索、相似检索和后控词表检索等。

6.2.4.2.1 简单检索

提供单项表单式检索式输入。检索式可以是单个检索词，也可以是由布尔逻辑运算符连接的多个检索词。检索词可以是精确检索词、模糊匹配检索词、各类限定检索词等。可以对检索范围进行限制（如时间范围、数据库、文献类型、语种等）。

同时，应向用户提供检索结果显示的相关选择，至少包括显示方式、排序方式和单屏幕显示数量的选择。

也可与分类导航组合使用，实现在所选分类范围内进行简单检索。

6.2.4.2.2 组合检索

它也可称为高级检索。提供多项表单式检索式输入，检索词之间选择布尔逻辑运算符进行组合。检索词可以是精确检索词、模糊匹配检索词、各类限定检索词等。可以对检索范围进行限制（如时间范围、数据库、文献类型、语种等）。

同时，应向用户提供检索结果显示的相关选择，至少包括显示方式、排序方式和单屏幕显示数量的选择。

它也可与分类导航组合使用，实现在所选分类范围内进行组合检索。

6.2.4.2.3 二次检索

对前一次检索结果再进行的检索。DPS 提供的二次检索的次数应该没有限制。

6.2.4.2.4 分类导航检索

应该基于所选的分类表或自编的分类表，设计实现分类导航系统，提供分类检索。

分类导航可以弥补各种基于元数据元素内容检索或字符串检索的系统性欠佳和难以"鸟瞰全貌"的缺陷。

6.2.4.2.5 字段级顺序扫描检索

对于没有设置元数据元素的字段，DPS 应该提供顺序扫描功能，以支持这类字段中的字符串检索。

应该以温度计方式显示这类检索的进度。

顺序扫描是一种基于顺排档的检索，其前提是被扫描字段的内容具有计算机可识别性。当被扫描内容比较多时，这种检索的速度比较慢。DPS 应该采取必要措施保证检索速度在用户可容忍的范围内。

6.2.4.2.6 相似检索

指定某一特定文献作为参照，检索出与指定文献内容相近的其他文献。

相似检索的前提是构造反映文献内容的特征向量和设置命中文献的相似度值。比较计算被检文献向量特征与作为参照文献的向量特征之间的相似度的值，当该值大于或等于设置值时，被检文献命中。

6.2.4.2.7 后控词表检索

它也可称为概念检索。在提供关键词检索的 DPS 中，应该建立后控词表文档，提供后控词表检索方式，提高检索效率。

后控词表的建立和维护方法有下述两种，DPS 应该根据需要选择其中之一。

（1）人工建立与维护。由专家收集词汇，并分析它们之间的语义关系，将同义词及近义词进行聚类，形成后控词表的文档。检索时，系统将用户输入的检索式中每一个检索词在该文档中查找，并将与检索词相聚类的所有词进行逻辑"或"连接，自动形成新的检索式，再按照新的检索式进行检索。

（2）自动建立与维护。检索系统捕捉检索式中用逻辑"或"连接起来的检索词，并将它们进行聚类，从而形成后控词表的初表。日积月累，后控词表逐渐完善。这种方式建立的后控词表的质量取决于用户构造的检索式的质量。由于用户在构造检索式时随机性较大，再加上用逻辑"或"连接起来的检索词的关系除了同义关系和近义关系外，还会有其他关系，所以这种方法构建的后控词表的质量难以得到保障。为了提高后控词表的质量，人工干预是一种手段。

上述第一种方法建立的后控词表质量能保障，但人工工作量大，第二种方法建立的后控词表质量较差，但人工工作量小。

6.2.4.3 检索功能

6.2.4.3.1 精确匹配检索

应该提供完全匹配和精确包含匹配两种类型的精确匹配检索。

完全匹配是指元数据元素的内容与检索词完全相同，适用于文本型的元数据元素的检索和数值型的元数据元素的检索。

扩展的完全匹配还包括距离匹配和位置匹配。

距离匹配是指给定两个检索词及其之间的距离，被检文献内容包含给定的两个检索词，且两个检索词在被检文献中出现的位置之间的距离与给定值相匹配。

位置匹配是指给定两个检索词及其两者之间的位置关系，被检文献内容中包含给定的两个检索词，且两个检索词之间的位置关系与给定的位置关系相匹配。包括同句位置匹配和同段位置匹配：

（1）同句位置匹配是指给定两个检索词，被检文献内容中包含给定的两个检索词，且两个检索词在被检文献内容中出现在同一句中。

（2）同段位置匹配是指给定两个检索词，被检文献内容中包含给定的两个检索词，且两个检索词在被检文献内容中出现在同一段落中。

精确包含匹配是指元数据元素内容的任意位置包含检索词,仅适用于文本型的元数据元素检索。

6.2.4.3.2 模糊匹配检索

应该提供下述类型的模糊匹配检索:

(1) 右截词匹配。它是指元数据元素内容左方与检索词中的词素相同,而右方的有限或无限个字符不影响其检索结果。适用于字符型元数据元素的检索。

(2) 模糊包含匹配。它是指元数据元素内容的任意位置包含检索词中的词素。适用于字符型元数据元素的检索。

(3) 词频匹配。它是指输入一个检索词和一个数值,要求该检索词在被检文献内容中出现的次数不小于该数值。

(4) 范围匹配。它是指给定检索词,通过>、≥、<、≤等比较运算符,确定一个范围,要求检索元数据元素中的内容在给定的范围内。

6.2.4.3.3 通配符匹配检索

应该提供检索词中使用通配符匹配的检索。通配符表示一个或多个字符。适用于字符型元数据元素的检索。

常用的通配符有"*"和"?"两种,其中,"*"表示零个或任意多个字符,"?"表示一个字符。

6.2.4.3.4 限定检索

应该至少提供字段限定、语种限定和范围限定等三种类型的限定检索。

字段限定检索是指限定检索词必须出现在某一个字段中,如题名字段中、文摘字段中等。

语种限定检索是指限定被检文献的语种。这是基于语种编码倒排档的一种检索方式,一般作为辅助检索方式使用。

范围限定检索包括时间范围限定检索和数值型范围限定检索两种。前者适用于日期型元数据元素,后者适用于数值型元数据元素。

6.2.4.3.5 布尔逻辑检索

检索式中检索词之间的逻辑关系以布尔逻辑运算符来界定。

DPS 应提供三种布尔逻辑符：逻辑与、逻辑非、逻辑或。

应该提供一种布尔逻辑运算符的运算次序。对于运算级别相同的运算符，检索式中左边出现的运算符优先。DPS 应该设置"( )"改变运算次序。

"逻辑与"适用于交叉概念或限定关系检索词之间的组配，具有缩小检索范围、提高检准率的效果。

"逻辑非"适用于排除不希望出现的检索词，具有缩小命中文献的范围、提高检准率的效果。

"逻辑或"适用于并列概念或同义概念关系检索词之间的组配，具有扩大检索范围、提高检全率的效果。

6.2.4.3.6 词典式输入检索

检索词的输入由用户从在线词典中选择实现。多个检索词之间的运算符可以由 DPS 约定，也可以由用户从运算符列表中选择。

词典应该是倒排档中的索引词，并辅助以每个索引词的文献登录数。

6.2.4.4 检索结果

6.2.4.4.1 检索结果的显示

（1）分屏显示。

应该提供检索结果的分屏显示，并应该设置每个屏幕显示的默认记录个数的参数，该参数的值应允许用户修改。

（2）显示方式。

应该至少提供题录和细览两种显示方式，并应提供显示方式的选择功能。

题录显示方式应至少包括文献题名、作者、出版发表日期等。

细览显示方式应至少包括文献题名、作者、出版发表日期、机构、来源、摘要等。

6.2.4.4.2 检索结果的排序

（1）排序方式。

应至少提供简单排序、复合排序和二次排序等三种显示排序方式，并应提供显示排序方式的选择功能。

简单排序是按一种文献特征对检索结果进行排序。

复合排序按两种或两种以上的文献特征对检索结果进行排序。

二次排序在已排序的结果上再按另一种文献特征进行排序。二次排序的次数应该无限制。

（2）可作为排序的文献特征。

应该将相关性作为默认排序特征，并应向用户提供排序特征的选择。

应该至少选择下述文献特征作为排序依据：文献的相关性、题名、作者、出版发表时间、来源、引文频次、分类、作者机构、下载次数等。

6.2.4.4.3 文献浏览与下载

应该在检索结果显示窗口中提供调出文献全文的超级链接，超级链接应该隐含在文献题名之中，并应保证超级链接的有效性。

应该向有下载权限的用户提供文献全文的下载功能，下载的文献全文应能进行阅读和打印。

6.2.4.4.4 检索结果的保存

应该提供检索结果的保存功能。应能提供选择性保存，仅对所选择的检索结果进行保存。

保存的检索结果内容应至少包括文献题录、作者、出版发表日期和摘要等内容。并应设计多种不同保存格式供用户选择。

6.2.4.5 检索效率

6.2.4.5.1 检全率

在对于按元数据元素索引的字段进行检索时，检全率应该达到90%。

在对于无元数据元素索引的字段进行字段级全文扫描检索时，检全率应该达到100%。

分类检索的检全率应该达到95%。

6.2.4.5.2 检准率

在对于按元数据元素索引的字段进行检索时，检准率应该达到95%。

在对于无元数据元素索引的字段进行字段级全文扫描检索时，检准率应该达到90%。

分类检索的检准率应该达到95%。

6.2.4.5.3 检索速度

对于字段级顺序扫描检索方式，在一般情况下，检索速度比较慢，响应时间比较长，系统应该设置检索进度可视图（如进度计）。

对于其他类型的检索方式，一个常规的要求是响应时间应该在用户可接受的范围之内。这个时间一般取值为5秒钟。

6.3 用户服务质量标准

6.3.1 目标用户群体

在ISO14721《OAIS参考模型》中，目标用户群体被界定为"一个可以理解特定信息集合的数字资源消费者。一个目标用户群体可以由多个用户群体组成"。

6.3.1.1 目标用户群体的界定

应该明确界定其目标用户群体。

界定目标用户群体的基本依据应该包括：（1）DPS与数字资源提供者签订的服务协议；（2）DPS确定的服务范围；（3）保存数字资源的预期用途。

目标用户群体界定的初始时间是DPS的规划设计阶段。在后续的系统实施和运行阶段，DPS应该完善目标用户群体的界定。

6.3.1.2 目标用户群体的描述

目标用户群体描述应该尽可能详细。

虽然没有一个固定的模式，但这种描述应该包括目标用户群体的基本特征，比如，包括哪些群体的人？他们的知识水平有多高？他们期望得到什么样的服务？等等。

下面是三个目标用户群体描述的示例：

（1）高中或以上文化程度，具有英语阅读能力，并且拥有Web浏览器使用技能的普通大众。

（2）GIS研究人员，大学本科或以上学历，能理解地理学方面的数据，并拥有目前 GIS 工具或计算机软件。

（3）天文学家，大学本科或以上学历，熟悉天文光谱设备，并拥有相关软件。

目标用户群体的描述应在 DPS 与数字资源提供者所签订的协议中以及与用户签订的协议中予以详细说明。

6.3.1.3 目标用户群体的公开声明

应该公开声明目标用户群体的类型。

DPS 可以通过多种渠道公开这类信息，如 DPS 的网站以及其他公共媒介等。对目标用户群体类型的公开声明将有助于用户判断 DPS 提供的服务是否是自己所需要的。

6.3.1.4 目标用户群体与数字资源说明

应该与目标用户群体协商对所保存的数字资源进行必要说明。

DPS 应该在与目标用户群体协商的基础上，对保存的数字资源进行说明，以便目标用户群体的理解。不同类型的数字资源，目标用户群体可能不同，DPS 所作的说明详尽程度也不尽一样。对数字资源的说明大致有四种类型：其一是 DPS 只向目标用户群体提供二进制比特流，不作任何说明；其二是向目标用户群体说明对数字资源的理解需要 DPS 以外的其他帮助；其三是向目标用户群体提供数字资源的相关表征信息来帮助理解其内容信息；其四是说明使用数字资源所需的工具。

6.3.2 描述型元数据要求

6.3.2.1 描述型元数据的设置

描述型元数据的设置应以能够满足用户访问需要为原则。

该原则并不意味着元数据的设置要对所有用户的所有请求都给予满足。相反，DPS 应重点关注具有代表性的用户需要。例如，一个保存物理学科学的 DPS，它的主要目标用户群体是拥有物理学博士学位的人，一个中学生无法利用系统的元数据信息有效地查找系统保存的数字资源是可以接受的。

如果一个 DPS 为多个用户群体服务，并且这些用户群体的服务需求各不相同，那么系统就应根据不同的数字资源设置不同的元数据。比如,一个 DPS 保存了数字电影和数字音乐两种不同的数字资源,那么它们所采用的描述型元数据方案也不一样。

6.3.2.2 描述型元数据的创建

应该为所保存的每件数字对象创建能够满足用户访问要求的元数据描述信息。

元数据描述信息的创建有两种常用方法:其一是在 DPS 与数字资源提供者签订的协议中,明确规定提交 SIP 的同时提供元数据描述信息,并规定元数据描述信息的种类、数量和质量,如果所提交元数据描述信息不充分,则 DPS 进行补充、完善和修改;其二是在接受 SIP 后,DPS 添加元数据描述信息。

6.3.2.3 描述型元数据方案的选择

要么采用标准的描述型元数据方案,要么构建一个适合自己的描述型元数据方案。

在选择描述型元数据方案时,应该遵循的基本原则有:

(1) 对已经实施的相似的 DPS 所采用的元数据方案进行全面调研,这有助于选择合适的元数据方案,元数据方案在 DPS 之间的通用性比较强。

(2) 对现有的元数据方案进行比较分析,结合 DPS 保存的数字资源的类型和目标用户群体从中选择。除非与已有的元数据方案差距甚大,建议不要构建一个全新的元数据方案。

(3) 除非有足够的理由;否则,Dublin Core 模型中的描述项应该包括在所制定的元数据方案之中。如果系统基于现有的元数据模型而构建了一个适合自己的元数据方案,那么,应该描绘出该元数据方案与 Dublin Core 之间的关联图。

(4) 元数据跨系统操作。系统应尽可能采用标准的元数据方案,以便与其他 DPS 的元数据方案兼容和转移,实现跨库检索。

(5) 对元数据方案中每个元素值的描述也应该标准化,有助于保障检索效率。采用受控语言是实现元数据元素值描述标准化的一个有效方法。

6.3.2.4 描述型元数据参照完整性的建立

应该构建数字对象与元数据描述信息之间的参照完整性。

每一件数字对象都须有相关的元数据描述信息，每一项元数据描述信息都应该至少指向一件数字对象，这种关系就构成了数字对象与元数据描述信息之间的参照完整性。在 AIP 的长期保存过程中，这种参照完整性应该自始至终有效。

数字对象与元数据描述信息之间的参照完整性并不意味着它们必须是一一对应关系，也不意味着它们必须捆绑存储。实际上，元数据元素具有等级性，这种等级性使得级别高的元素可以同时与多个数字对象建立关联。另外，数字对象与元数据描述信息可以分开存储，这既有利于提高保存效率，但同时也给这种参照完整性的维护增加了难度。

6.3.2.5 描述型元数据参照完整性的维护

应该对数字对象与元数据描述信息之间的参照完整性进行定期检查，确保它们之间参照完整性的有效。

DPS 的有些操作可能会对数字对象唯一标志符产生影响，导致数字对象与元数据描述信息之间的参照断链。因此，系统应该定期检查它们之间的参照链接，确保断链及时得到恢复。

6.3.3 用户服务政策

应该制定用户服务政策，清晰说明服务承诺与服务限制。

由于系统目标和目标用户群体的差异，不同 DPS 的服务政策可能不同。用户服务政策包括的基本内容应该有：服务类型、服务方式、服务价格、服务的用户范围、可访问的数字资源范围、可访问的数字资源产权限制、用户访问记录内容以及涉及个人隐私的说明、访问时间限制等。

用户服务政策应该通过各种方式向用户公开，如 DPS 网站、各种宣传资料等。

DPS 并不一定必须制订并遵循严格的服务标准。一些 DPS 只需作出相应的服务承诺即可，比如，"我们一般会在 48 小时内把您订购的数字资源发送给您，如果是特殊数字资源无法在 48 小时内发出，我们会通过电子邮件通知您"。如果 DPS 作出了服务承诺，那么就必须兑现。一些小型 DPS 可能连明确的服务承诺都无法提供,那么,它们可以向用户说明订购的周期取决于员工的繁忙程度,但是系统应能保证用户可以通过网站、电子邮件或者电话来查询订购状态。

满足用户需求并不意味着简单地向所有用户提供访问服务。一个DPS的目标用户群体可能由各种不同类型的用户组成,根据DPS的服务政策或者与数字资源提供者签订的协议,不同用户群体对数字资源的访问权限可能不同,因此,DPS应该保证严格按照预先制定的政策或协议向用户提供数字资源的访问权限。

在一些极端的情况下,有些DPS可能不允许任何人访问其保存的数字资源,除非得到法院的许可,此时,DPS保存的数字资源可能是高度机密的信息,更有甚者,DPS甚至不允许公众了解它究竟保存了什么样的数字资源。

上述服务方式都是可行的,只要DPS能清晰明确地制定服务政策,并严格执行。

6.3.4 用户访问管理

6.3.4.1 用户访问权限的限定

应该根据数字资源提供者的要求对用户的访问权限进行控制,以保护有产权限制的数字资源的产权。

数字访问控制一般是规定哪些人允许访问哪些信息,但是也可能会更复杂。比如,规定未注册用户一年只能免费下载十篇文章,或者限定系统的数据只能用于非商业用途,等等。如果一个DPS是对公众开放存取的,那么它只需证明所有用户都可以免费下载即可。如果DPS只针对固定的用户群体服务,那么它应该能够保证非法用户无法访问其数据资源,如可以通过用户IP地址限制等方式来进行控制。DPS还应该保证合法用户可以不受限制的访问数字资源。假如一个DPS为多种不同的用户群体服务,就应该制定有针对性的不同的服务政策来满足不同用户的需求。为了保证数字资源的知识产权不受侵害,DPS可以要求用户在获取数字信息前签订数据保密协议,比如,要求用户保证获取的数字信息只用于教学或研究,不做商业用途,不进行非法的复制,等等。同时,还应对已签订的保密协议妥善保存，以备有争议时使用。

6.3.4.2 用户访问请求的反馈

应该保证用户的每个访问请求在规定时间内给予响应，明确通知用户该请求被接收还是被拒绝。

用户的任何一个访问请求最终只有两种结果：要么接受，要么拒绝。反馈的时间不仅取决于用户需求的类型，而且还取决于 DPS 本身。尽管如此，DPS 应该设定一个最长的反馈时间限制，这种时限应该在用户可接受的范围内。

6.3.4.3 用户访问结果

应该向用户提供与其需求相匹配的 DIP，否则应向用户详细说明无法满足其需求的原因。

用户可以接受的访问结果有：（1）用户收到所需的完整的 DIP；（2）用户被告知其要求无法被满足；（3）用户被告知其要求只能部分满足，并收到所需 DIP 的部分内容。

用户不能接受的访问结果有：（1）用户的需求只能部分满足，并收到所需 DIP 的部分内容，但 DPS 并未向用户说明部分满足的原因；（2）暂时无法为用户提供数据，却不向用户作任何说明，也没有何时能提供数据的通知；（3）虽然用户被告知其请求无法满足，但却收到 DPS 提供的 DIP，而用户无法确定 DIP 的合法性和完整性。

一个理想的 DPS 应能满足用户的各种需求，比如，当用户需求一个文件时，系统就应当提供相应的文件；当用户需求一个信息集合时，系统就应当提供相应的信息集合。然而，现实的 DPS 常常无法满足用户的一些需求，此时就应该向用户详细说明原因。

6.3.4.4 DIP 的正确性和完整性

应该保证向用户提供的 DIP 是正确的和完整的。

从 AIP 生成 DIP，大多涉及复杂转换（尤其是格式转换），DPS 应该保证转换过程的正确性和完整性。

比如，假设一个 DPS 存储的 AIP 格式是 TIFF，而用户要求提供的格式为 JPEG，这时系统就要对其进行格式转换。在数据转换过程中，除格式外，DPS 应该确保没有其他数据丢失和改变。

6.3.4.5 DIP 的可追溯性

应该保证向用户提供的 DIP 具有可追溯性。

DIP 的可追溯性是指能够如实再现原始数字资源,确保 DIP 的可信任性。一般来说,追溯到采集时的原始样本,但有些与法律相关的数据可能会要求追溯更远。

DIP 的生成有四种情况:(1) DIP 是 AIP 的一个拷贝副本;(2) DIP 是 AIP 进行格式转换的数字资源,这种转换有的很简单,如 TIFF 转换为 JPEG,但有的很复杂,如 AIP 是音频文件,用户需求是该音频的脚本,该转化需要利用声音识别软件对音频进行自动识别,提取文本信息,有时还需要人工核对;(3) DIP 是若干件 AIP 分割重组而成的数字资源,如用户需求是一段时间内所有电子出版物(每本电子出版物是一件完整的 AIP)的扉页;(4) DIP 是一件 AIP 的一部分,如用户需求是一个数据表(该数据表是一件完整的 AIP)中若干列或(和)若干行的数据。上述第一种情况的追溯证实比较容易,但后三种情况比较复杂。

除非用户需要;否则,DPS 无须向用户出具每件 DIP 的可信任证明。

6.3.4.6 用户访问失败管理

应该记录所有的访问失败,并由人工进行审核。

这种记录应由系统自动生成。访问失败可能是因为用户的行为对系统安全构成威胁所导致,也可能是因为系统本身造成的(如合法用户访问遭到拒绝)。因此,DPS 应区分正常的访问失败和非正常的访问失败,并对后者的原因进行分析,从而发现系统是否存在安全隐患和访问漏洞。

6.3.4.7 用户访问的记录(见 6.1.3.2 和 6.1.3.3)

应该对用户的访问进行记录,并形成用户访问日志文档。

通过对用户访问的记录可以进行一些相关数据的监控,比如,访问高峰时间段、用户群集中地区等。但具体记录哪些信息,DPS 在访问政策中要进行详细说明,涉及用户个人隐私的信息应该得到保护。

一般来说,DPS 只需对符合系统要求的访问行为进行记录,这样就大大减少记录量。比如，一些 DPS 可能只需记录什么信息被访问，而不用记录是谁访问了这些信息；而另一些则可能两者均需记录。又如，DPS 可以只记录用户的数据下载量，而不去统计仅浏览但没有下载的数字资源。另外，这种记录还应考虑：是否对数字资源的访问情况进行了有效监控？是否生成了统计数据？这些统计数据的作用如何？等等。DPS 对用户访问行为的记录政策应根据自己实际需求制定。

6.3.5 数字资源的用户可用性与可理解性

6.3.5.1 数字资源的用户可用性

应该对 AIP 的可用性进行检验。

DPS 可采用随机抽样方法，定期或不定期地对 AIP 进行可用性测试。当测试结果表明 AIP 出现可用性危机时，DPS 应该采取相应措施（如格式转换、增加表征信息等）保证这种可用性的合理延续。

6.3.5.2 数字资源的用户可理解性

应该保证每件 AIP 内容信息的用户可理解性。

DPS 应该制定测试 AIP 内容信息的程序，并定期启用该程序对每件 AIP 的用户可理解性进行测试。对于没有通过测试的 AIP，DPS 应该采取措施，确保目标用户群体对其内容信息的可理解。

比如，AIP 中数字对象的内容信息采用一种即将消失的语言书写，而用户已经不再使用这种语言，那么，该 AIP 的内容信息对用户就不具有可理解性，DPS 就应该采取措施，如将该 AIP 内容信息翻译为用户可理解的语言，或提供一个词典。

6.4 技术支持质量标准

6.4.1 数据备份

6.4.1.1 数据备份的份数、存储位置和备份介质

数据备份应至少拥有一件本地副本和一件远程副本。远程副本

应该存储在与 DPS 本地足够远的地点。

数据备份的存储位置应该准确定位。在存储介质或者存储子系统中，存储位置可以是物理位置，也可以是逻辑位置。根据数据完整性机制的要求，使用新副本代替失效副本时，DPS 应给予详细记录。

数据备份的存储介质应该定期测试，以确保有效性。

针对不同类型的数字资源，同一 DPS 可能会执行不同政策，产生不同数量的副本，这主要取决于以下因素：数字资源生产者、数字资源类型、数字资源的内容价值等。有些 DPS 为了节省存储空间和方便操作，对保存的所有数字资源仅产生一个副本，并且所有副本均存放在同一位置，但这种做法不利于长期保存。

验证存储位置正确性的一种方法是，随机抽取数字对象，确定其副本数量，并寻求其所存储的介质和具体位置。

6.4.1.2 数据备份的同步更新

应该具有一个同步更新机制，协调数字资源的各种副本之间的同步更新。

实现同步更新操作的方法可以是自动的，也可以是人工的。同步更新所需时间取决于系统设置和更新的数据量。同步更新结束后，DPS 应该返回准确的开始时间和完成时间。

应该对同步更新过程进行记录，并制定同步更新过程中突发性事件的应对方案。比如，在同步更新过程中如果出现意外故障，某一副本无法完成更新，系统应该能够确保对该副本进行成功恢复，之后再次进行同步更新操作。

6.4.2 损坏和丢失数据的检测与恢复

6.4.2.1 检测

应该检测 AIP 的损坏和丢失情况。包括检测对象、检测方法与工具、检测周期。

检测内容应该全面。比如，AIP 的总体损坏和丢失的数量，单件 AIP 的损坏程度，AIP 副本的错误，相关元数据及其与数字对象之间对应关系的错误等。

检测方法与工具应该可靠。不能对数字资源造成损坏。如果采用自创的检测方法，那么DPS应该提供可信性证据，以证明这种方法的可靠性。

检测周期应该合理。应根据系统的实际情况设置检测周期，要防止长时间积累而导致数字资源的损坏和丢失的增加，超出系统允许的范围。

举例，一个DPS所保存的每件数字资源只有一件副本，如果经检测数字资源的原件和副本所保存的存储介质的自然损坏导致两者的数据丢失的概率分别是每年1%，那么它们同时丢失的概率就是每年0.01%。如果DPS允许的数据丢失率为每年不超过0.001%，那么就应该至少以一年的1/10为周期进行检测。这个例子仅仅说明了储存介质的自然损坏对数据丢失的影响，而在实际的操作过程中，导致数据丢失的因素更多，情况更复杂。

6.4.2.2 恢复、原因识别、记录

任何数据（包括元数据）的丢失或损坏都应该能够从备份中及时恢复，不允许累积。恢复的方式有修复和替代两种。应该检测数据恢复效果。

应该对数据损坏或丢失的原因进行识别。可能是软件原因，也可能是硬件原因，还可能是操作程序或管理的原因。DPS应该对原因进行及时纠正，从而降低未来数据丢失的风险。

应该详细记录数字资源损坏和丢失事例。记录中应说明数据损坏和丢失的原因、所采取的恢复措施、恢复效果的检测以及检测所用的标准等。

6.4.3 关键过程的变更

6.4.3.1 关键过程的识别

应该识别影响数字保存性能的关键过程。

关键过程的识别是对这些过程实施监控的前提，也是测试这些过程的变更对数字保存性能影响的基础。这三个环节的操作目的在于确保关键过程对履行数字保存相应职责的持续性。

关键过程很多，如数字资源获取、数字资源存储、数字资源访

问以及安全等。数字保存职责如数字资源真实性、完整性、产权保护等。

6.4.3.2 关键过程变更的记录

应该对关键过程的变更进行记录，其目的在于确保这些变更具有可追溯性。

记录的内容包括变更的内容和变更的时间。当某个关键过程的变更导致了不利结果时，该项记录有利于该关键过程还原到变更前状态。

6.4.3.3 关键过程变更的效果测试与变更复原

在关键过程变更之前，DPS 应该进行实验，测试效果。在确保效果理想的前提下，设计并验证其复原程序，保证该项操作的可逆性。在实际变更操作过程中，监控系统运行状况，若出现不可接受的情况，则应将变更恢复到原来状态。

对关键过程变更的效果测试对象可能是整个系统，也可能是系统的一个具体模块。这种类型的测试成本较高，尤其是对整个系统的测试成本更高。

6.4.4 软 件

6.4.4.1 软件性能原则

安装的软件性能应该以满足 DPS 各项功能的实现为基本原则。

DPS 基本功能主要包括：数字资源的获取、数字资源保存、数字资源管理、用户访问、保存策略制定与实施、系统安全等。DPS 应该确保软件性能支持上述功能的实现，并与硬件系统相兼容。

系统功能可能变化，软件性能应该随着更新。比如，用户的服务需求发生变化就可能要求软件组件的相应改变，数字资源获取方针的改变就可能要求系统支持新的数据格式。软件性能的改变可能源自于 DPS 性能完善的需要，也可能来自于用户需求变化的需要，还可能来自于存储的数字资源规模增大的需要。

6.4.4.2 软件检测机制

应该制定一套完善的软件检测机制，保证运行在 DPS 中软件的安全性。

对软件安全性的最大威胁来自恶意代码。该项检测至少包括：检测恶意代码；清除恶意代码；修复被篡改的软件和数据；撰写检测报告（包括恶意代码名称、造成的危害、应对措施、数据和软件修复的工具和方法以及修复的效果等）。

软件检测需要收集各种恶意代码信息，收集的渠道很多，如订阅恶意代码邮件列表和检索提供恶意代码信息的Web站点。

软件检测也要防范外部风险。当外部文件或软件进入DPS前，应先将其隔离，检测其是否包含恶意代码。

6.4.4.3 软件技术环境监控

应该对软件技术环境进行监控，并形成监控报告。实施该项监控的目的在于判断DPS采用的软件技术是否过时，是否有新软件问世。

监控的方式包括：与软件供应商保持联系，获取软件技术更新信息以及最新产品；与其他具有同等保存资质的DPS进行沟通，了解所采用的软件技术；采用召开用户座谈会、咨询会、问卷调查等形式，了解对DPS软件的建议和需求。

6.4.4.4 软件技术环境监控信息的评估

应该对软件技术环境监控信息进行评估，从而判断是否需要进行软件更新，以及什么时间更新。这种评估有助于软件更新的及时性。

评估内容有：新软件技术的风险、成本、性能；新软件技术的风险与预期收益之间的权衡；新软件技术是否足够成熟以及新软件技术的采用对DPS可能产生的影响等。

6.4.4.5 软件的更新

软件更新的实施应该基于对软件技术环境监控信息的评估（见6.4.4.4）。

软件更新过程以不影响DPS正常运行为原则。

应该记录软件更新过程。

软件更新财务计划是DPS及时实施软件更新的前提，也是避免系统失效或系统性能受到影响的保障。

DPS软件是否更新虽然取决于其他DPS所采用的先进软件技

术的比例和用户的需求,但同时需要参照本系统的财力和人力成本。

6.4.5 硬　　件

6.4.5.1 硬件配置原则

硬件配置应该以满足 DPS 各项功能的实现为基本原则。

DPS 的功能主要包括:数字资源的获取、数字资源保存、数字资源管理、用户访问、保存策略的制定与实施、系统安全等。DPS 应该确保硬件性能支持上述功能的实现。

DPS 功能可能变化,硬件技术应该随着变化。比如,用户的服务需求发生变化就可能要求硬件技术的相应改变,数字资源获取方针的改变就可能要求存储介质的容量增加,保存方针的改变就可能要求新的存储介质。硬件技术的改变可能源自于 DPS 性能完善的需要,也可能来自于用户需求变化的需要,还可能来自于存储的数字资源规模增大的需要。

6.4.5.2 硬件检测机制

应该制定一套硬件检测机制,定期或不定期地对 DPS 硬件组件进行检测,并形成检测报告。

硬件发生故障主要原因有硬件自身的使用寿命和外在因素两方面。检测内容包括硬件状况、硬件可能故障点、硬件组件之间的互操作等。检测机制应包括检测周期、检测工具、检测人员和检测报告。

检测周期应根据具体硬件的特性而定。应该对 DPS 内所有硬件组件进行风险识别与归类,并进行风险级别鉴定,根据风险级别确定检测周期。对于关键性、高风险的硬件的检测周期应该缩短(见 6.1.5)。

检测工具应具有通用性和易操作性,不对硬件造成损伤。

检测人员不局限于本系统内,也可聘请专业的硬件检测专家。明确检测责任,将系统内每一个硬件检测责任落实到人。

检测人员应撰写检测报告,报告中应详细描述硬件运行状态以及发生故障的潜在可能性。

检测机制是为了预防潜在的硬件故障,但是对于预防硬件意外故障(如人为故意破坏、电压突然升高而引起的故障等)仍然具有一定的难度,需要与其他管理机制相结合才能预防硬件意外故障。

6.4.5.3 硬件技术环境监控

应该对硬件技术环境进行监控,并形成监控报告。

监控的方式包括:与硬件供应商保持联系,获取硬件技术更新信息以及最新产品;与其他具有同等保存资质的DPS进行沟通,了解采用的硬件技术;采用召开用户座谈会、咨询会、问卷调查等形式,了解其对DPS硬件的建议和需求。

6.4.5.4 硬件技术环境监控信息的评估

应该对硬件技术环境监控信息进行评估,从而判断是否需要进行硬件更新,以及什么时间更新。这种评估有助于硬件更新的及时性。

评估内容有:新硬件技术的风险、成本、性能,新硬件技术的风险与预期收益之间的权衡,新硬件技术是否足够成熟,以及新硬件技术的采用对DPS产生的可能影响等。

6.4.5.5 硬件的更新

硬件更新应该基于硬件技术环境监控信息的评估(见6.4.5.4)和硬件的期望寿命。

应该识别每类硬件的期望寿命,并在期望寿命到达之前进行更新。

应该记录硬件更新过程。

存储介质的更新,应该事先对其存储的有用数据进行备份,并对备份操作进行正确性的验证。

硬件更新过程应以不影响DPS正常运行为原则。

硬件更新应该有硬件更新财务计划。

6.4.6 系统安全

6.4.6.1 系统安全方针文件

应该制定DPS安全方针文件。

该文件应由管理者批准、发布并传达给所有员工和外部相关方,并且应按计划的时间间隔或当外部环境发生重大变化时对其进行评审。

DPS 安全方针文件应包括以下主要内容:

(1) 系统安全的范围和目标。

(2) 系统安全的管理责任。应该将安全责任落实到每一个工作岗位。

(3) 支持该方针的参考文件。比如,细化的系统安全策略,特定的操作程序,用户应该遵守的安全规则等。

评审应包括评估系统安全方针是否存在改进机会、是否适应系统环境、是否符合业务状况、是否符合相关法律等。

系统安全方针仅是从宏观上对系统安全进行规范,在具体的操作中,需要将系统安全方针进行细化,以应对任何一种情况的安全风险。

6.4.6.2 硬件设备安全

对于处理敏感数据的硬件设备,应该安置在可限制观测的位置。

对于需要特殊保护的硬件设备,应该进行隔离。

对于硬件设备的运行有负面影响的环境条件(如温度和湿度),应该进行监视。

对于由支持性设施的失效而可能引起的电源和其他中断的硬件设备,应该有防范措施。

硬件设备应该按照供应商推荐的服务时间间隔和说明书由已授权人员进行正确维护,且有维护记录。

对于拟报废或再利用的存储介质,应该检查其存储的敏感信息和注册软件被安全删除后报废,或安全覆盖后再利用。

6.4.6.3 软件程序安全(见 6.4.4.2)

应该具有禁止使用未授权软件的文件。

应该具有对恶意代码的控制措施,包括对恶意代码的检测、预防和恢复。

应该安装并定期更新恶意代码检测与修复软件。

应该具有提高操作人员和用户对恶意代码防范意识的程序。

6.4.6.4 物理环境安全

应该设置安全区域的物理边界的保护,包括适当的安全屏障和入口控制,以确保安全区域内的数字资源处理设施在物理上避免未授权的访问、损坏和干扰。

应该对可能的外部和环境威胁设计和采取物理保护措施。这类威胁包括火灾、洪水、地震、爆炸以及其他形式的自然灾难或人为灾难引起的破坏。

6.4.6.5 人力资源安全

6.4.6.5.1 员工聘用之前

应该制定员工聘用规范。员工聘用应该按照员工聘用规范实施。

聘用规范包括岗位安全职责的确定、拟聘员工的背景验证调查、聘用合同的签署。

员工聘用前,DPS 应该确定岗位安全职责,拟聘员工应理解岗位的安全角色和职责。岗位安全职责应该根据 DPS 的信息安全方针,并形成文件。

对拟聘用员工的背景验证调查查应按照相关法律法规、道德规范和对应岗位要求、被访问信息的类别以及已觉察的风险实施。

聘用员工应该签署聘用合同,该合同中应该包括员工所承担的信息安全职责的条款。

6.4.6.5.2 员工聘用期间

员工应该根据签署的聘用合同,全面承担对 DPS 的安全职责。

员工应该受到来自 DPS 的信息安全意识的培训。

对于安全违规的员工,DPS 应该有一个正式的纪律处分程序。

6.4.6.5.3 聘用终止或聘用变更

当员工与 DPS 解除聘用关系或聘用变更时,应按照规定的程序办理离职手续或聘用变更手续。

员工离职手续包括归还资产、撤销访问权限两个方面。

员工离职前,应归还系统给其发放的软件、文件、计算机等所有资产。

员工离职后，应删除其对信息和信息处理设施的访问权限。对于聘用变更的员工，应将其对信息和信息处理设施的访问权限进行调整。

7 数字保存系统质量认证

7.1 数字保存系统质量认证实施方案

本《数字保存系统质量认证实施方案》的编制原则为：

（1）遵循《中华人民共和国认证认可条例》（2003年9月3日国务院令第390号公布）的有关规定。

（2）沿用中华人民共和国国家标准GB/T19011-2003《质量和（或）环境管理体系审核指南》的框架。该国家标准对应于国际标准ISO19011：2002。该标准在ISO引言中对适用范围的陈述为"尽管本国际标准适用于质量和（或）环境管理体系的审核，使用者可以考虑通过适当修改或扩展所提供的指南以适用于其他领域的审核"。并且在适用范围条款中声明"本标准原则上可适用于其他领域的审核，在这种情况下，需要特别注意识别审核组成员所需的能力"。

（3）采用中环联合（北京）认证中心有限公司出版的《ISO14001环境管理体系国家注册审核员培训教程》（中国环境科学出版社，2007）中有关认证审核的共性内容，并用数字保存系统认证审核的专业内容取代该《教程》中的环境管理体系的专业内容。该《教程》是GB/T19011-2003《质量和（或）环境管理体系审核指南》的细化。

7.1.1 认证实施程序与认证审核原则

7.1.1.1 认证实施程序

认证实施程序包括一系列阶段。图7-1是数字保存系统认证实施程序的流程图。

7 数字保存系统质量认证

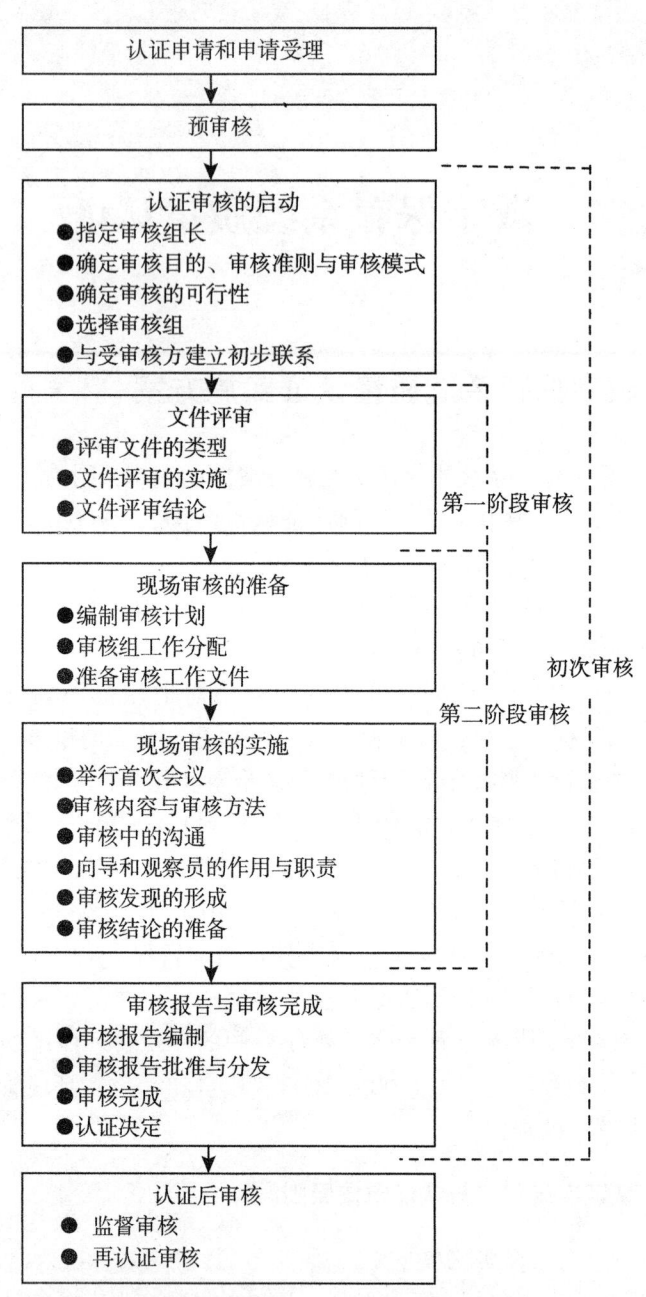

图 7-1 数字保存系统认证实施程序流程图

7.1.1.2 认证审核原则

由上节的认证实施程序可知,从本质上讲,数字保存系统的认证是审核员按照《数字保存系统质量保证标准》对受审核方的数字保存系统进行一系列认证审核的过程。为了确保认证的质量,审核员在实施审核过程中应该遵循一些基本原则。这些原则的遵循是得出正确的和充分的审核结论的前提,也是当审核员独立工作时,在相似的情况下,得出相似结论的基础。

审核员应遵循的基本审核原则有:

(1) 道德行为。该原则是从事审核活动职业的基础。诚信、正直、保守秘密和谨慎是该原则的基本要求。

(2) 公正表达。该原则是真实、准确地报告审核活动的基础。基于审核员审核活动而形成的审核发现、审核结论和审核报告应真实地和准确地反映审核活动。审核员应真实地和准确地报告在审核过程中遇到的重大障碍以及在审核组和受审核方之间没有解决的分歧。

(3) 职业素养。该原则要求审核员在审核过程中应勤于思考,勤奋工作并具有判断力。审核员应珍视认证机构和受审核方对自己的信任。具备必要的能力是履行该原则的一个重要因素。

(4) 独立性。该原则是审核的公正性和审核结论的客观性的必要条件。审核员应独立于受审核的活动,不带偏见,无利益冲突。审核员在审核过程中应坚持客观,保证审核发现和审核结论仅建立在审核证据的基础上。

(5) 基于证据。该原则是得出可信的和可重现的审核结论的方法。审核证据是可证实的。由于审核是在有限的时间内并在有限的资源条件下进行的,因此审核证据是建立在可获得的信息样本的基础上。抽样的合理性与审核结论的可信性密切相关。

7.1.2 认证申请与申请受理

7.1.2.1 认证申请

认证分自愿性和强制性两种。数字保存系统的认证属于自愿性认证。

已建立数字保存系统的组织可向认证机构提出申请。组织在申请时应选择经国家认证认可监督管理委员会（CNCA）认可并经中国认证认可协会（CCAA）确认的认证机构，同时应了解认证机构的认证审核程序和其他要求。

申请组织应按认证机构的要求填写正式的、由申请方授权代表签字的申请书，并附上相关材料。相关材料应包括：

- 申请组织同意遵守认证纪律、提供审核所需必要信息的承诺文件；
- 申请组织简况，如组织的性质、名称、地址、法律地位、人力和技术资源信息；
- 申请组织运行的数字保存系统的一般信息及相关文件，如系统结构与性能说明书、用户使用说明书等。

7.1.2.2 受理申请

认证机构在接到申请表和相关材料后，应对申请方进行申请评审和合同评审，以确定是否可以受理申请。

申请评审一般是认证机构对申请方提交的申请材料进行初步评审，以确定申请方已具备申请认证的基本条件。

合同评审是认证机构对申请方的数字保存系统及提供服务进行分析，判断自己的认可业务范围是否包含申请方所申请认证的数字保存系统，同时，分析自身具备的审核资源和能力能否满足申请方的认证审核需求，从而确定本机构是否有资格和能力实施该项认证审核工作。

认证机构通过申请评审和合同评审，确认是否接受认证申请。如果接受认证申请，则应与申请组织签订认证合同。

7.1.3 预审核

预审核是在正式认证审核之前由受审核方组织实施的非正式综合性审核。预审核应该由丰富经验的、能够识别数字保存系统的弱项和差距的内审员或外审员执行。

预审核内容包括：

- 检查数字保存系统的基本设施，分析是否具备正式认证审

核的条件;

● 检查数字保存系统的运行过程,分析与认证标准要求的差距(包括与认证标准不相符合的操作项目、功能设置和用户服务等)。

预审核程序应参考正式审核的主要程序(见第5章至第7章),但可进行必要的删减。

预审核的目的在于可使受审核方在接受正式审核之前,识别出数字保存系统的缺项和弱项,为实施必要改进提供机会,做好正式审核的准备工作。同时,在预审核期间,受审核方的员工也可接受有关认证审核基本知识的培训与认证审核过程的实际训练。

预审核阶段一般持续3~5天,依据数字保存系统的规模和复杂程度而定。

预审核不属于认证审核的必须阶段,但推荐受审核方对数字保存系统实施预审核。

7.1.4 认证审核启动

认证机构在受理认证申请并与申请组织签订认证合同之后,应该启动认证审核工作,对认证审核活动进行策划和准备。

7.1.4.1 指定审核组长

认证机构应任命有能力的审核员担任审核组长,组建审核组,并将相关资料移交给审核组,委托审核组代表认证机构实施审核准备和审核工作。

审核组长应当具备领导与管理审核工作的知识与技能,以确保能够:

● 对审核工作进行策划;
● 代表审核组与受审核方进行沟通;
● 组织和指导审核组成员;
● 分配审核组成员的工作;
● 编制审核计划;
● 主持首次和末次会议;
● 组织审核组内部协调会议;

- 组织审核组评价审核发现，得出审核结论；
- 编制和完成审核报告；
- 预防和解决可能的冲突；
- 实施审核控制与协调。

7.1.4.2 确定认证审核目的、认证审核准则和审核模式

7.1.4.2.1 认证审核目的

审核是判断符合性的过程，判断的依据是审核准则。因此，认证审核的基本目的在于评价受审核方的数字保存系统与认证标准《数字保存系统质量保证标准》的符合性。

初次认证审核的目的通常包括：

- 确定受审核方的数字保存系统是否符合《数字保存系统质量保证标准》的要求；
- 提出是否通过认证的推荐性意见。

7.1.4.2.2 认证审核准则

数字保存系统认证审核准则应该包括下述两个部分。其中，第一项准则是必须满足的；第二项准则供参考。

- 《数字保存系统质量保证标准》；
- 有关数字保存的法律、法规和条例。

7.1.4.2.3 审核模式

审核模式是指根据不同的审核目的而对数字保存系统采用的相应审核形式。基于ISO的认证审核原则与实践，数字保存系统的审核模式可以有14种：

- 系统管理质量的审核模式；
- 系统性能质量的审核模式；
- 用户服务质量的审核模式；
- 系统技术支持质量的审核模式；
- 系统管理质量+系统性能质量的审核模式；
- 系统管理质量+用户服务质量的审核模式；
- 系统管理质量+系统技术支持质量的审核模式；
- 系统性能质量+用户服务质量的审核模式；
- 系统性能质量+系统技术支持质量的审核模式；

- 系统技术支持质量+用户服务质量的审核模式;
- 系统管理质量+系统性能质量+用户服务质量的审核模式;
- 系统管理质量+系统性能质量+系统技术支持质量的审核模式;
- 系统性能质量+用户服务质量+系统技术支持质量的审核模式;
- 系统管理质量+系统性能质量+用户服务质量+系统技术支持质量的审核模式(全审核模式)。

上述14种模式的适用范围不同。其中,前13种模式统称为部分审核模式,仅适用于数字保存系统对应模块质量的审核,其目的在于为对应模块质量的改进提供依据,不能用于认证审核,更不能颁发认证证书。第14种模式称为全审核模式,适用于对数字保存系统的全面质量审核,是唯一的一种认证审核模式。

审核模式的选择应由受审核方根据不同审核目的而确定。但对于以认证为目的的审核,只能选择第14种审核模式。

7.1.4.3 确定审核的可行性

在确定审核可行性时,应考虑下列因素:
- 受审核方提供信息的充分性和适当性;
- 受审核方的配合与合作程度;
- 时间和资源的充分性。

7.1.4.3.1 受审核方提供信息的充分性和适当性

审核所需的基本信息通常有:
- 受审核方的数字保存系统运行历史,包括已进行的各次内部审核报告等;
- 在审核期间,受审核方的数字保存系统的各项性能、操作和服务能够正常开展的保障;
- 数字保存系统提交的有关文件、记录、报告、协议、文档、手册和程序等;
- 受审核方基本情况,如受审核方组织的性质、名称、地址、法律地位和资质等;
- 数字保存系统的一般信息,如系统规模、员工数量、系统结构与流程、主要设备、用户信息等。

7.1.4.3.2 受审核方的配合与合作程度

在认证审核中，需要受审核方的支持与配合（通常通过认证合同或认证协议作出承诺）的有：

- 文件评审；
- 现场审核中相关现场的进入（包括有安全要求的现场的进入）、系统操作与运行的观察、各类文件（包括记录、文档、协议、报告）的调阅、员工的面谈与调查、系统性能的测试等；
- 审核组的内部活动、办公、食宿行等。

7.1.4.3.3 时间和资源的充分性

时间充分性是指初步确定的审核日期应该能够为审核之前的准备工作（如审核组的选择、审核计划的编制等）留出足够的时间。

资源充分性是指认证机构应该安排具有相应知识和技能的审核组以及审核所需时间。

在确定审核的可行性时，也可以在受审核方同意的前提下，对受审核方进行预访问。

如果存在下述问题，则应确定为审核不可行，建议推迟审核：

- 数字保存系统运行时间较短，系统性能不完整，用户服务没有全面正常开展，甚至还没有开始向用户提供服务；
- 存在严重违反数字保存相关法律法规的情况；
- 在确定的审核日期内，受审核方的重要人员无法在现场。

7.1.4.4 成立审核组

审核活动主要由审核组实施，当决定审核组的人数和构成时，应当考虑下列因素：

- 审核模式、认证审核准则以及预计的审核时间；
- 审核组所需的整体能力；
- 确保审核组独立于受审核的活动，避免利益冲突；
- 审核组成员与受审核方的有效协作能力，以及审核组成员之间共同工作的能力。

保证审核组整体能力的过程应当包括下列步骤：

- 识别对数字保存系统审核所需的知识和技能；

● 选择审核组成员以使审核组完全具备必要的知识和技能。

若审核组中的审核员没有完全具备审核所需的知识和技能，则可通过技术专家予以满足。技术专家应当在审核员的指导下进行工作。

受审核方可依据合理的理由申请更换审核组的具体成员。更换审核员应当与审核组长沟通，并需审核组长同意。

7.1.4.5 与受审核方的初始接触

与受审核方就审核事宜建立初步联系应该是正式的，并应由审核组长实施。初步联系的目的是：

● 与受审核方的代表建立沟通渠道；
● 确认审核实施过程的有关限制（如保密记录的调阅等）；
● 提供有关建议的时间安排和审核组组成的信息；
● 要求获得相关文件（包括记录、报告、协议和文档）；
● 确定现场安全规则；
● 对审核活动作出具体安排，如查阅文件、进入现场、调查访问员工、系统性能测试等。

在认证审核中，与受审核方的沟通应该规范，除了口头沟通外，通常采用书面形式。

7.1.5 文件评审

文件评审是正式审核的开始。该项评审的主要目的在于：

● 确定文件类型和内容与《数字保存系统质量保证标准》要求的符合性；
● 使审核员了解受审核方的数字保存系统的基本情况，为第二阶段审核计划的制订提供依据。

文件评审的审核对象是文件。该阶段的主要内容包括评审文件的类型、文件评审的实施和文件评审报告三个方面。

7.1.5.1 评审文件的类型

审核员应首先获得受审核方的数字保存系统文件。这类文件的类型有：(1)《数字保存系统质量保证标准》审核所需的文件、记录、文档、报告和协议；(2) 以往的审核报告。

7.1.5.1.1 《数字保存系统质量保证标准》审核所需的文件、记录、文档、报告和协议

表 7-1 列出了《数字保存系统质量保证标准》审核所需的文件、记录、文档、报告和协议，这类文件都是必需的。

表 7-1 《数字保存系统质量保证标准》审核所需的各类材料

文件名称	在第 6 章《数字保存系统质量保证标准（草案）》中对应节的条款
（1）文件类	
DPS 的职责声明	6.1.1.1
后续保存计划	6.1.1.2
数字资源获取方针	6.1.1.3
灾难性事件恢复的资金支持计划	6.1.4.3
风险管理策略	6.1.5.3
财务计划	6.1.6.1
产权纠纷规避措施文件（针对 DPS 接收的产权不明晰的数字资源）	6.1.7.3
用户服务政策	6.3.3；6.3.4.7
进入 DPS 的外部文件和软件的操作指南	6.4.4.2
DPS 安全方针	6.4.6.1；6.4.6.3
员工聘用规范	6.4.6.5.1
员工安全违纪处分规定	6.4.6.5.2
（2）记录类	
数字保存方针的评审记录	6.1.1.5
DPS 系统日志分析记录	6.1.3.3
系统日志文件备份记录	6.1.3.4
灾难性事件应对方案测试记录	6.1.4.2

续表

文件名称	在第 6 章《数字保存系统质量保证标准（草案）》中对应节的条款
风险管理策略的改变记录	6.1.5.3
数字资源产权的验证记录	6.1.7.2
数字资源产权跟踪记录	6.1.7.2
数字资源获取操作过程的记录	6.2.1.6
SIP 到 AIP 转换过程记录	6.2.2.2
SIP 处理结果记录	6.2.2.3
AIP 唯一标志符发生改变的记录	6.2.2.4
AIP 生成过程记录	6.2.2.7
AIP 表征信息监控记录	6.2.3.1.1
保存环境监控结果评估记录	6.2.3.1.2
保存策略实施记录	6.2.3.1.3
数字保存策略有效性用户调查记录	6.2.3.1.4
数字对象与元数据描述信息之间参照完整性检查记录	6.3.2.5
用户访问记录	6.3.4.6；6.3.4.7
AIP 可用性测试记录	6.3.5.1
AIP 用户可理解性测试记录	6.3.5.2
数据备份日志	6.4.1.1；6.4.1.2
数据备份存储介质测试记录	6.4.1.1
数字资源损坏与丢失检测和恢复记录	6.4.2.1
关键过程变更记录	6.4.3.2；6.4.3.3
关键过程变更试验记录	6.4.3.3
DPS 软硬件兼容性测试记录	6.4.4.1
DPS 功能变更记录	6.4.4.1

续表

文件名称	在第6章《数字保存系统质量保证标准（草案）》中对应节的条款
支持 DPS 的软件性能变更记录	6.4.4.1
支持 DPS 的硬件技术变更记录	6.4.5.1
DPS 安全方针文件批准、发布和传达记录	6.4.6.1
安全方针文件评审记录	6.4.6.1
硬件设备维护记录	6.4.6.2
存储介质报废和再利用记录	6.4.6.2
员工背景记录	6.4.6.5.1
员工月（年）考核记录	6.4.6.5.2
员工培训记录	6.1.2.2；6.4.6.5.2
员工安全违纪处分记录	6.4.6.5.2
员工离职手续办理记录	6.4.6.5.3
员工聘用变更记录	6.4.6.5.3
（3）文档类	
数字资源收录的内容覆盖完整率说明	6.1.1.4
数字保存系统组织结构、岗位设置与职责、岗位技术要求文档	6.1.2.1；6.4.6.5.1
DPS 员工技能培训计划	6.1.2.2
DPS 的日志文档	6.1.3.1
灾难性事件应对方案	6.1.4.1
灾难性事件恢复程序	6.1.4.3
风险识别的结果文档	6.1.5.1
需要重点监控和一般监控的风险列表	6.1.5.2
针对需要重点监控和一般监控的风险所制定的风险管理策略文档	6.1.5.3

续表

文件名称	在第6章《数字保存系统质量保证标准（草案）》中对应节的条款
数字资源的存储与传输流程	6.2.5.1
数字资源生产者或委托保存者向DPS提交数字资源的计划	6.2.1.5
AIP唯一标志符命名规则	6.2.2.4
DPS的用户范围说明	6.3.1.1
目标用户群体界定过程文档	6.3.1.1
关键过程识别文档	6.4.1.3
DPS功能说明书	6.4.4.1
软件更新财务计划	6.4.4.5
硬件更新财务计划	6.4.5.5
（4）报告类	
后续保存计划中所指定的DPS的资质审核报告	6.1.1.2
基于日志分析结果的DPS系统整改报告	6.1.3.3
用于日志分析软件的安全性测试报告	6.1.3.3
日志分析报告	6.1.3.3
风险概率评估报告	6.1.5.2
风险影响评估报告	6.1.5.2
财务执行报告	6.1.6.1；6.1.6.2
财务审核报告	6.1.6.2
财务分析报告	6.1.6.3
数字资源生产者可信任性的考察报告	6.2.1.3
用户访问失败的审核报告	6.3.4.6
用户访问记录的统计报告	6.3.4.7

续表

文件名称	在第6章《数字保存系统质量保证标准（草案）》中对应节的条款
长期保存策略的实施报告	6.3.5.1
DPS软件检测报告	6.4.4.2
软件技术环境监控、评估与软件更新报告	6.4.4.3；6.4.4.4；6.4.4.5
硬件技术进展监控、评估与更新报告	6.4.5.3；6.4.5.4；6.4.5.5
（5）协议类	
DPS与数字资源提供者或委托保存者签署的保存协议	6.1.7.1；6.2.1.1；6.2.1.2；6.3.1.2
员工聘用合同	6.4.6.5.1
DPS与用户签订的协议	6.3.1.2

7.1.5.1.2 以往的审核报告

包括以往的内部审核和外部审核报告，以及文件评审结果。对于认证审核，这类报告包括：

- 对于复审，调阅上一个认证周期中历次审核的审核报告和记录；
- 对于认证证书在认证机构之间的转换，考虑其他认证机构以往的审核报告；
- 对于第一阶段审核，受审核方的内部审核报告。

7.1.5.2 文件评审的实施

数字保存系统的文件评审一般是在受审核方进行，有时也可在受审核方之外进行，并有受审核方熟悉这类文件的人员参与，以便及时沟通。

文件评审包括评估和检查受审核方的数字保存系统文件的充分性、适宜性、有效性和一致性。

7.1.5.2.1 文件的充分性

充分性是指文件种类是否齐全，每份文件（记录、文档、报告、协议）的内容是否全面，是否足够使用。

本《数字保存系统认证实施方案》7.1.5.1.1中所列出的《数字保存系统质量保证标准》审核所需的文件、记录、文档、报告和协议都是认证审核必需的，审核员应该逐一查对核实。对于缺失的文件（记录、文档、报告、协议），要予以登记，供产生文件评审结论参考。对于以往的评审报告，结合7.1.5.1.2，审核员要根据认证审核的类型，检查所需的报告是否齐全。

审核员应该针对审核标准《数字保存系统质量保证标准》考察每份文件（记录、文档、报告、协议）内容的全面性。比如，每份记录型文件所记录的时间跨度是否涵盖了数字保存系统的运行时间，记录项目是否完整等。

审核员应该针对审核标准《数字保存系统质量保证标准》每项条款的审核要求，检查受审核方提供的对应文件（记录、文档、报告、协议）是否足够用来对该项条款进行符合性判断。

7.1.5.2.2 文件的适宜性

适宜性是指文件（记录、文档、报告、协议）适用性，是否适合使用。

审核员要检查每份文件是否针对受审核方的数字保存系统的实际来制定和实施，而不是照搬其他数字保存系统的文件导致完全或部分脱离自己的数字保存系统的实际工作。

适宜性的审核还包括文件规定的程序和方法的描述是否清晰，是否具备可操作性，是否具备可检查性。

7.1.5.2.3 文件的有效性

文件的有效性是指效力、作用和效果。文件投入使用后是否达到应有的实际效果。

对文件有效性的评估起码应该包括检查文件是否获得应用，是否有应用的记录。

7.1.5.2.4 文件的一致性

文件评审要检查各个文件之间是否保持一致，以确保：
- 同一份文件中，上下文不能有不一致（或矛盾）的地方；
- 不同文件之间不能有矛盾的地方。

7.1.5.3 文件评审结论

该阶段审核结果应形成书面审核报告。审核员在审核报告中应提出审核发现，如果发现文件中存在问题，如缺少审核标准要求的文件（记录、文档、报告、协议），文件或协议的规定与实际情况不一致，记录、文档或报告内容不充分，协议条款缺乏科学性等，则应与受审核方进行沟通和讨论。

审核组根据审核发现的严重程度，作出认证审核是继续还是暂停的决定。

文件评审的结论有下述三种：

（1）通过；

（2）基本通过，受审核方对文件进行较小幅度的修改完善，结合现场审核予以验证；

（3）需要对文件进行较大幅度的修改和完善，并经认证机构的审核组验证符合后，才能进行现场审核。

7.1.6 现场审核的准备

7.1.6.1 编制审核计划

7.1.6.1.1 审核计划的作用

审核计划是审核组与受审核方就审核实施达成一致意见的书面依据。

对于审核组，审核计划要明确审核的具体内容与要求，为审核的实施进行预先安排。

对于受审核方，审核计划要便于其了解审核活动的内容与日程安排，并提前做好准备工作。

7.1.6.1.2 审核计划编制与执行

在对受审核方了解的基础上，审核组长应负责编制审核计划。审核计划编制与执行的基本要求有：

• 审核计划应方便审核活动的日程安排和协调，以便提高工作效率。

• 审核计划的详细程度应体现出审核类型。例如，对于初次审核和监督审核以及内部和外部审核，审核计划内容的详细程度可以有所不同。
- 审核计划应当有充分的灵活性。例如，随着现场审核活动的进展，对一些审核项目分配的审核时间与审核员分工可能要进行调整。

7.1.6.1.3 审核计划的内容

审核计划应当包括的内容有：
- 审核目的；
- 审核准则；
- 审核模式；
- 现场审核活动的日期和地点；
- 现场审核活动预期的时间期限；
- 审核组成员的职责；
- 需要向审核现场配置的适当资源；
- 确定受审核方的代表；
- 后勤安排（交通、现场设施等）；
- 保密事宜；
- 审核后续活动。

7.1.6.1.4 审核计划的确认与修改

审核组长应将审核计划提交给受审核方，经受审核方确认，以便受审核方提前为审核做出安排。

受审核方对审核计划的任何异议，如审核日期、审核组成员、审核具体日程等，应当与审核组长协商解决。

在现场审核实施过程中，任何经修改的审核计划应在继续实施审核前征得受审核方的同意。

7.1.6.2 审核组工作分配

审核组长应与审核组协商，将具体的审核工作分配给审核组每位成员。审核组工作的分配应当考虑以下因素。

7.1.6.2.1 审核员的独立性和能力
- 审核组所有成员都不能向受审核方提供咨询性意见；
- 审核任务的分配应根据审核任务对知识与技能的要求，结合审核组成员的专长。如果审核员的知识与技能不足以对所分配的审核任务进行独立审核,则应考虑配备技术专家。

7.1.6.2.2 资源的有效利用

在分配审核工作时,要尽量做到资源的有效利用。例如,审核组成员之间的工作量要均衡,避免多名审核员审核同一条款,安排具有相似性或关联性的审核任务给同一审核员。

7.1.6.2.3 审核员、实习审核员和技术专家的不同作用和职责

实习审核员需要在有能力的审核员的指导与帮助下进行审核,不能单独审核。

技术专家在特定的知识与技能方面为审核提供支持,但需要在审核员的指导下工作。

审核员负责实施具体的审核任务,包括收集信息,获得客观证据,形成审核发现。审核组长要向审核员明确其职责。

在现场审核实施过程中,审核组长可以调整审核组工作任务的分配。

7.1.6.3 准备审核工作文件

数字保存系统的审核要根据审核准则,系统地验证受审核方数字保存系统的全部功能的实施情况,并将主要审核活动记录下来。因此,在现场审核前应该编制必要的审核工作文件。

审核员应该知晓其所承担的审核工作的相关信息,准备必要的工作文件,用于审核过程的参考和记录。

7.1.6.3.1 审核工作相关信息

审核员应针对自己所承担的审核任务,了解以下信息:
- 本次审核的目的、采用的标准和审核模式;
- 受审核方文件评审的结果;
- 审核计划;
- 受审核方数字保存系统的相关信息,包括系统结构、系统流程、系统功能、用户服务等。

在掌握上述信息基础上,审核员策划自己的审核工作,针对受审核方的实际情况,准备所需的工作文件。

7.1.6.3.2 工作文件的类型

工作文件是审核的工具,对审核过程起着提示、参考和记录的作用,包括的类型有:

- 检查表;
- 抽样计划;
- 审核记录(如支持性证据、审核发现等)。

其中抽样计划和审核记录都依附于检查表。

7.1.6.3.3 检查表

审核员应针对所分配的《数字保存系统质量保证标准》中的审核条款,为每项条款编制一个检查表,检查表的内容应包括:

- 审核条款名称;
- 审核条款的符合性审核检查题目(审核什么?见《数字保存系统质量保证标准》符合性审核检查表);
- 审核的系统操作、系统功能,涉及的部门、活动(到哪儿审核);
- 审核对象(当涉及人时,找谁审核);
- 审核方法(如何审核);
- 所需审核工作量(以审核人日为单位)。

检查表的编制应做到目的明确、内容完整、审核线路清晰、审核方法合理、审核时间分配合适。

7.1.6.3.4 抽样计划

对于需要抽样检查的条款中的符合性审核检查题目(如数字保存系统中的数字对象与元数据描述信息之间的参照完整性),审核员应该制订抽样计划。抽样计划要确保:

- 选择的信息源正确;
- 抽样样本具有随机性、代表性;
- 抽样的样本量充足;
- 使用符合规定置信度的统计技术。

7.1.6.3.5 工作文件的使用

要结合受审核方的实际情况灵活地使用检查表,检查表的使用不应当限制审核活动的内容。可以根据审核的实际进展,对检查表中的审核对象、审核活动、审核方法、样本的选择进行调整,以确保适宜的审核深度。

7.1.6.3.6　工作文件的保存与信息保密

用于审核的工作文件，包括使用后形成的记录，应至少保存到审核结束。

审核组成员应当妥善保管涉及保密或知识产权信息的工作文件。审核员不能出于审核之外的目的获取与记录相关信息，尤其是涉及知识产权的信息。

7.1.7　现场审核的实施

7.1.7.1　首次会议

7.1.7.1.1　首次会议的目的

首次会议是审核组进入受审核方现场后由审核组长主持召开的第一次正式会议，首次会议的目的是：

- 确认审核计划；
- 简要介绍审核活动的实施过程；
- 确认沟通渠道；
- 为受审核方提供询问的机会。

7.1.7.1.2　首次会议的内容

对于数字保存系统的认证审核，首次会议应是正式的，并保存出席人员的记录。首次会议应包括以下内容：

- 介绍与会者，包括概述其职责；
- 确认审核目的、审核模式和审核标准；
- 与受审核方确认审核日程以及相关的其他安排，例如，末次会议的日期和时间，审核组和受审核方管理层之间的中间会议等；
- 实施审核所用的方法和程序，包括告知受审核方审核证据只是基于可获得的信息样本，因此，在审核中存在不确定因素；
- 确认审核组和受审核方之间的正式沟通渠道；
- 确认在审核中将及时向受审核方通报审核进展情况；
- 确认已具备审核组所需的资源和设施；
- 确认有关保密事宜；
- 确认审核组工作时的安全事项、应急和安全程序；

- 确认向导的安排、作用和身份；
- 确认审核报告的方法；
- 说明有关审核可能被终止的条件；
- 说明对审核实施或审核结论的申诉。

7.1.7.2 审核内容与审核方法

7.1.7.2.1 审核内容

现场审核的内容涉及受审核方数字保存系统的建立、维护、运行、服务和管理等所有环节。具体包括：

(1) 检查审核标准所要求的各种方针政策是否得到贯彻实施。这些方针政策举例如下：

- 后续保存计划；
- 数字资源获取方针；
- 风险管理策略；
- 财务计划；
- 用户服务政策；
- 产权纠纷规避措施文件（针对 DPS 接收的产权不明晰的数字资源）；
- 进入 DPS 的外部文件和软件的操作指南；
- DPS 安全方针；
- 员工聘用规范；
- 员工安全违纪处分规定，等等。

(2) 检查审核标准中要求的数字保存系统管理与运行的程序是否被严格遵守和执行。这些程序举例如下：

- 数字保存方针的评审程序；
- 灾难性事件的恢复程序；
- 财务运行程序；
- 目标用户群体的界定程序；
- AIP 的生成程序；
- DIP 的生成程序；
- SIP 的接受程序；
- 描述型元数据的创建程序；

- 用户访问失败的管理程序；
- 数据备份的同步更新程序；
- 损坏和丢失数据的恢复程序；
- 软件的更新程序；
- 硬件的更新程序；
- 硬件设备安全程序；
- 人力资源安全程序，等等。

（3）检查审核标准要求的日常监控和检测内容是否执行。这些监控和检测举例如下：

- 硬件技术环境监控；
- 软件技术环境监控；
- 关键过程变更的效果测试；
- 损坏和丢失数据的检测；
- 数据备份的存储介质测试；
- AIP 用户可理解性的测试；
- AIP 用户可用性的测试；
- DIP 的可追溯性检测；
- SIP 的完整性和正确性检测；
- AIP 的正确性和完整性检测；
- 数字资源产权的跟踪；
- 灾难性事件应对方案的测试，等等。

（4）检查审核标准所要求的所有指标是否达到。这些指标举例如下：

- 员工数量要求；
- 员工技能要求；
- 系统运行日志和用户访问日志的分析；
- 数字资源获取的反馈；
- AIP 的唯一标志符；
- 检索效率；
- 检索方式；
- 检索功能，等等。

7.1.7.2.2 审核方法

数字保存系统的现场审核方法有多种，基本方法有：面谈、调查表、查阅文件（包括记录、文档、报告、协议）、现场观察、系统测试等。

（1）面谈。

面谈是现场审核中使用最普遍的方法之一。与有关领导的交谈，可以确定他们对各自职责的了解程度，对数字保存系统的性能和服务情况的知晓程度。与现场员工交谈，可以判断他们对各种政策方针和程序的了解情况和执行程度，从而判断他们对系统的实施情况。与用户交谈，可以了解用户对数字保存系统提供的功能和服务的满意程度，了解系统的不足和有待改进的地方。但要注意，有时面谈所得到的信息，特别是涉及数据的一些信息，还应该通过其他渠道获得支持信息予以核实，比如，通过查阅记录、现场观察等，以保证审核的客观性。

在《数字保存系统质量保证标准》中，有不少条款的认证审核都可以采用面谈方法给予辅助，举例如下：

- 描述型元数据的设置是否能够满足用户访问需要；
- 服务政策是否向用户公开；
- 用户访问请求的反馈；
- 用户访问结果；
- AIP 的用户可用性；
- AIP 的用户可理解性；
- 人力资源安全；
- 系统职责声明的公开获取；
- 数字资源收录的内容覆盖完整率说明的公共获取；
- 员工技能要求；
- 员工技能更新要求；
- 用户访问日志中用户个人隐私的保护；
- 财务运行是否透明；
- 系统的检索速度，等等。

（2）调查表。

调查表方法是面谈的延伸。在《数字保存系统质量保证标准》中所有涉及用户和数字资源提交者的满意情况指标的审核都可以采用发放调查表的方法。

采用该方法时要注意调查对象、调查表的发放和回收量。调查对象要准确,并具有广泛的代表性,比如,系统检索速度满意度指标的审核,这是一个相对比较模糊的指标,不同用户对检索速度的要求会有差别,因此,被调查的用户应该包括不同群体的用户。调查表的发放和回收数量要充足,要满足数据统计的需要。

(3) 查阅文件(记录、文档、报告、协议)。

在现场审核中,《数字保存系统质量保证标准》中很多条款的审核都需要查阅大量文件和记录。在文件评审一章中,列出了审核条款与文件记录的对应表,在对这些条款进行现场审核过程,要注意:

• 涉及文件类的条款,要查阅文件内容的正确性和合理性,文件的执行贯彻落实情况。

• 涉及记录类的条款,要查阅记录内容的完整性和准确性。对于内容多的记录,审核员要从中抽样选择有代表性的样本进行审核【参见7.1.7.2.3】。

• 涉及文档类的条款,要对文档内容与实际的相符性进行审核。另外,对于内容多的文档,可采用抽样方法【参见7.1.7.2.3】。

• 涉及报告类的条款,要审核报告内容的全面性和正确性。

• 涉及协议类的条款,不仅要审核协议内容,而且还要审核协议的执行情况。

(4) 现场考察。

在现场审核中,《数字保存系统质量保证标准》中一些条款的审核需要现场考察。现场考察包括对 DPS 物理环境的现场考察和对 DPS 系统性能的现场考察。

DPS 物理环境的现场考察的举例如下:

• 对于处理敏感数据的硬件设备是否安置在可限制观测的位置;

- 对于需要特殊保护的硬件设备是否进行隔离。

DPS 系统性能的现场考察的举例如下：
- 用户访问权限的设置；
- AIP 的组成；
- 检索语言；
- 检索方式；
- 检索功能；
- 检索结果，等等。

（5）系统测试。

在《数字保存系统质量保证标准》中，有不少条款的认证审核都需要对系统进行测试。举例如下：
- SIP 的正确性和完整性验证；
- AIP 的组成；
- AIP 的表征信息；
- AIP 的正确性和完整性；
- 保存型元数据元素的描述；
- 检索方式中的各项条款；
- 检索功能中的各项条款；
- 检索效率指标中的各项条款；
- 用户访问请求的反馈；
- 数据备份的份数、存储位置和备份介质；
- 数字资源的损坏和丢失进行检测的方法与工具是否可靠；
- 关键过程变更；
- 关键过程变更的复原。

对于系统现场测试次数有限或次数较少的，应该全面测试。对于次数无限或次数很多的测试，应该采用随机抽样法，但测试次数要充足【参见 7.1.7.2.3】。

7.1.7.2.3 样本的选择

审核活动是在有限的时间内和在有限的资源条件下进行的，因此，审核是一个基于抽样的过程。在审核中，应该通过合理的样本选择收集信息并予以验证。

审核抽样的采用决定了审核证据基于可获得信息的样本，因此审核中存在不确定因素。审核不是对所有信息逐一查证。对于没有抽查到的人员、系统功能、系统操作、文件记录、设备等，其实际情况存在着不确定性。所以，对于审核发现，包括不符合项，要分析没有审核的地方是否存在类似情况。

为了降低抽样造成的不确定性，审核抽样应遵循"明确总体，合理抽样"的原则。针对所选择的信息源，明确样本总量，随机从中抽取代表性的样本和足够的样本量，进行查证。抽样方案应使用符合规定置信度的统计技术。

7.1.7.3 审核中的沟通

7.1.7.3.1 审核组内部沟通

审核组应当定期沟通，可以采用审核组内部会议或其他合适的形式。审核组内部沟通的目的在于交换信息，通报审核进展情况，必要时调整审核组的工作任务。审核组内部沟通的主要内容有：

- 审核组成员从不同渠道获得信息的汇总和相互印证，以获得审核证据，并形成审核发现；
- 评审审核发现，包括不符合项；
- 是否按照审核计划，完成了预期的审核工作；
- 根据现场审核的进展，是否需要调整审核计划；
- 审核组成员工作任务分工是否适宜，是否需要重新分配；
- 报告和讨论审核过程中出现的异常情况，等等。

7.1.7.3.2 审核组与受审核方的沟通

在审核过程中，审核组长应定期向受审核方通报审核的进展情况，通常每天安排简短的沟通会议，沟通的内容包括：

- 审核计划的实施情况；
- 审核发现简述，包括可能的不符合项，以给受审核方足够的时间进行必要的澄清或提供进一步证据；
- 对以后审核活动的调整，包括审核计划的变动；
- 需要受审核方提供进一步配合与支持的地方；
- 审核中遇到的障碍和困难，等等。

当获得的审核证据表明不能达到审核目的时，审核组长应当向受审核方报告理由以确定采取适当的措施。这种措施可以包括重新确认或修改审核计划、改变审核目的、改变审核模式或终止审核等。

7.1.7.4 向导的作用

向导可以与审核组随行，但不是审核组成员，不应当影响或干扰审核的实施。

受审核方指派的向导应当协助审核组并且根据审核组长的要求行动。他们的作用有：

- 安排需面谈的人员；
- 安排需调查的人员；
- 安排对受审核方特定部门或场所的访问；
- 安排对数字保存系统特定功能和操作的测试；
- 确保审核组成员了解和遵守有关场所的安全规则和安全程序；
- 代表受审核方对审核进行见证；
- 在收集信息的过程中，作出澄清或提供帮助，等等。

7.1.7.5 审核发现的形成

7.1.7.5.1 审核发现的性质

审核发现是对照审核标准《数字保存系统质量保证标准》评价审核证据得出的结果。审核发现表明受审核方的数字保存系统的运行符合或不符合审核标准。

7.1.7.5.2 审核发现的评审

审核组应根据需要在审核的适当阶段共同评审审核发现。审核发现的评审可以是阶段性的，也可以是总结性的和全面性的。审核发现的评审内容包括：

- 按照任务分工，每位审核员汇报所分配的审核条款的审核情况，提出符合项和不符合项的审核发现以及相应的审核证据；
- 针对不同成员涉及的同一审核条款，对各成员获得的审核证据及信息进行汇总和分析，形成相应的审核发现；
- 对于不符合项，审核组应该与受审核方一起评审，以确定审核证据的准确性，并使受审核方理解不符合项。应努力解决对审核证据和审核发现有分歧的问题,并记录尚未解决的问题。

7.1.7.5.3　审核发现的记录

对于《数字保存系统质量保证标准》中的每项审核条款,都应该在对审核发现评审的基础上,对审核结果予以记录。记录的内容应该足够详尽,以供认证机构进行认证决定时参考。记录内容应该包括:

- 《数字保存系统质量保证标准》的条款编号和条款名称;
- 采用的审核方法描述;
- 审核过程描述;
- 获得的审核证据,对于支持不符合项的审核证据,要详细描述,必要时写明发现不符合项的时间、地点和当事人;
- 审核发现,包括符合项与不符合项;
- 审核员姓名以及审核日期;
- 对于不符合项的审核发现,要由受审核方代表确认并签字。

7.1.7.5.4　不符合项的确定原则

(1) 以客观证据为基础。

在现场审核过程,客观证据来自下述途径:

- 在文件、记录、文档、报告、协议等审阅中发现的客观事实。这些客观事实具有可追溯性,可以作为证据。
- 现场观察中发现的客观事实。这类事实是客观存在的有形证据,在现场已经过受审核方陪同人员确认。对这类事实所做的记录可以作为证据。
- 审核员与有关人员的面谈记录。这类记录在作为审核证据前,一般还应通过其他独立来源获得支持信息予以核实。
- 通过发放调查表所获得的数据。只有当调查表回收的范围具有代表性、回收的数量充足且能够满足代表整体意见的需要时【参见7.1.7.2.3】,这类数据方可作为证据。
- 通过系统测试获得的数据,也可以作为证据。当测试为有限且次数不多时,应全面测试,但当测试为无限或次数较多时,应使用具有规定的置信度的统计技术进行抽样测试,保证测试具有代表性和随机性【参见7.1.7.2.3】。

(2) 以《数字保存系统质量保证标准》为依据。

在判断不符合项时,不能够以审核员的个人任何意见、观点作为依据,必须对照审核标准,找到相应的条款。

(3) 对不符合的原因进行分析。

在审核 DPS 运行指标时,对于不符合项要追踪系统设计方面原因。比如,检索效率指标出现不符合时,要分析描述型元数据的设置是否合理,数字对象与元数据描述信息的参照是否完整等,从而追踪标准中的其他条款是否具有符合性。

(4) 要充分讨论,统一意见。

审核组成员的充分讨论,可以更准确、更全面地作出判断,避免由于某个审核员个人收集信息有限带来的片面性。审核发现最终是否形成不符合项,由审核组长确定。

7.1.7.6 审核结论的准备

7.1.7.6.1 审核结论的形成

在对文件评审和现场评审活动中形成的所有审核发现进行汇总、分析、归纳和总结的基础上,形成审核结论。在审核结论形成过程中,还要考虑审核中收集到的可能影响审核结论的其他信息,例如,

- 受审核方的一些关键人员在审核过程中不在场,而其他代行其职责的人员对数字保存系统不够熟悉,从而影响了审核取证活动的开展。
- 受审核方的态度。比如,受审核方在审核中一直保持"高度戒备"状态,并且用很长时间提供必要的信息,在这种情况下,就要考虑审核取证的真实性和完整性。
- 受审核方的数字保存系统所获得的各种荣誉和社会反映。

对于认证审核,审核结论通常包括以下内容:

- 数字保存系统符合审核标准的程度;
- 是否通过认证的推荐意见。针对审核结果,推荐性意见可以包括:推荐认证、有条件地推荐认证和不予推荐认证。

此时的审核结论(以及有关是否通过认证的推荐意见)仅是审核组提出的结论性意见,而不是认证机构最终批准的结论。认证

机构的最终结论也可能会有所不同。

7.1.7.6.2 对审核结论达成一致

审核组在对下述因素（这些因素导致审核固有的不确定性）进行充分讨论和相互补充印证的基础上，对所形成的审核结论达成一致：

- 抽样样本的相关性和样本量的充分性；
- 审核组成员看待问题的主观性、个人视野的狭窄性和收集信息的局限性等因素所导致的片面性。

7.1.7.6.3 准备推荐性意见

对于认证审核，应该提出是否通过认证的推荐性意见。

7.1.7.6.4 讨论审核后续活动

包括受审核方针对不符合项的纠正措施、完成时限以及验证方式，受审核方已经采取的措施或已经制定的措施等。

7.1.7.7 举行末次会议

7.1.7.7.1 会议内容

末次会议应该包括以下内容：

（1）向受审核方报告和解释审核发现和审核结论，并取得受审核方的理解和认同。这里的审核发现包括符合项和不符合项，以及对审核发现的总结和归纳。

（2）讨论纠正和预防措施时间表。双方就受审核方提出的纠正和预防措施时间表（包括提交的拟采取措施的时间与完成纠正和预防措施的时限）达成一致意见。还可以就受审核方已采取的措施或已制定的措施计划进行讨论。

（3）必要时，审核组长应告知受审核方在审核中遇到的可能降低审核结论可信度的情况。这种情况包括：抽样的局限性、出现的不真实记录、数字保存系统的文件与实际情况不一致、某些性能不能提供充分的证据等，这些情况会降低对审核结论的信心。

（4）提出改进建议。可以提出改进建议，但应强调建议没有约束力，仅供受审核方参考。

（5）解决对审核发现与审核结论的分歧意见。审核组有必要请受审核方对审核发现和审核结论发表意见，提出质疑。如果存在意见分歧,则应进行讨论,并尽可能予以解决。如果没有解决,则应该予以记录。

7.1.7.7.2 主持人和参加人员

末次会议应该由审核组长主持。

参加人员除了审核组全体成员外,还应包括受审核方相关人员(包括主要管理者)。

7.1.7.7.3 末次会议一般议程

- 审核组长宣布审核结果;
- 审核组长宣布审核结论和提出不符合纠正措施要求,以及获证后监督审核的规定(如果能够通过现场审核的话);
- 受审核方代表表态,就审核结论和不符合项以及其纠正措施要求表明态度,并适当说明今后的改进方向;
- 受审核方最高管理者致辞;
- 审核组长宣布末次会议结束。

7.1.7.7.4 审核组长的发言内容

- 概括介绍现场审核的情况。
- 重申审核目的、审核模式和审核准则。
- 宣布审核发现。
- 宣布审核结论。审核结论可以为几种下述情况之一:其一,对开出的不符合项采取纠正措施,并经审核组以一定形式验证后,推荐认证;其二,推迟推荐认证,对重要不符合项进行纠正后,经审核组重新审核验证后,再推荐认证;其三,不推荐认证。
- 简要介绍获证后监督审核的要求。

7.1.7.7.5 会议记录

末次会议应当是正式的,并应对整个过程进行记录。

7.1.8 审核报告与审核完成

7.1.8.1 审核报告编制

审核组长负责编制审核报告,并对审核报告内容负责。审核报告应该包括以下内容:

(1) 审核目的。

对于认证审核，审核目的应是对受审核方的数字保存系统进行认证。

（2）审核模式。

对于认证审核，审核模式必须是全审核模式。

（3）审核组长和成员。

审核组长和成员（包括审核员、实习审核员和技术专家）的姓名和资格。

（4）现场审核活动的日期和地点。

日期包括现场审核实施的起止日期。

地点包括受审核方名称以及地址。

（5）受审核方代表。

现场审核所接触的受审核方管理人员的职位和姓名。

（6）审核准则。

对于认证审核，审核准则应是《数字保存系统质量保证标准》，并参考数字保存有关法律、法规和条例。

（7）审核计划。

如果审核计划有修改，则应包括各个版本的审核计划（多次修改时所产生的每个审核计划）。

（8）审核过程综述。

审核过程的概括性总结。它还可包括文件评审结果，现场审核中收集信息的方法、信息来源、随机抽样情况（如访谈次数与被访人员、调查表发放对象与收回情况、系统测试次数与分布、系统观察活动的次数、查阅文件、记录、文档等资料的数量）、不符合项的数量及其分布情况。

审核过程综述还应指出审核过程中遇到的可能降低审核结论可信度的不确定因素和障碍。例如，

- 审核过程中，DPS系统某些功能和操作停止了运行；
- 基于保密原因，受审核方不愿意提供充分证据；
- 记录不真实、文件内容与实际情况不一致；
- 受审核方关键人员不在场，由其他不太熟悉的人员代行其职；

- 受审核方有意拖延审核时间,如提供信息时间过长;
- 审核员在审核过程中出现意外;
- 遇到不可抗力,等等。

(9) 审核发现。

包括正面和负面的审核发现的描述,以及确定的不符合项。

(10) 审核结论。

对于认证审核,审核报告中的审核结论以及是否通过认证的推荐意见不是最终的审核结论。最终的审核结论,包括是否批准认证,以认证机构的认证决定所形成的结论为准。

审核报告通常还应包括对纠正措施的相关要求。

(11) 审核组和受审核方之间没有解决的分歧。

包括审核发现和审核结论等方面的分歧。

(12) 对改进的意见。

指出应改进的系统功能和系统操作等。

(13) 审核后续活动计划。

已经过审核组确认的受审核方对不符合项制订的纠正措施计划。

(14) 内容保密的声明。

包括保密的信息范围、保密所涉及的人员。

(15) 审核报告的分发清单。

包括审核报告分发的对象和分发的份数。

7.1.8.2 审核报告的批准与分发

(1) 审核报告的提交、评审与批准。

审核组长应该在认证机构规定的时限内提交审核报告。如果不能按时提交,则应说明理由,并就新的提交日期达成一致。

认证机构应该对审核报告进行评审和批准。

(2) 审核报告的接受者。

审核报告的接受者由受审核方确定。

(3) 审核报告的所有者。

审核报告归受审核方所有,审核组成员、认证机构和审核报告的其他接受者都应当对审核报告的内容保密。

7.1.8.3 审核完成

当经过批准的审核报告分发完成,审核即告结束。

审核的相关文件应至少保存一个认证周期(一般为三年)。这些文件包括:受审核方提交的数字保存系统文件(记录、文档、报告、协议)、在审核过程中形成的文档(如审核计划、检查表、审核记录、不符合报告、会议记录、审核报告等)。

7.1.8.4 认证决定

在认证机构中,决定授予认证的人员应具备足以评价审核过程和由审核组提供的相关建议的知识和经验。

负责作出认证决定的人员不应参与对受审核方 DPS 的审核活动。

是否授予受审核方数字保存系统认证的决定应以审核组审核报告中审核发现和审核结论以及认证机构获取的任何其他相关信息为基础。

负责作出授予认证决定的人员在正常情况下,不宜推翻审核组的负面建议。如果出现这种情况,则认证机构应记录和说明理由。

7.1.9 认证后审核

一个完整认证审核的周期一般为三年,包括三个阶段:初次审核、监督审核和再认证审核。其中,监督审核和再认证审核为认证后审核。

7.1.9.1 监督审核

监督审核是认证机构在颁发认证证书后,对受审核方的数字保存系统的定期监督访问。

(1) 监督审核的目的。

● 确认受审核方数字保存系统是否持续符合《数字保存系统质量保证标准》的要求,以及数字保存的有关法律、法规和条例;

● 提出是否保持认证的推荐性意见。

(2) 监督审核的内容。

● 对初次审核中确定的不符合项所采取的纠正措施的执行情况进行验证,以及上次监督审核遗留的问题;

● 对上次审核(初次审核或监督审核)以来,数字保存系统的变化所涉及的审核标准中的条款进行审核；
- 审核标准中其他条款的抽样审核；
- 申诉和投诉的处理记录；
- 认证证书与标志的使用。

(3) 监督审核标准。

同初次审核，即《数字保存系统质量保证标准》，并参考数字保存的有关法律、法规和条文。

(4) 监督审核的实施。
- 时间间隔

首次监督审核应该在初次审核后 12 个月之内进行，两次监督审核的间隔一般不超过 12 个月，最后一次监督审核应该与再认证审核【参见 7.1.9.2】合并。
- 监督审核组

监督审核由认证机构选择和指派正式审核组，一般应包括参加过该受审核方数字保存系统初次审核的审核组成员。
- 监督审核工作量

一般应为初次审核的 1/3。
- 监督审核程序

应按照初次审核的程序框架实施，根据实际情况，可适当从简。
- 审核方法

对于初次审核中确定的所有不符合项，都应验证采取的纠正措施的执行情况，对于上次监督审核遗留的问题都应该解决。

对于上次审核（初次审核或监督审核）以来，数字保存系统的变化所涉及的审核标准中的所有条款，都应进行全面审核，审核方式同初次审核。

对于审核标准中其他条款，每次监督审核应抽取不同条款，但三年中应覆盖所有条款，审核方式同初次审核。

对于申诉和投诉，应抽样检查处理记录【参见 7.1.7.2.3】。

对于认证证书与认证标志，应该全面检查标志使用和认证资格引用的合理性。

监督审核方式同认证审核，可以采用审阅文件、记录、文档、报告和协议，也可以采用交谈、调查、现场观察和系统测试等。

监督审核后，审核组应编制监督审核记录和监督审核报告，并形成监督审核结论。监督审核结论应包括推荐保持认证、认证暂停、认证撤销等建议。

（5）监督审核的后续工作。

监督审核后，认证机构应根据监督审核组的推荐建议，作出认证状态的决定。认证状态决定包括：

①保持认证。

②认证暂停。在出现下述情况之一时，认证机构暂停受审核方使用认证证书和认证标志的资格：

a. 受审核方未经认证机构批准，对数字保存系统的性能和服务进行了重大改变；

b. 监督审核发现受审核方的数字保存系统存在重大不符合项，但严重程度尚不构成撤销认证资格；

c. 受审核方对认证证书和认证标志的使用不符合认证机构的要求；

d. 受审核方未按期缴纳认证费用，且经指出后未予纠正。

认证暂停后，受审核方如果在规定的时限内满足规定的条件，则认证机构应取消暂停；否则，撤销认证资格，收回认证证书。

③认证撤销。在出现下述情况之一时，认证机构应撤销受审核方使用认证证书和标志的资格，收回认证证书：

a. 暂停认证资格的通知发出后，受审核方未按照要求采取适当纠正措施；

b. 监督审核发现受审核方的数字保存系统存在特别重大的不符合项。

被撤销认证资格者，一年后方可重新提出认证申请。

7.1.9.2　再认证审核

再认证审核是在认证周期即将结束时，认证机构对已获证组织的数字保存系统所实施的重新评估活动。

再认证审核的目的是验证获证组织的数字保存系统是否持续符合《数字保存系统质量保证标准》的要求和数字保存相关法律、

法规和条例的要求。

再认证审核的标准与初次认证审核一致。

再认证审核的审核模式与初次认证一样。

再认证审核的程序与初次认证审核相同,应包括文件评审和现场审核。

除此之外,再认证还需要对数字保存系统在上一个认证周期的实施与保持绩效进行评审。

为节省资源和减少对获证组织的影响,再认证审核应代替本认证周期的最后一次监督审核。

认证机构应该根据再认证审核的结果,作出是否换发认证证书的决定。

7.2 《数字保存系统质量保证标准》审核检查表

编制说明:

本《数字保存系统质量保证标准》审核检查表(下称"本审核检查表")是对数字保存系统进行符合性审核的工具,其目的在于通过对《数字保存系统质量保证标准》的每个条款设计审核检查题目,审核人员采用相应的审核方法收集证据,对审核检查题目作出肯定或否定的回答,并说明原因,从而作出受审核方的数字保存系统是否符合相应条款审核要求的判断。

本审核检查表中的条款编号对应于第 6 章《数字保存系统质量保证标准(草案)》中的条款编号。

本审核检查表由六栏组成:标准的要求、审核检查题目、审核检查题目说明、审核方法、答案与原因、删除与理由。

(1) 标准的要求。

第 6 章《数字保存系统质量保证标准(草案)》的 6.1~6.4 中的每个条款所规定的要求。在该审核检查表中,审核对象是以《数字保存系统质量保证标准》中最下位级别的条款(即无下位条款的条款,在本检查表中称为"审核条款",下同)为单位。

(2) 审核检查题目。

针对每个审核条款,设计一个或多个审核检查题目。审核检查题目应涵盖相对应审核条款的全部内容。通过这些审核检查题目应该能够确定该审核条款的符合程度。

(3) 审核检查题目说明。

为了帮助审核人员对审核检查题目的理解,对一些题目的内容进行了解释说明,提供审核检查指南。审核人员在实际审核检查过程中,应参照这些说明,开发审核技能。

(4) 审核方法。

不同类型的标准过程要求可采用不同的审核方法。本审核检查表中采用的审核方法有下述 5 种:

- 面谈。面谈的对象包括:DPS 管理层领导、员工、用户、数字资源提供者、投资者以及其他相关人员。但要注意,面谈所得到的信息,特别是涉及数据的信息,还应该通过其他渠道获得支持信息予以核实。

- 调查表。调查表是面谈的延伸。在采用该方法时,要注意调查对象、调查表的发放和回收量。调查对象要准确,并具有广泛的代表性。调查表的发放和回收数量要充足,要满足数据统计的需要。

- 查阅文件。在本审核检查表中,审核方法一览中的"查阅文件"的含义包括查阅文件、记录、文档、报告和协议。

- 现场考察。包括 DPS 物理环境的现场考察和 DPS 系统性能的现场考察。

- 系统测试。对 DPS 各项性能进行测试。对于测试次数有限或次数较少的,应该全面测试。对于次数无限或次数很多的测试,应该采用随机抽样法,抽样方案应使用符合规定置信度的统计技术。

(5) 答案与原因。

此栏是审核检查的结果记录。该审核条款是否符合或满足?有两个可能的答案:"是"和"否"。

- 是:意味着受审核方的数字保存系统完全符合或满足该审核条款的要求。

- 否:意味着受审核方的数字保存系统完全不符合或不满足该审核条款的要求,或只是部分符合或满足该审核条款的要求。这个审核结果属于不符合项,一般应该出具不符合项报告,要求受审核方采取纠正措施。

- 原因:对于"否"的答案,应说明理由。

(6) 删除与理由。

数字保存系统有多种类型,具体到不同类型的数字保存系统或不同组织运行的数字保存系统,该标准中一些条款可能不适合,审核员可以删除,但要说明充足理由,并证明删除的合理性。因此,该标准在具体数字保存系统的审核过程中具有一定弹性。

7.2.1 管理质量标准审核表

管理质量标准包括七个二级条款,分别是:

```
6.1.1 数字保存方针
6.1.2 人力资源配置
6.1.3 系统运行日志管理
6.1.4 灾难性事件的防御与恢复
6.1.5 系统风险管理
6.1.6 财务管理
6.1.7 数字保存产权管理
```

7.2.1.1 数字保存方针

该二级条款包含六个审核条款(即审核对象,见"编制说明"中的(1),下同),具体为:

```
6.1.1.1 系统职责声明
6.1.1.2 后续保存计划
6.1.1.3 数字资源获取方针
6.1.1.4 数字资源收录的内容覆盖性说明
6.1.1.5 数字资源保存权的法律许可
6.1.1.6 数字保存方针的评审
```

每个审核条款的符合性审核检查表如下:

7　数字保存系统质量认证

标准的要求	审核检查题目	审核检查题目说明	审核方法	答案与原因	删除与理由
6.1.1.1 系统职责声明	是否有 DPS 职责声明文件		查阅文件。检查 DPS 的职责声明文件		
	该职责声明文件内容是否涵盖了 DPS 的主要职责	主要职责包括：对收录的数字资源如何进行长期保存、如何管理和如何存取等			
	该文件的内容是否与相关法律、法规和条例相冲突				
	数字资源提供者和 DPS 投资者是否能够公开获取这个文件		面谈和调查。走访和调查数字资源提供者和 DPS 的投资者		
6.1.1.2 后续保存计划	是否有后续保存计划				
	后续保存计划中是否规定了在实施后续保存之前，DPS 应取得所有数字资源提供者的许可		查阅文件。检查后续保存计划		
	后续保存计划中所指定的 DPS 是否经过资质审核		查阅文件。检查后续保存计划中所指定 DPS 的资质审核报告		

240

7.2 《数字保存系统质量保证标准》审核检查表

续表

标准的要求	审核检查题目	审核检查题目说明	审核方法	答案与原因	删除与理由
6.1.1.3 数字资源获取方针	是否有数字资源获取方针		查阅文件。检查数字资源获取方针文件		
	该方针中是否包括数字资源的选择标准	数字资源的选择标准至少应该包括：数据格式、主题领域、语种、生产者等			
	该方针中是否包括数字资源的获取标准	数字资源的获取标准至少应该包括：产权状态、存取限制、数据质量、购买的成本限制等			
6.1.1.4 数字资源收录的内容覆盖性说明	是否有数字资源收录的内容覆盖完整率说明	完整率的计算方法是，在 DPS 规定的收录范围之内，实际收录的数字资源总数与应该收录的数字资源总数之比。数字资源的计量单位可以是原始文献的种数、册数或篇数等	查阅文件。检查数字资源收录的内容覆盖完整率说明		
	数字资源收录的内容覆盖完整率说明是否提供公共获取		面谈和调查。走访和调查用户，以及检查数字资源收录内容覆盖完整率说明的公开渠道		

241

续表

标准的要求	审核检查题目	审核检查题目说明	审核方法	答案与原因	删除与理由
6.1.1.5 数字保存方针的评审	是否有数字保存方针的评审机制		查阅文件。检查数字保存方针评审记录		
	评审的时间间隔是否合理科学	评审周期有定期和不定期两种，但无论采用何种方式，时间间隔的设置都必须以能够及时发现、纠正和完善数字保存方针为原则			
	保存方针的评审是否有同行专家和相关员工的参与				
	是否保存和管理数字保存方针的不同版本		查阅文件。检查数字保存方针文件的存档		

7.2.1.2 人力资源配置

该二级条款包含三个审核条款，具体为：

```
6.1.2.1 员工数量要求
6.1.2.2 员工技能要求
6.1.2.3 员工技能更新要求
```

每个审核条款的符合性审核检查表如下：

标准的要求	审核检查题目	审核检查题目说明	审核方法	答案与原因	删除与理由
6.1.2.1 员工数量要求	是否根据功能和服务的实现来设置岗位				

7.2 《数字保存系统质量保证标准》审核检查表

续表

标准的要求	审核检查题目	审核检查题目说明	审核方法	答案与原因	删除与理由
6.1.2.1 员工数量要求	是否根据每个岗位的工作量来确定所需员工的数量		查阅文件。检查DPS组织结构、岗位设置与职责、岗位技能要求文档		
	能否证实每个岗位配备的员工数量既充足又不多余				
6.1.2.2 员工技能要求	针对每个岗位,DPS是否确定了岗位职责				
	根据岗位职责的描述,DPS是否识别出每个岗位所需的技能	如技术和法律知识等			
	每个岗位的员工是否具备该岗位所需的技能		面谈和调查。随机抽查岗位,考察员工技能		
6.1.2.3 员工技能更新要求	是否制定员工技能培训计划		查阅文件。检查员工培训计划		
	培训内容是否以岗位所需技能知识与技术发展同步为原则		查阅文件。检查员工培训记录		
	培训计划是否得到合理执行				

7.2.1.3 系统运行日志管理

该二级条款包含四个审核条款,具体为:

> 6.1.3.1 日志的产生
> 6.1.3.2 日志的内容
> 6.1.3.3 日志的分析
> 6.1.3.4 日志的维护

每个审核条款的符合性审核检查表如下:

标准的要求	审核检查题目	审核检查题目说明	审核方法	答案与原因	删除与理由
6.1.3.1 日志的产生	是否产生日志		查阅文件。检查日志文档		
	日志文件的格式设置是否方便日志分析				
	日志文件的事件设置是否方便系统运行监控	日志文件中的事件应该包括系统级、事务级和操作级			
	日志对事件的记录是否包括事件的操作时间、操作过程、出现的故障和错误的描述等信息				
6.1.3.2 日志的内容	日志是否包括系统运行日志和用户访问日志两大类				
	系统运行日志是否记录了运行过程主要操作信息(包括操作人、操作事项、时间、访问IP等)	主要操作有管理登录、数据修改与删除、服务器和网络设备的重新设置、软件装载与升级、硬件增减与更新、系统杀毒等			

244

7.2 《数字保存系统质量保证标准》审核检查表

续表

标准的要求	审核检查题目	审核检查题目说明	审核方法	答案与原因	删除与理由
6.1.3.2 日志的内容	用户访问日志是否全面记录了用户的访问历史	用户访问历史包括用户终端的IP、登录时间、下线时间、账户、用户名、检索费用和下载明细等			
	是否有保护用户访问日志中用户个人隐私的声明和方法		查阅文件。检查用户个人隐私保护措施和声明		
6.1.3.3 日志的分析	是否进行日志分析	日志分析的目的在于从中了解系统的运行状况，发现薄弱环节，并及时进行整改	查阅文件。检查日志分析记录		
	是否基于日志分析结果进行系统的整改		查阅文件。检查系统整改报告		
	日志分析责任人是否是系统管理员	可以辅助于相关技术人员，乃至外聘专业安全服务机构中的工程师	查阅文件。检查日志分析记录		
	如果采取软件进行日志分析，那么，是否事先对软件的安全性进行了检测		查阅文件。检查用于日志分析软件的安全性测试报告		

245

续表

标准的要求	审核检查题目	审核检查题目说明	审核方法	答案与原因	删除与理由
6.1.3.3 日志的分析	分析周期的设置是否合理		查阅文件。检查日志分析记录		
	对系统运行日志文件，管理员是否每天至少查看一次，及时发现系统存在的问题				
	分析报告是否包括关键操作的定位	关键操作是指对系统安全构成重要威胁的操作，一般应包括系统启动和关闭、数字资源的备份与恢复、数字资源的更改等			
	分析报告是否包括系统和事务故障的原因与解决方法	对于外购软硬件或组件的故障，可以将故障信息发送至厂家，以帮助实现进一步故障分析			
	分析报告是否包括用户访问的各种统计	用户访问日志的统计可以采用各种统计图表可视化展示，并能下载、查看明细。比如，按照日期和时间段统计、按照浏览和下载流量统计等			
6.1.3.4 日志的维护	系统管理员是否定期对系统日志文件进行了备份		查阅文件。检查系统日志文件备份记录		
	系统运行日志及用户访问日志的保存时限是否符合有关要求	比如，《计算机信息系统安全保护条例》要求保存60天以上	查阅文件。检查日志保存期限的相关规定与实际保存时限的相符性		

7.2 《数字保存系统质量保证标准》审核检查表

7.2.1.4 灾难性事件的防御与恢复

该二级条款包含三个审核条款，具体为：

```
6.1.4.1 灾难性事件应对方案的制定
6.1.4.2 灾难性事件应对方案的测试
6.1.4.3 灾难性事件的恢复
```

每个审核条款的符合性审核检查表如下：

标准的要求	审核检查题目	审核检查题目说明	审核方法	答案与原因	删除与理由
6.1.4.1 灾难性事件应对方案的制定	DPS是否制定了灾难性事件应对方案		查阅文件。检查灾难性事件应对方案		
	该方案中是否详细描述了不同灾难应采取的措施，并明确规定执行措施的员工	灾难的类型包括：火灾、水灾、地震、系统崩溃等			
	该方案中是否包括了容灾系统				
6.1.4.2 灾难性事件应对方案的测试	是否定期测试灾难性事件应对方案	测试可以以模拟的方式进行，也可以以真正关闭系统来测试。在一般情况下，应采用模拟测试，从而避免在真实测试中所造成客户服务的暂停	查阅文件。检查灾难性事件应对方案测试记录		
	灾难性事件应对方案的测试周期的设置是否合理				

标准的要求	审核检查题目	审核检查题目说明	审核方法	答案与原因	删除与理由
6.1.4.3 灾难性事件的恢复	是否有灾难性事件恢复的程序	灾难性事件的恢复可以自己实施，也可以委托给专业机构实施。DPS应该权衡两种实施方法的利弊，从中选择	查阅文件。检查灾难性事件恢复程序		
	是否拥有用于灾难性事件恢复的资金支持计划		查阅文件。检查灾难性事件恢复的资金支持计划		

7.2.1.5 系统风险管理

该二级条款包含三个审核条款，具体为：

```
6.1.5.1 风险识别
6.1.5.2 风险评估
6.1.5.3 风险管理策略
```

每个审核条款的符合性审核检查表如下：

标准的要求	审核检查题目	审核检查题目说明	审核方法	答案与原因	删除与理由
6.1.5.1 风险识别	是否对DPS存在的各种风险进行了识别		查阅文件。检查风险识别的结果文档		

续表

标准的要求	审核检查题目	审核检查题目说明	审核方法	答案与原因	删除与理由
6.1.5.1 风险识别	在风险识别的结果文档中，涵盖的风险是否全面	风险类型可归纳为：（1）系统管理风险，包括运行机构管理风险、员工聘用风险、财务风险；（2）系统运行风险，包括数字资源获取风险、数字资源保存风险、元数据管理风险、用户访问风险；（3）技术支持风险，包括硬件风险、软件风险、网络风险；（4）系统环境风险，包括物理环境风险、政策环境风险	查阅文件。检查风险识别的结果文档		
6.1.5.2 风险评估	是否对已识别的风险因素进行了风险概率评估	风险概率可通过特定时间内风险发生的次数来衡量。根据DCC建议，可以采用下述5个级别：（1）非常低（1级，50年发生一次）；（2）低（2级，5年发生一次）；（3）中（3级，1年发生一次）；（4）高（4级，每个月发生一次）；（5）非常高（5级，每个月发生一次以上）	查阅文件。检查风险概率评估报告		

续表

标准的要求	审核检查题目	审核检查题目说明	审核方法	答案与原因	删除与理由
6.1.5.2 风险评估	是否对已识别的风险因素进行了风险影响评估	风险影响可通过风险发生后数字资源真实性和可理解性的具体缺失状况来衡量。可以采用下述5级：（A）较小：导致数字资源的真实性和可理解性部分丧失，但可完全恢复；（B）重大：导致数字资源的真实性和可理解性完全丧失，但可完全恢复；（C）严重：导致数字资源的真实性和可理解性部分丧失，且其中一些丧失是DPS不可恢复的；（D）非常严重：导致数字资源的真实性和可理解性较普遍丧失，且这些丧失是DPS不可恢复的，但可由第三方恢复；（E）灾难性：导致数字资源的真实性和可理解性完全丧失，且所有丧失是采用任何方法都无法恢复的	查阅文件。检查风险影响评估报告		
	是否识别出需要重点监控和一般监控的风险		查阅文件。检查需要重点监控和一般监控的风险的列表		

7.2 《数字保存系统质量保证标准》审核检查表

续表

标准的要求	审核检查题目	审核检查题目说明	审核方法	答案与原因	删除与理由
6.1.5.3 风险管理策略	是否根据不同类型的风险制定了不同的管理策略	管理策略有：（1）风险规避策略；（2）风险处置策略；（3）风险转移策略；（4）风险容忍策略	查阅文件。检查针对需要重点监控和一般监控的风险所制定的风险管理策略		
	在长期实践过程中，是否不断总结和完善风险管理策略		查阅文件。检查风险管理策略改变记录		

7.2.1.6 财务管理

该二级条款包含三个审核条款，具体为：

```
6.1.6.1 财务计划
6.1.6.2 财务运行
6.1.6.3 财务分析报告
```

每个审核条款的符合性审核检查表如下：

标准的要求	审核检查题目	审核检查题目说明	审核方法	答案与原因	删除与理由
6.1.6.1 财务计划	是否制定和执行 DPS 财务计划（包括短期的和长期的）	DPS 财务计划的基本内容应包括：（1）收益情况；（2）支出情况；（3）盈亏情况；（4）用于处理突发性故障的备用资金；（5）纯收入的分配和亏损的弥补等	查阅文件。（1）检查财务计划；（2）检查财务执行报告		

续表

标准的要求	审核检查题目	审核检查题目说明	审核方法	答案与原因	删除与理由
6.1.6.1 财务计划	财务计划是否能够支持DPS正常运行		查阅文件。(1)检查财务计划；(2)检查财务执行报告		
	财务计划的执行是否合理				
6.1.6.2 财务运行	财务运行是否透明	有些财务数据是机密的，不适合公示于众。但是，DPS应该能够证实其财务运行在合适的范围内做到了最大程度的透明	面谈和调查。走访和调查财务制度与财务运行的公开情况		
	财务运行是否符合相关会计标准		查阅文件。检查财务执行报告		
	财务运行是否根据当地有关法律接受相关审核		查阅文件。检查财务审核报告		
6.1.6.3 财务分析报告	是否定期对财务执行情况进行分析，并形成有财务分析报告		查阅文件。检查财务分析报告		
	财务分析报告的内容是否至少包括财务风险分析、收益分析、投资分析和支出分析	财务风险分析包括风险识别与应对措施制定；收益分析包括收益来源与杠杆；投资分析包括投资评估与平衡；支出分析包括支出计划与准备			

7.2.1.7 数字保存产权管理

该二级条款包含三个审核条款，具体为：

6.1.7.1 数字保存协议
6.1.7.2 数字资源产权验证与跟踪
6.1.7.3 数字资源产权纠纷的规避

每个审核条款的符合性审核检查表如下：

标准的要求	审核检查题目	审核检查题目说明	审核方法	答案与原因	删除与理由
6.1.7.1 数字保存协议	DPS是否与数字资源提供者或委托保存者签署了保存协议		查阅文件。检查DPS与数字资源提供者或委托保存者签署的保存协议		
	该协议的内容是否合理与全面	该协议的内容应该至少包括五个条款：(1)数字资源的提交条款；(2)数字资源的修改条款；(3)数字资源的访问条款；(4)数字资源的注销条款；(5)正式承担数字资源保存责任的时间条款			
6.1.7.2 数字资源产权验证与跟踪	DPS是否对数字资源产权进行验证		查阅文件。检查数字资源产权验证记录		
	DPS是否对数字资源在保存和提供服务过程中进行产权跟踪		查阅文件。检查数字资源产权跟踪记录		
	DPS是否对数字资源的用户访问限制进行管理		现场考察。考察用户访问权限设置		

253

7 数字保存系统质量认证

续表

标准的要求	审核检查题目	审核检查题目说明	审核方法	答案与原因	删除与理由
6.1.7.3 数字资源产权纠纷的规避	在接收产权不明晰的数字资源时,是否制定措施来规避可能出现的产权纠纷		查阅文件。检查产权纠纷规避措施文件(针对DPS接收产权不明晰的数字资源)		
	规避措施是否合理与可行	规避措施应在权威机构或法律专家的指导下制定,以使其所承担的产权风险最小化			

7.2.2 性能质量标准审核表

性能质量标准包括四个二级条款,分别是:

```
6.2.1 数字资源获取
6.2.2 AIP 的质量
6.2.3 AIP 的保存
6.2.4 数字资源检索
```

7.2.2.1 数字资源获取

该二级条款包含六个审核条款,具体为:

```
6.2.1.1 数字资源保存内容的界定
6.2.1.2 数字资源相关信息的界定
6.2.1.3 数字资源来源的可信任性
6.2.1.4 SIP 的正确性和完整性
6.2.1.5 数字资源获取的反馈
6.2.1.6 数字资源获取过程的记录
```

每个审核条款的符合性审核检查表如下:

7.2 《数字保存系统质量保证标准》审核检查表

标准的要求	审核检查题目	审核检查题目说明	审核方法	答案与原因	删除与理由
6.2.1.1 数字资源保存内容的界定	在 DPS 与数字资源提供者达成的协议中是否对每类数字资源的保存内容进行了具体说明	不同 DPS 对数字资源的保存内容可能不同。比如,某个 DPS 只保存某类数字资源的文本内容,而不保存它的显示格式;而另一个 DPS 则在保存文本内容的同时,还保存数字资源的展现形式	检查文件。检查 DPS 与数字资源提供者或委托保存者签署的保存协议		
	在每类数字资源的存储与传输流程中是否对该类数字资源的保存内容进行了详细规定		检查文件。检查每类数字资源存储与传输流程		
	如果数字资源的唯一标志符在系统获取之前就存在,该标志符是否成为其保存内容		系统测试。随机抽取 SIP,将其转换 AIP,检查其唯一标志符生成情况		
6.2.1.2 数字资源相关信息的界定	在 DPS 与数字资源提供者签署的保存协议中,是否对数字资源提供方应提交的数字资源相关信息进行了具体说明	数字资源的相关信息应该包括:数字资源访问限制信息(技术上的、产权上的等)和数字资源创建信息(创建时间、创建机构)等。这类信息应该与数字资源的保存内容一起提交	检查文件。检查 DPS 与数字资源提供者或委托保存者签署的保存协议		

255

续表

标准的要求	审核检查题目	审核检查题目说明	审核方法	答案与原因	删除与理由
6.2.1.3 数字资源来源的可信任性	DPS是否对数字资源生产者的可信任性进行考察	可采用的方法有：检查数字资源生产企业的资质证明；考察其数字资源生产流程是否符合标准作业流程；评估数据校验方式是否安全可靠等	检查文件。检查数字资源生产者可信任性考察报告		
6.2.1.4 SIP的完整性和正确性	是否对SIP的正确性进行验证	DPS对SIP正确性的验证能力，在很大程度上取决于对SIP内容的了解程度以及验证过程中所采用的工具。可以简单地仅验证SIP文件格式的相符性，也可以对SIP的内容进行检验。验证有时需人工介入，如验证一幅图片的描述信息与图片是否匹配	现场考察和系统测试		
	是否对SIP的完整性进行验证	SIP完整性的验证可以通过与数字资源提供者提交的SIP清单进行对比来实现			
	对于验证后属于不完整和不正确的SIP，DPS是否有相关处理程序	处理程序包括拒绝接收、暂缓接收、纠正后或补全缺失信息后再接收等，不能仅以简单的报错方式处理			

续表

标准的要求	审核检查题目	审核检查题目说明	审核方法	答案与原因	删除与理由
6.2.1.5 数字资源获取的反馈	DPS是否在DPS与数字资源提供者达成的协议或数字资源提交计划中明确约定的时间向数字资源提交方反馈确认信息	反馈信息可能分三种情况：（1）一切顺利结束，则通知数字资源提交方获取过程结束；（2）提交SIP不完整，则根据具体情况通知补充提交；（3）提交SIP出现错误，则通知重新提交。如果反馈信息不完整，则数字资源提交方可向DPS索取更详细信息	（1）系统测试；（2）查阅文件，检查DPS与数字资源提供者或委托保存者达成的协议和数字资源提交计划		
6.2.1.6 数字资源获取过程的记录	DPS是否对数字资源的获取操作过程和管理行为进行了记录	记录方式可以是自动也可以是人工，取决于获取操作的性质	查阅文件。检查数字资源获取操作过程和管理行为记录		

7.2.2.2 AIP的质量

该二级条款包含七个审核条款，具体为：

6.2.2.1 AIP的组成
6.2.2.2 SIP到AIP转换过程的记录
6.2.2.3 SIP的处理结果
6.2.2.4 AIP的唯一标志符
6.2.2.5 AIP的表征信息
6.2.2.6 AIP的正确性和完整性
6.2.2.7 AIP生成过程的记录

每个审核条款的符合性审核检查表如下：

标准的要求	审核检查题目	审核检查题目说明	审核方法	答案与原因	删除与理由
6.2.2.1 AIP 的组成	是否定义 AIP 的组成	AIP 组成应至少包括：数字对象、表征信息和保存描述信息	现场考察（抽样检查）		
	每件 AIP 各个组成部分之间是否采用链接等方式捆绑在一起		现场考察（抽样检查）		
6.2.2.2 SIP 到 AIP 转换过程的记录	是否对 SIP 到 AIP 的转换过程进行了记录	这种记录的内容应该包括：转换的概括描述，以及每类 AIP 转换的具体描述，如果存在需要特殊转换的 AIP，则还应包括特殊转换过程的描述。这种记录的产生方法有两种：其一是对每件 AIP 的转换过程进行记录，每件 AIP 都产生一个文档；其二是采用批处理方式，对每类 AIP 的转换过程进行集体描述	查阅文件。检查 SIP 到 AIP 转换过程记录		
6.2.2.3 SIP 的处理结果	是否对获取的每件 SIP 都有明确的处理结果	对每件 SIP 的处理结果有三种情况：(1)转换为一件完整 AIP；(2)转换成一件或多件 AIP 的一部分；(3)丢弃	查阅文件。检查 SIP 处理结果记录		

续表

标准的要求	审核检查题目	审核检查题目说明	审核方法	答案与原因	删除与理由
6.2.2.4 AIP的唯一标志符	是否制定一套命名机制来确保每件AIP都有一个唯一标志符	唯一标志符的目的在于确保能够永久地、唯一地识别所保存的每件AIP	（1）查阅文件，检查AIP唯一标志符命名规则；（2）系统测试，随机抽取SIP，将其转换AIP，检查其唯一标志符的生成情况		
	如果SIP在被DPS接收之前就拥有标志符，则该标志符是不是AIP唯一标志符的生成基础				
	如果在长期保存过程中，AIP的唯一标志符发生改变，DPS是否记录唯一标志符的变化过程		查阅文件。检查AIP的唯一标志符发生改变的记录文档		
	AIP的唯一标志符命名机制是否能够满足DPS当前与未来的需求	随着系统保存规模的扩大，唯一标志符机制应该满足不断增加的AIP命名需要	查阅文件。检查AIP唯一标志符命名规则		
6.2.2.5 AIP的表征信息	DPS是否为保存的每件AIP提供所需的表征信息，或提供获取表征信息的途径	表征信息包括通用表征信息（如数字对象通用格式信息和通用浏览软件）和专用表征信息（如数字对象专用格式信息和专用浏览软件）两种	现场考察。随机抽取AIP，检查其表征信息情况		

259

续表

标准的要求	审核检查题目	审核检查题目说明	审核方法	答案与原因	删除与理由
6.2.2.6 AIP的正确性和完整性	是否对所生成AIP进行正确性验证	正确性验证的基本方法是将AIP内容与SIP内容进行相符性对比，这种对比有时可能很简单（如对比文件中记录的数量，或一些简单的统计），有时可能很复杂	现场考察。随机抽取AIP，检查其正确性和完整性的验证过程和采用方法，并核实其完整度和正确度		
	是否对所生成AIP进行完整性验证	完整性验证的基本方法是校验，包括：采用的校验方法及其正确性的测试、校验过程的日志、对特殊AIP采用的特殊方法等			
	AIP的校验信息与内容信息是否分开保存	分开保存的目的在于防止内容信息被恶意更改时校验信息也随之发生变化，从而避免造成AIP的永久性破坏	现场考察。检查AIP的校验信息与内容信息存储地点		
6.2.2.7 AIP生成过程的记录	是否对AIP生成过程中所有操作和管理活动进行了记录	该类记录的创建应该与AIP生成过程中的操作和管理活动同步进行。创建方法可以是系统采用软件自动建立，也可以由人工记载，取决于操作和管理活动的性质	查阅文件。检查AIP生成过程记录		

7.2.2.3 AIP 的保存

该二级条款包含两个三级条款，共计十个审核条款，具体为：

6.2.3.1 AIP 的保存策略
6.2.3.1.1 保存策略的监控
6.2.3.1.2 保存环境监控结果的评估
6.2.3.1.3 保存策略的实施
6.2.3.1.4 保存策略的有效性
6.2.3.2 保存型元数据
6.2.3.2.1 保存型元数据元素的描述
6.2.3.2.2 保存型元数据的分类
6.2.3.2.3 数字对象识别元数据
6.2.3.2.4 数字对象生产元数据
6.2.3.2.5 数字对象修改元数据
6.2.3.2.6 产权管理元数据

每个审核条款的符合性审核检查表如下：

7.2.2.3.1 AIP 的保存策略

标准的要求	审核检查题目	审核检查题目说明	审核方法	答案与原因	删除与理由
6.2.3.1.1 保存环境的监控	DPS 是否对 AIP 的表征信息是否过时进行监控	保存环境的监控可由人工实现，也可借助国际上权威的数字对象格式注册登记服务系统实现。前者需要专职人员对用户使用的软件技术进行持续监控，后者需要订购数字对象格式注册登记系统的相关服务	查阅文件。检查 AIP 表征信息的监控记录		

续表

标准的要求	审核检查题目	审核检查题目说明	审核方法	答案与原因	删除与理由
6.2.3.1.2 保存策略监控结果的评估	DPS是否对保存环境监控结果进行评估	评估的目的在于判断是否需要实施保存策略，以及什么时间实施。这种评估有助于保存策略实施的及时性	查阅文件。检查保存环境监控结果评估记录		
6.2.3.1.3 保存策略的实施	DPS是否对即将过时的数字资源选择和实施数字迁移或数字仿真	根据这两类保存策略的中型实验效果，从中进行选择	查阅文件。检查保存策略实施记录		
6.2.3.1.4 保存策略实施的有效性	DPS是否对保存策略实施的有效性进行调查	有效的保存策略实施后，用户能够理解和使用相应的数字资源。因此，对保存策略实施的有效性的评判来自于用户。在实际操作过程中，如果一个DPS服务的目标用户群体比较宽泛，则可以选择有代表性的用户进行调查；否则，应该全面调查	查阅文件。检查保存策略实施有效性的用户调查记录		

7.2.2.3.2 保存型元数据

标准的要求	审核检查题目	审核检查题目说明	审核方法	答案与原因	删除与理由
6.2.3.2.1 保存型元数据元素的描述	DPS保存型元数据元素描述包括哪些内容	一般情况下，应该至少包括名称、类型、定义、数据类型、注释等	现场考察。对AIP抽样，检查其保存型元数据的元素描述内容		

7.2 《数字保存系统质量保证标准》审核检查表

续表

标准的要求	审核检查题目	审核检查题目说明	审核方法	答案与原因	删除与理由
6.2.3.2.2 保存型元数据的分类	DPS保存型元数据包括哪些类型	一般情况下，应该至少有：数字对象识别元数据、数字对象生产元数据、数字对象修改元数据和产权管理元数据等	现场考察。对AIP抽样，检查其保存型元数据情况		
6.2.3.2.3 数字对象识别元数据	数字对象识别元数据有哪些元素	应该包括的元素至少有：数字对象标志符、数字对象标题、生产或保存数字资源的机构标志符。如果数字对象来源于信息资源数字化的产品，则该类元数据包括的元素还应该有：原始信息资源的标题、原始信息资源收藏机构标志符			
6.2.3.2.4 数字对象生产元数据	数字对象生产元数据有哪些元素	应该包括的元素至少有：生产日期、生产者、压缩方式、文件格式。如果数字对象来源于信息资源数字化的产品，则该类元数据包括的元素还应该有：数字抓取的硬件及其附属设备、数字抓取的软件及其设置信息、数字对象处理软件及其设置信息			

7 数字保存系统质量认证

续表

标准的要求	审核检查题目	审核检查题目说明	审核方法	答案与原因	删除与理由
6.2.3.2.5 数字对象修改元数据	数字对象修改元数据有哪些元素	应至少包括两个元素：修改日期、修改历史	现场考察。对AIP抽样，检查其保存型元数据情况		
6.2.3.2.6 产权管理元数据	产权管理元数据有哪些元素	应至少包括产权状态元素。如果数字对象来源于信息资源数字化的产品，则该类元数据还应该包括原始信息资源的出版日期元素			

7.2.2.4 数字资源检索

该二级条款包含五个三级条款（其中一个三级条款包括两个四级条款），共计25个审核条款，具体为：

```
6.2.4.1 检索语言
6.2.4.1.1 主题语言
6.2.4.1.2 自然语言
6.2.4.1.3 分类语言
6.2.4.2 检索方式
6.2.4.2.1 简单检索
6.2.4.2.2 组合检索
6.2.4.2.3 二次检索
6.2.4.2.4 分类导航检索
6.2.4.2.5 字段级顺序扫描检索
6.2.4.2.6 相似检索
6.2.4.2.7 后控词表检索
6.2.4.3 检索功能
6.2.4.3.1 精确匹配检索
6.2.4.3.2 模糊匹配检索
```

7.2 《数字保存系统质量保证标准》审核检查表

6.2.4.3.3 通配符匹配检索

6.2.4.3.4 限定检索

6.2.4.3.5 布尔逻辑检索

6.2.4.3.6 词典式输入检索

6.2.4.4 检索结果

6.2.4.4.1 检索结果的显示

6.2.4.4.1.1 分屏显示

6.2.4.4.1.2 显示方式

6.2.4.4.2 检索结果的排序

6.2.4.4.2.1 排序方式

6.2.4.4.2.2 可作为排序的文献特征

6.2.4.4.3 文献浏览与下载

6.2.4.4.4 检索结果的保存

6.2.4.5 检索效率

6.2.4.5.1 检全率

6.2.4.5.2 检准率

6.2.4.5.3 检索速度

每个审核条款的符合性审核检查表如下:

7.2.2.4.1 检索语言

标准的要求	审核检查题目	审核检查题目说明	审核方法	答案与原因	删除与理由
6.2.4.1.1 主题语言	对于有相关受控词表支持的文本型的描述型元数据元素,DPS是否采用该词表进行主题标引和检索				

265

续表

标准的要求	审核检查题目	审核检查题目说明	审核方法	答案与原因	删除与理由
6.2.4.1.1 主题语言	对于有相关受控词表支持的文本型的描述型元数据元素，DPS是否采用关键词标引和检索作为补充		现场考察		
6.2.4.1.2 自然语言	对于无相关受控词表支持的文本型的描述型元数据元素，DPS是否采用关键词标引和检索				
	是否设置该字段的字段级顺序扫描检索功能	参见【4.4.2.5 字段级顺序扫描检索】			
6.2.4.1.3 分类语言	对于有相关分类表支持的描述型元数据元素，DPS是否采用该分类表进行分类标引，并根据该分类表设计分类导航，实现分类检索				
	对于无相关分类表支持的描述型元数据元素，DPS是否自行设计一个实用的分类表，进行分类标引，并基于该分类表设计分类导航，实现分类检索				

266

7.2.2.4.2 检索方式

标准的要求	审核检查题目	审核检查题目说明	审核方法	答案与原因	删除与理由
6.2.4.2.1 简单检索	是否提供单项表单式检索式输入	检索式可以是单个检索词，也可以是由布尔逻辑运算符连接的多个检索词。检索词可以是精确检索词、模糊匹配检索词、各种限定检索词等。可以对检索范围进行限制	（1）现场考察；（2）系统测试		
	是否提供检索结果显示的相关选择	应包括显示方式、排序方式和单屏幕显示数量的选择			
	是否与分类导航检索组合使用，实现在所选分类范围内的简单检索				
6.2.4.2.2 组合检索	是否提供多项表单式检索式输入，检索词之间选择布尔逻辑运算符进行组合	检索词可以是精确检索词、模糊匹配检索词、各种限定检索词等。可以对检索范围进行限制			
	是否提供检索结果显示的相关选择	应包括显示方式、排序方式和单屏幕显示数量的选择			
	是否与分类导航检索组合使用，实现在所选分类范围内的组合检索				

续表

标准的要求	审核检查题目	审核检查题目说明	审核方法	答案与原因	删除与理由
6.2.4.2.3 二次检索	是否提供对前一次检索结果再进行检索	DPS 提供的二次检索的次数应该没有限制			
6.2.4.2.4 分类导航检索	是否基于所选的分类表或自编的分类表，设计实现分类导航系统，提供分类检索	分类导航可以弥补各种基于元数据元素内容检索或字符串检索的系统性欠佳和难以"鸟瞰全貌"的缺陷			
6.2.4.2.5 字段级顺序扫描检索	对于没有设置元数据元素的字段，DPS 是否提供该字段顺序扫描功能，以支持这类字段的字符串检索	顺序扫描是一种基于顺排档的检索，其前提是被扫描字段的内容具有计算机可识别性。当被扫描内容比较多时，这种检索的速度比较慢。DPS 应该采取必要措施保证检索速度在用户可容忍的范围内	（1）现场考察；（2）系统测试		
	DPS 是否以温度计方式显示字段级顺序扫描检索进度				
6.2.4.2.6 相似检索	是否提供相似检索	相似检索是指定某一特定文献作为参照，检索出与指定文献内容相近的其他文献			
6.2.4.2.7 后控词表检索	在提供关键词检索 DPS 中，是否建立后控词表文档，提供后控词表检索方式	后控词表的建立和维护方法有下述两种：人工建立与维护；自动建立与维护。DPS 应该根据需要选择其中之一			

7.2.2.4.3 检索功能

标准的要求	审核检查题目	审核检查题目说明	审核方法	答案与原因	删除与理由
6.2.4.3.1 精确匹配检索	是否提供完全匹配检索功能	完全匹配是指元数据元素内容与检索词完全相同，适用于文本型的元数据元素检索和数值型的元数据元素检索	（1）现场考察；（2）系统测试		
	是否提供包括距离匹配和位置匹配在内的扩展完全匹配检索功能	距离匹配是指给定两个检索词及其之间的距离，被检文献内容包含给定的两个检索词，且两个检索词在被检文献中出现的位置之间的距离与给定值相匹配 位置匹配是指给定两个检索词及其两者之间的位置关系，被检文献内容中包含给定的两个检索词，且两个检索词之间的位置关系与给定的位置关系相匹配。包括同句位置匹配和同段位置匹配			
	是否提供精确包含匹配检索功能	精确包含匹配是指元数据元素内容的任意位置包含检索词，仅适用于文本型的元数据元素检索			

续表

标准的要求	审核检查题目	审核检查题目说明	审核方法	答案与原因	删除与理由
6.2.4.3.2 模糊匹配检索	是否提供右截词匹配检索功能	右截词匹配检索指元数据元素内容前方与检索词中的词素相同，而后方的有限或无限个字符不影响其检索结果	（1）现场考察；（2）系统测试		
	是否提供模糊包含匹配检索功能	模糊包含匹配指元数据元素内容的任意位置包含检索词中的词素			
	是否提供词频匹配检索功能	词频匹配是指输入一个检索词和一个数值，要求该检索词在被检文献内容中出现的次数不小于该数值			
	是否提供范围匹配检索功能	范围匹配是指给定检索词，通过>、≥、<、≤等比较运算符，确定一个范围，要求检索元数据元素中的内容在给定范围内			
6.2.4.3.3 通配符匹配检索	是否提供检索词中使用通配符匹配检索	常用的通配符有"*"和"?"两种，其中，"*"表示零个或任意多个字符，"?"表示一个字符	（1）现场考察；（2）系统测试		

续表

标准的要求	审核检查题目	审核检查题目说明	审核方法	答案与原因	删除与理由
6.2.4.3.4 限定检索	是否提供字段限定检索	字段限定检索是指限定检索词必须出现在某一个字段中	（1）现场考察；（2）系统测试		
	是否提供语种限定检索	语种限定检索是指限定被检文献的语种			
	是否提供范围限定检索	范围限定检索包括时间范围限定检索和数值型范围限定检索两种			
6.2.4.3.5 布尔逻辑检索	是否提供完全的布尔逻辑检索	完全的布尔逻辑检索包括逻辑与、逻辑非、逻辑或三种			
	是否规定布尔逻辑运算符的运算次序	应该设置"（）"改变运算次序			
6.2.4.3.6 词典式输入检索	是否提供检索词输入由用户从词典中选择实现的功能	词典应该是倒排档中的索引词，并辅助以每个索引词的文献登录数			

7.2.2.4.4 检索结果

标准的要求	审核检查题目	审核检查题目说明	审核方法	答案与原因	删除与理由
6.2.4.4.1 检索结果的显示	6.2.4.4.1.1 分屏显示	是否提供检索结果分屏显示	（1）现场考察；（2）系统测试		

续表

标准的要求	审核检查题目		审核检查题目说明	审核方法	答案与原因	删除与理由
6.2.4.4.1 检索结果的显示	6.2.4.4.1.1 分屏显示		是否设置每个屏幕显示的默认记录个数的参数，并允许用户修改该参数的值	（1）现场考察；（2）系统测试		
	6.2.4.4.1.2 显示方式	是否提供题录型显示方式	题录显示方式应至少包括文献题名、作者、出版发表日期等			
		是否提供细览型显示方式	细览显示方式应至少包括文献题名、作者、出版发表日期、机构、来源、摘要等			
6.2.4.4.2 检索结果的排序	6.2.4.4.2.1 排序方式	是否提供简单排序方式	简单排序是按一种文献特征对检索结果进行排序	（1）现场考察；（2）系统测试		
		是否提供复合排序方式	复合排序按两种或两种以上的文献特征对检索结果进行排序			
		是否提供二次排序方式	二次排序在已排序的结果上再按另一种文献特征进行排序。二次排序的次数应该无限制			
		是否提供显示排序方式的选择功能				

续表

标准的要求	审核检查题目	审核检查题目说明	审核方法	答案与原因	删除与理由
6.2.4.4.2 检索结果的排序	6.2.4.4.2.2 可作为排序的文献特征	是否将相关性作为默认排序特征			
		是否向用户提供可作为排序的其他文献特征	至少包括：文献的题名、作者、出版发表时间、来源、引文频次、分类、作者机构、下载次数等		
6.2.4.4.3 文献浏览与下载		是否在检索结果显示窗口中提供调出文献全文的超级链接	一般情况下，超级链接应该隐含在文献题名之中	（1）现场考察；（2）系统测试	
		超级链接是否有效			
		是否向有下载权限的用户提供文献全文的下载功能	下载的文献应能进行阅读和打印		
6.2.4.4.4 检索结果的保存		是否提供检索结果保存功能		（1）现场考察；（2）系统测试	
		是否提供选择性保存，仅对所选择检索结果进行保存	保存的检索结果内容应至少包括文献题录、作者、出版发表日期和摘要等内容		
		是否设计多种不同保存格式供用户选择			

7.2.2.4.5 检索效率

标准的要求	审核检查题目	审核检查题目说明	审核方法	答案与原因	删除与理由
6.2.4.5.1 检全率	对于按元数据元素索引的字段进行检索时，检全率是否达到90%		系统测试。在DPS数字资源的一个有效且具代表性子集（可采用抽样法建立）中进行测试		
	对于无元数据元素索引的字段进行字段级全文扫描检索时，检全率是否达到100%				
	分类检索的检全率是否达到95%				
6.2.4.5.2 检准率	对于按元数据元素索引的字段进行检索时，检准率是否达到95%		（1）系统测试；（2）面谈和调查，走访和调查用户		
	对于无元数据元素索引的字段进行字段级全文扫描检索时，检准率是否达到90%				
	分类检索的检准率是否达到95%				
6.2.4.5.3 检索速度	对于顺序扫描检索方式，系统是否设置检索进度可视图（如进度计等）	在一般情况下，顺序扫描检索的检索速度比较慢，响应时间比较长	现场考察		
	对于其他类型的检索方式，检索速度是否在用户可接受的范围之内	用户可接受的响应时间一般取值为5秒钟	（1）系统测试；（2）与用户面谈和调查		

7.2.3 用户服务质量标准审核表

用户服务质量标准包括五个二级条款，分别是：

6.3.1 目标用户群体
6.3.2 描述型元数据要求
6.3.3 用户服务政策
6.3.4 用户访问管理
6.3.5 数字资源的用户可用性与可理解性

7.2.3.1 目标用户群体

该二级条款包含四个审核条款，具体为：

6.3.1.1 目标用户群体的界定
6.3.1.2 目标用户群体的描述
6.3.1.3 目标用户群体的公开声明
6.3.1.4 目标用户群体与数字资源说明

每个审核条款的符合性审核检查表如下：

标准的要求	审核检查题目	审核检查题目说明	审核方法	答案与原因	删除与理由
6.3.1.1 目标用户群体的界定	是否对目标用户群体进行界定		查阅文件。检查DPS的用户范围说明		
	界定目标用户群体的基本依据有哪些	基本依据应该包括：(1) DPS 与数字资源提供者签订的服务协议，(2) DPS 确定的服务范围，(3) 保存数字资源的预期用途	查阅文件。检查目标用户群体界定过程文档		

续表

标准的要求	审核检查题目	审核检查题目说明	审核方法	答案与原因	删除与理由
6.3.1.2 目标用户群体的描述	在DPS与数字资源提供者所签订的协议中以及与用户签订的协议中，是否对目标用户群体进行详细描述	虽然没有一个固定的模式，但这种描述应该包括目标用户群体的基本特征，如包括哪些群体的人？他们的知识水平有多高？他们期望得到什么样的服务？等等	查阅文件。(1) 检查DPS与数字资源提供者或委托保存者签订的保存协议；(2) 检查DPS与用户签订的协议		
6.3.1.3 目标用户群体的公开声明	是否公开声明目标用户群体的类型	可以通过多种渠道公开这类信息，如DPS的网站以及其他公共媒介等	面谈和调查。走访和调查用户，检查目标用户群体类型声明的公开媒介		
6.3.1.4 目标用户群体与数字资源说明	DPS是否与目标用户群体协商对所保存的数字资源进行说明	不同类型的数字资源，目标用户群体可能不同，DPS所作的说明详尽程度也不尽一样。对数字资源的说明情况大致有四类：其一是DPS只向目标用户提供二进制比特流，不作任何说明；其二是向目标用户说明对数字资源的理解需要DPS以外的其他帮助；其三是向目标用户提供数字资源的相关表征信息来帮助理解其内容信息；其四是说明使用数字资源所需的工具	(1) 面谈和调查，走访目标用户；(2) 现场考察，考察数字资源的说明信息		

7.2.3.2 描述型元数据要求

该二级条款包含五个审核条款,具体为:

```
6.3.2.1 描述型元数据的设置
6.3.2.2 描述型元数据的创建
6.3.2.3 描述型元数据方案的选择
6.3.2.4 描述型元数据参照完整性的建立
6.3.2.5 描述型元数据参照完整性的维护
```

每个审核条款的符合性审核检查表如下:

标准的要求	审核检查题目	审核检查题目说明	审核方法	答案与原因	删除与理由
6.3.2.1 描述型元数据的设置	描述型元数据的设置是否以能够满足用户访问需要为原则	该原则并不意味着元数据的设置要对所有用户的所有请求都给予满足。相反,DPS应重点关注具有代表性的用户需要。例如,一个保存物理学科学数据的DPS,它的主要目标用户群体是拥有物理学博士学位的人,一个中学生无法利用系统的元数据信息有效地查找系统存储的数字资源是可以接受的	面谈、走访和调查用户,询问其访问需求的满足情况		
	对于为多个用户群体服务的DPS,是否设置不同的元数据	如果一个DPS为多个用户群体服务,且这些用户团体的服务需求各不相同,那么系统就应根据不同的数字资源设置不同的元数据。比如,一个DPS保存了数字电影和数字音乐两种不同的数字资源,那么它们所对应的元数据标准也不一样	(1) 查阅文件,检查用户群体说明;(2) 现场考察,考察元数据设置		

续表

标准的要求	审核检查题目	审核检查题目说明	审核方法	答案与原因	删除与理由
6.3.2.2 描述型元数据的创建	是否为所保存的每件数字对象创建能够满足用户访问要求的元数据描述信息		（1）用户调查，询问访问需求的满足情况；（2）现场考察，检查其元数据描述信息		
	采用了哪些方法创建元数据描述信息	元数据描述信息的创建有两种常用方法：其一在 DPS 与数字资源提供者签订的协议中，明确规定提交 SIP 同时提供元数据描述信息，并规定元数据描述信息的种类、数量和质量，如果所提交元数据描述信息不充分，则 DPS 进行补充、完善和修改；其二在接收 SIP 后，DPS 添加元数据描述信息	现场考察，考察元数据描述信息的建立过程		
6.3.2.3 描述型元数据方案的选择	是否采用标准的描述型元数据方案	比如，著名的标准描述型元数据方案 DC	现场考察。考察元数据方案是否为标准方案		

续表

标准的要求	审核检查题目	审核检查题目说明	审核方法	答案与原因	删除与理由
6.3.2.3 描述型元数据方案的选择	描述型元数据方案的选择遵循了哪些基本原则	应该遵循的基本原则有：（1）对已经实施的相似的DPS所采用的元数据方案进行全面调研。（2）对现有的元数据方案进行比较分析，结合DPS保存的数字资源的类型和目标用户群体从中选择。除非与已有的元数据方案差距甚大，建议不要构建一个全新的元数据方案。（3）除非有足够的理由；否则，DC模型中的描述项应该包括在所制定的元数据方案之中。（4）元数据跨系统操作。（5）对元数据方案中每个元素值的描述也应该标准化，有助于保障检索效率	（1）查阅文件，检查描述型元数据方案的选择说明；（2）面谈，与相关人员座谈		
6.3.2.4 描述型元数据参照完整性的建立	是否构建数字对象与元数据描述信息之间的参照完整性	每一件数字对象都须有相关的元数据描述信息，每一项元数据描述信息都应该至少指向一件数字对象，这种关系就构成了数字对象与元数据描述信息之间的参照完整性。在AIP的长期保存过程中，这种参照完整性应该自始至终有效	现场考察：（1）抽样检查数字对象，检查其元数据描述信息；（2）抽取元数据描述信息，检查对应数字对象		

279

7 数字保存系统质量认证

续表

标准的要求	审核检查题目	审核检查题目说明	审核方法	答案与原因	删除与理由
6.3.2.4 描述型元数据参照完整性的建立	数字对象与元数据描述信息是否分开存储	分开保存有利于提高保存效率，但同时也给这种参照完整性的维护增加了难度	现场考察。检查数字对象与元数据描述信息存储位置		
6.3.2.5 描述型元数据参照完整性的维护	是否对数字对象与元数据描述信息之间的参照完整性进行维护	DPS的有些操作可能会导致数字对象与元数据描述信息之间的参照断链。DPS应该定期检查它们之间的参照链接，确保断链及时得到恢复	查阅文件。查阅数字对象与元数据描述信息之间的参照完整性定期维护的记录		

7.2.3.3 用户服务政策

该二级条款仅包括一个审核条款，其符合性审核检查表如下：

标准的要求	审核检查题目	审核检查题目说明	审核方法	答案与原因	删除与理由
6.3.3 用户服务政策	是否制定了用户服务政策		查阅文件。检查用户服务政策		
	制定的用户服务政策包括的基本内容有哪些	基本内容应有：服务类型、服务方式、服务价格、服务的用户范围、可访问的数字资源范围、可访问的数字资源产权限制、用户访问记录中涉及个人隐私的说明、访问时间限制等			
	用户服务政策是否向用户公开	用户服务政策应该通过各种方式向用户公开，如DPS网站、各种宣传资料等	面谈和调查。走访和调查用户，检查用户服务政策的公开媒介		

7.2.3.4 用户访问管理

该二级条款包含七个审核条款，具体为：

> 6.3.4.1 用户访问权限的限定
> 6.3.4.2 用户访问请求的反馈
> 6.3.4.3 用户访问结果
> 6.3.4.4 DIP 的正确性和完整性
> 6.3.4.5 DIP 的可追溯性
> 6.3.4.6 用户访问失败管理
> 6.3.4.7 用户访问的记录

每个审核条款的符合性审核检查表如下：

标准的要求	审核检查题目	审核检查题目说明	审核方法	答案与原因	删除与理由
6.3.4.1 用户访问权限的限定	是否根据数字资源提供者的要求对用户的访问权限进行控制，以保护有产权限制的数字资源的产权	这里涉及几个问题：（1）用户访问权限的控制方式及其合理性；（2）合法用户应不受限制访问数字资源的保证；（3）向公众提供开放存取的DPS提供所有用户可以免费下载的证据；（4）为了保证数字资源的产权不受侵害，用户在获取数字资源前签订保密协议，以及保密协议的保存问题	（1）现场考察；（2）面谈和调查，走访用户		

续表

标准的要求	审核检查题目	审核检查题目说明	审核方法	答案与原因	删除与理由
6.3.4.2 用户访问请求的反馈	用户的访问请求是否在规定时间内给予响应	用户的任何一个访问请求最终只有两种结果：要么接受，要么拒绝	(1) 面谈和调查用户；(2) 系统测试		
	反馈的最长时间的设置是否在用户可接受的范围内	反馈的最长时间不仅取决于用户需求的类型，而且还取决于DPS本身			
6.3.4.3 用户访问结果	用户是否可以接受DPS向其提供的访问结果	用户可以接受的访问结果有：(1) 用户收到所需的完整的DIP；(2) 用户被告知其要求无法被满足；(3) 用户被告知其要求只能部分被满足，并收到所需DIP的部分内容			
	是否可以避免用户不能接受的访问结果	用户不能接受的访问结果有：(1) 用户需求只能部分被满足，并收到所需DIP的部分内容，但DPS并未向用户说明部分被满足的原因；(2) 暂时无法为用户提供数据，却不向用户作任何说明，也没有何时能提供数据的通知；(3) 虽然用户被告知其请求无法满足，但却收到DPS提供的DIP，而用户无法确定DIP的合法性和完整性			

续表

标准的要求	审核检查题目	审核检查题目说明	审核方法	答案与原因	删除与理由
6.3.4.4 DIP 的正确性和完整性	向用户提供的 DIP 是否正确	从 AIP 生成 DIP，大多涉及复杂转换，正确性的要求是这种转换过程不存在内容信息的改变	现场考察。随机检索出 DIP，按照 DIP 的追溯方法，追溯出原始样本，对比每件 DIP 与相应的原始样本，检查其正确性和完整性		
	向用户提供的 DIP 是否完整	从 AIP 生成 DIP，大多涉及复杂转换，完整性的要求是这种转换过程不存在内容信息的丢失			
6.3.4.5 DIP 的可追溯性	如果 DIP 是来自 AIP 的一个拷贝副本，则该类 DIP 是否可追溯到采集时的原始样本	DIP 的可追溯性是指能够如实再现原始数字资源。一般来说，追溯到采集时的原始样本，但有些与法律相关的数据可能会要求追溯更远	系统测试。随机检索出 DIP，根据检索		
	如果 DIP 是 AIP 进行格式转换得来的数字资源，该类 DIP 是否可追溯到采集时的原始样本	这种格式转换有的很简单，比如 TIFF 转换为 JPEG，有的很复杂，比如 AIP 是音频文件，用户需求是该音频的脚本，这种转化需要利用声音识别软件对音频进行自动识别，提取文本信息，有时还需人工核对			

续表

标准的要求	审核检查题目	审核检查题目说明	审核方法	答案与原因	删除与理由
6.3.4.5 DIP 的可追溯性	如果 DIP 是由若干件 AIP 分割重组而成的数字资源，该类 DIP 是否可追溯到采集时的原始样本	比如，用户需求是一段时间内所有电子出版物（每本电子出版物是一件完整的 AIP）的扉页	系统测试。随机检索出 DIP，根据检索出 DIP 的类型以及追溯方法，检查追溯出的原始样本		
	如果 DIP 是一件 AIP 的一部分，该类 DIP 是否可追溯到采集时的原始样本	比如，用户需求是一个数据表（该数据表是一件完整的 AIP）中若干列或（和）若干行的数据			
6.3.4.6 用户访问失败管理	DPS 是否记录所有的访问失败		查阅文件。检查用户访问记录		
	所有访问失败是否进行人工审核，并区分正常的访问失败和非正常的访问失败	正常的访问失败，如用户的行为对系统安全构成威胁时导致的系统拒绝访问。非正常的访问失败，如系统本身造成的（如合法用户访问遭到拒绝）	查阅文件。检查用户访问失败的审核报告		
	对于非正常的访问失败，是否分析原因	目的在于及时发现系统是否存在安全隐患和访问漏洞			
6.3.4.7 用户访问的记录	是否对用户的访问进行记录，并形成用户访问文档		查阅文件。检查用户访问记录		

7.2 《数字保存系统质量保证标准》审核检查表

续表

标准的要求	审核检查题目	审核检查题目说明	审核方法	答案与原因	删除与理由
6.3.4.7 用户访问的记录	在访问政策中,是否详细说明记录哪些信息	DPS对用户访问行为的记录政策应根据自己实际需求制定。比如,一些DPS可能只需记录什么信息被访问,而不用记录是谁访问了这些信息;而另一些则可能两者均需记录。又如,DPS可以只记录用户的数据下载量,而不去统计仅浏览但没有下载的情况	查阅文件。检查用户服务政策		
	涉及用户个人隐私的信息是否得到保护				
	是否基于用户访问记录生成有关统计?这些统计数据的作用如何	比如,访问高峰时间段,用户群集中地区统计等。并说明这些统计的用途	查阅文件。检查用户访问记录的统计报告		

7.2.3.5 数字资源的用户可用性与可理解性

该二级条款包含两个审核条款,具体为:

6.3.5.1 数字资源的用户可用性
6.3.5.2 数字资源的用户可理解性

每个审核条款的符合性审核检查表如下:

285

标准的要求	审核检查题目	审核检查题目说明	审核方法	答案与原因	删除与理由
6.3.5.1 数字资源的用户可用性	是否对其保存的AIP进行可用性测试		（1）查阅文件，检查AIP可用性测试记录；（2）系统测试		
	当测试结果表明数字资源出现可用性危机时，DPS是否采取相应措施保证这种可用性的延续	措施包括：格式转换、增加表征信息等	查阅文件。检查保存策略的实施报告		
6.3.5.2 数字资源的用户可理解性	DPS是否制定测试AIP内容信息的程序，定期对AIP的用户可理解性进行测试		查阅文件。检查AIP用户可理解性的测试记录		
	对于没有通过测试的AIP，DPS是否采取措施，确保目标用户群体对其内容信息的可理解	比如，AIP内容信息采用一种即将消失的语言书写，而用户已经不再使用这种语言，那么，该AIP的内容信息就不具有可理解性，DPS应该采取方法，如将该AIP内容信息翻译为用户可理解的语言，或提供一个词典	查阅文件。检查保存策略的实施报告		

7.2.4 技术支持质量标准审核表

技术支持质量标准包括六个二级条款，分别是：

> 6.4.1 数据备份
> 6.4.2 损坏和丢失数据的检测与恢复
> 6.4.3 关键过程的变更
> 6.4.4 软件
> 6.4.5 硬件
> 6.4.6 系统安全

7.2.4.1 数据备份
该二级条款包含两个审核条款，具体为：

> 6.4.1.1 数据备份的份数、存储位置和备份介质
> 6.4.1.2 数据备份的同步更新

每个审核条款的符合性审核检查表如下：

标准的要求	审核检查题目	审核检查题目说明	审核方法	答案与原因	删除与理由
6.4.1.1 数据备份的份数、存储位置和备份介质	数据备份是否至少拥有一件本地副本和一件远程副本	针对不同类型的数字资源，同一 DPS 可能会执行不同备份政策，产生不同数量的副本，这主要取决于以下因素：数字资源生产者、数字资源类型、数字资源的内容价值等	系统考察。随机抽取数字资源，确定其副本情况		
	远程副本是否存储在与 DPS 本地足够远的地点	有些 DPS 为了节省存储空间和方便操作，对保存的所有数字资源仅产生一个副本，并且所有副本均存放在同一位置，但这种做法不利于长期保存	系统考察。检查远程副本的存储地		

续表

标准的要求	审核检查题目	审核检查题目说明	审核方法	答案与原因	删除与理由
6.4.1.1 数据备份的份数、存储位置和备份介质	数据备份的存储位置能否准确定位	在存储介质或者存储子系统中，存储位置可以是物理位置，也可以是逻辑位置	系统考察。随机抽取数字资源，确定其副本数量，并寻求其所存储的介质和具体位置		
	使用新副本代替失效副本时，是否有详细记录		查阅文件，检查数据备份日志		
	数据备份的存储介质是否定期测试	测试的目的在于确保其有效性	查阅文件。检查数据备份的存储介质测试记录		
6.4.1.2 数据备份的同步更新	是否制定一个同步更新机制，以协调数字资源的各种副本之间的同步更新	实现同步更新操作的方法可以是自动的，也可以是人工的。同步更新所需时间取决于系统设置和更新的数据量。同步更新结束后，DPS 应该返回准确的开始时间和完成时间	查阅文件。检查数据备份日志		
	是否对同步更新过程进行记录				
	是否制定同步更新过程中突发性事件的应对方案	比如，在同步更新过程中如果出现意外故障，某一副本无法完成更新，系统应该能够确保对该副本进行成功恢复，之后再次进行同步更新操作			

7.2 《数字保存系统质量保证标准》审核检查表

7.2.4.2 损坏和丢失数据的检测与恢复

该二级条款包含两个审核条款,具体为:

```
6.4.2.1 检测
6.4.2.2 恢复、原因识别、记录
```

每个审核条款的符合性审核检查表如下:

标准的要求	审核检查题目	审核检查题目说明	审核方法	答案与原因	删除与理由
6.4.2.1 检测	DPS是否对数字资源的损坏和丢失进行检测		查阅文件。检查数字资源损坏与丢失的检测和恢复记录		
	对数字资源的损坏和丢失进行检测的内容是否全面	包括:AIP的总体损坏和丢失的数量,单件AIP的损坏程度,AIP副本的错误,相关元数据及其与数字对象之间对应关系错误等			
	对数字资源的损坏和丢失进行检测的方法与工具是否可靠	方法和工具不应对数字资源造成损坏。如果采用自创的检测方法,DPS应该提供可信性证据,以证明这种方法的可靠性	系统测试		
	对数字资源的损坏和丢失进行检测的周期是否合理	检测周期应根据系统的实际情况确定,要防止长时间积累而导致数字资源的损坏和丢失增加,超出系统允许的范围	查阅文件。检查数字资源损坏与丢失的检测和恢复记录		

续表

标准的要求	审核检查题目	审核检查题目说明	审核方法	答案与原因	删除与理由
6.4.2.2 恢复、原因识别、记录	数据丢失或损坏是否能够从备份中及时恢复	恢复的方式有修复和替代两种。数据恢复效果应该检测	查阅文件。检查数字资源损坏与丢失的检测和恢复记录		
	是否对数据损坏或丢失的原因进行识别	可能是软件原因，也可能是硬件原因，还可能是操作程序或管理原因。DPS应该对原因进行及时纠正，降低未来数据丢失的风险			
	是否详细记录数字资源损坏和丢失事例	记录中应说明数据损坏和丢失的原因、所采取的恢复措施、恢复效果的检测以及检测所用的标准等			

7.2.4.3 关键过程的变更

该二级条款包含三个审核条款，具体为：

```
6.4.3.1 关键过程的识别
6.4.3.2 关键过程变更的记录
6.4.3.3 关键过程变更的效果测试与变更复原
```

每个审核条款的符合性审核检查表如下：

标准的要求	审核检查题目	审核检查题目说明	审核方法	答案与原因	删除与理由
6.4.3.1 关键过程的识别	DPS是否识别出影响数字保存性能的关键过程	数字保存性能如数字资源真实性、完整性、产权保护等关键过程如数字资源获取、数字资源存储、数字资源访问以及安全等	查阅文件。检查关键过程识别文档		

续表

标准的要求	审核检查题目	审核检查题目说明	审核方法	答案与原因	删除与理由
6.4.3.2 关键过程变更的记录	是否对关键过程的变更进行记录	记录的内容包括变更的内容和变更的时间。当某个关键过程的变更导致了不利结果时,这种记录有利于该关键过程还原到变更前状态	查阅文件。检查关键过程变更的记录		
6.4.3.3 关键过程变更的效果测试与变更复原	在关键过程变更之前,DPS是否对其进行实验,测试效果	对关键过程变更的效果测试对象可能是整个系统,也可能是系统的一个具体模块。这种类型的测试成本较高,尤其是对整个系统的测试成本更高	(1)查阅文件,检查关键过程变更的试验记录;(2)系统测试		
	是否设计并验证复原程序,保证关键过程变更操作的可逆性		(1)查阅文件,检查复原程序;(2)系统测试,对复原程序的可逆性测试		
	在实际变更操作过程中,若出现不可接受的情况,是否可以将变更恢复到原来状态		查阅文件。检查关键过程变更的记录		

7.2.4.4 软件

该二级条款包含五个审核条款,具体为:

6.4.4.1 软件性能原则

6.4.4.2 软件检测机制

6.4.4.3 软件技术环境监控

6.4.4.4 软件技术环境监控信息的评估

6.4.4.5 软件的更新

每个审核条款的符合性审核检查表如下：

标准的要求	审核检查题目	审核检查题目说明	审核方法	答案与原因	删除与理由
6.4.4.1 软件性能原则	软件性能是否能够满足 DPS 各项功能的实现	DPS 的功能主要包括：数字资源的获取、数字资源保存、数字资源管理、用户访问、保存策略制定与实施、系统安全等	系统考察。对照 DPS 功能说明书，实地考察其功能情况		
	软件是否与硬件系统相兼容		查阅文件。检查 DPS 软硬件兼容性测试记录		
	软件性能是否根据 DPS 功能变化的要求而更新	软件性能的改变可能源自于 DPS 性能完善的需要，也可能来自于用户需求变化的需要，还可能来自于存储的数字资源规模增大的需要	查阅文件：（1）检查 DPS 功能变更记录；（2）检查支持 DPS 的软件性能变更记录		

7.2 《数字保存系统质量保证标准》审核检查表

续表

标准的要求	审核检查题目	审核检查题目说明	审核方法	答案与原因	删除与理由
6.4.4.2 软件检测机制	是否制定一套完善的软件检测机制，保证运行在DPS中软件的安全性	对软件安全性的最大威胁是恶意代码。该项检测至少包括：检测恶意代码；清除恶意代码；修复被篡改的软件和数据；撰写检测报告（包括恶意代码名称、造成的危害、应对措施、数据和软件修复的工具和方法以及修复的效果等）	查阅文件。检查DPS软件检测报告		
	当外部文件或软件进入DPS前，是否先将其隔离，检测其是否包含恶意代码		查阅文件。检查进入DPS的外部文件和软件的操作指南		
6.4.4.3 软件技术环境监控	DPS是否对软件技术环境进行监控，并形成监控报告	对软件技术环境进行监控的目的在于判断DPS所采用的软件技术是否过时，是否有新软件问世	查阅文件。检查软件技术环境监控、评估与软件更新报告		
	监控的方式有哪些	监控的方式包括：与软件供应商保持联系，获取软件技术更新信息以及最新产品；与其他具有同等保存资质的DPS进行沟通，了解所采用的软件技术；采用召开用户座谈会、咨询会、问卷调查等形式，了解对DPS软件的建议和需求			

293

续表

标准的要求	审核检查题目	审核检查题目说明	审核方法	答案与原因	删除与理由
6.4.4.4 软件技术环境监控信息的评估	DPS是否对软件技术环境监控信息进行评估，从而判断是否需要进行软件更新，以及什么时间更新	评估内容有：新软件技术的风险、成本、性能；新软件技术的风险与预期收益之间的权衡；新软件技术是否足够成熟；以及新软件技术的采用对DPS可能产生的影响等	查阅文件。检查软件技术环境监控、评估与软件更新报告		
6.4.4.5 软件的更新	软件更新的实施是否基于对软件技术环境监控信息的评估				
	是否记录软件更新过程				
	软件更新过程是否影响系统正常运行				
	是否有软件更新财务计划	软件更新财务计划是DPS及时实施软件更新的前提，也是避免系统失效或系统性能受到影响的保障	查阅文件。检查软件更新财务计划		

7.2.4.5 硬件

该二级条款包含五个审核条款，具体为：

6.4.5.1 硬件的配置原则
6.4.5.2 硬件检测机制
6.4.5.3 硬件技术环境监控
6.4.5.4 硬件技术环境监控信息的评估
6.4.5.5 软件的更新

7.2 《数字保存系统质量保证标准》审核检查表

每个审核条款的符合性审核检查表如下:

标准的要求	审核检查题目	审核检查题目说明	审核方法	答案与原因	删除与理由
6.4.5.1 硬件的配置原则	硬件配置是否能够满足 DPS 各项功能的实现	DPS 的功能主要包括:数字资源获取、数字资源保存、数字资源管理、用户访问、保存策略的制定与实施、系统安全等	现场考察。对照 DPS 功能说明书,实地考察其硬件情况		
	硬件技术是否根据系统功能变化的要求而更新	硬件技术的改变可能源自于 DPS 性能完善的需要,也可能来自于用户需求变化的需要,还可能来自于存储的数字资源规模增大的需要	查阅文件:(1)检查 DPS 功能变更记录;(2)检查支持 DPS 的硬件技术变更记录		
6.4.5.2 硬件检测机制	是否制定一套硬件检测机制,对 DPS 硬件组件进行检测,并形成检测报告	硬件发生故障主要原因有硬件自身的使用寿命和外在因素两方面。检测内容包括硬件状况、硬件可能故障点、硬件组件之间的互操作等。检测机制应包括检测周期、检测工具、检测人员和检测报告	查阅文件。检查硬件检测报告		
	是否根据硬件组件的特性制定检测周期	应该对 DPS 所有硬件组件进行风险识别与归类,并进行风险级别鉴定,根据风险级别确定检测周期。对于关键性、高风险的硬件的检测周期应该缩短			

续表

标准的要求	审核检查题目	审核检查题目说明	审核方法	答案与原因	删除与理由
6.4.5.2 硬件检测机制	检测工具是否具有通用性和易操作性，且不会对硬件造成损伤		查阅文件。检查硬件检测报告		
	DPS 每一个硬件组件的检测是否责任到人	硬件检测人员不局限于本系统内，也可聘请专业的硬件检测专家			
	对于每项检测，是否形成检测报告	报告中要详细描述硬件运行状态和发生故障的潜在可能性			
6.4.5.3 硬件技术环境监控	DPS 是否对硬件技术环境进行监控，并形成监控报告	对硬件技术环境进行监控的目的在于判断 DPS 的硬件技术是否过时，是否有新硬件出现监控的方式可以包括：与硬件供应商保持联系，获取技术更新信息以及最新产品；与其他具有同等保存资质的 DPS 进行沟通，了解其所采用的硬件技术；采用召开用户座谈会、咨询会、问卷调查等形式，了解对 DPS 硬件的建议和需求	查阅文件。检查硬件的技术进展监控、评估与更新记录报告		
6.4.5.4 硬件技术环境监控信息的评估	DPS 是否对硬件技术环境监控信息进行评估，从而判断是否需要进行硬件更新，以及什么时间更新	评估内容有：新硬件技术的风险、成本、性能，新硬件技术的风险与预期收益之间的权衡，新硬件技术是否足够成熟，以及新硬件技术的采用对 DPS 产生的可能影响等			

续表

标准的要求	审核检查题目	审核检查题目说明	审核方法	答案与原因	删除与理由
6.4.5.5 软件的更新	是否基于对硬件技术环境监控信息的评估或硬件的期望寿命，对硬件实施更新	应该识别每类硬件的期望寿命，并在期望寿命到达之前进行更新 存储介质的更新，应该事先对其存储的有用数据进行备份，并对备份操作进行正确性的验证	查阅文件。检查硬件的技术进展监控、评估与更新记录报告		
	是否记录硬件更新过程				
	硬件更新过程是否影响 DPS 正常运行				
	是否有硬件更新财务计划		查阅文件。检查硬件更新财务计划		

7.2.4.6 系统安全

该二级条款包含一个三级条款（该三级条款包含三个审核条款）和四个审核条款，共计七个审核条款，具体为：

```
6.4.6.1 系统安全方针文件
6.4.6.2 硬件设备安全
6.4.6.3 软件程序安全
6.4.6.4 物理环境安全
6.4.6.5 人力资源安全
   6.4.6.5.1 员工聘用之前
   6.4.6.5.2 员工聘用期间
   6.4.6.5.3 聘用终止或聘用变更
```

每个审核条款的符合性审核检查表如下:

标准的要求	审核检查题目	审核检查题目说明	审核方法	答案与原因	删除与理由
6.4.6.1 系统安全方针文件	是否制定安全方针文件	安全方针文件应包括主要内容有:(1)系统安全范围和目标。(2)系统安全管理责任。应该将安全责任落实到每个工作岗位。(3)支持该方针的参考文件,如细化的系统安全策略,特定的操作程序,用户应该遵守的安全规则等	查阅文件。检查 DPS 安全方针		
	该文件是否经过管理者批准、发布并传达给所有员工和外部相关方		查阅文件。检查安全方针文件批准、发布和传达的记录		
	该文件是否按计划的时间间隔或当外部环境发生重大变化时进行评审	评审应包括评估系统安全方针是否存在改进机会、是否适应系统环境、是否符合业务状况、是否符合相关法律等	查阅文件。检查安全方针的评审记录		
6.4.6.2 硬件设备安全	对于处理敏感数据的硬件设备,是否安置在可限制观测的位置		现场考察		
	对于需要特殊保护的硬件设备,是否进行隔离				

续表

标准的要求	审核检查题目	审核检查题目说明	审核方法	答案与原因	删除与理由
6.4.6.2 硬件设备安全	对于硬件设备的运行有负面影响的环境条件,是否进行监视	如温度和湿度	现场考察		
	对于由支持性设施的失效而可能引起的电源和其他中断的硬件设备,是否有防范措施				
	硬件设备是否按照供应商推荐的服务时间间隔和说明书由已授权人员进行维护,且有维护记录		查阅文件。检查硬件设备维护记录		
	对于拟报废或再利用的存储介质,是否检查其存储的敏感信息和注册软件被安全删除后报废,或安全覆盖后再利用		查阅文件。检查存储介质报废和再利用记录		
6.4.6.3 软件程序安全	是否具有禁止使用未授权软件的方针文件		查阅文件。检查安全方针		
	是否具有对恶意代码的控制措施	控制措施包括对恶意代码的检测、预防和恢复	(1)现场考察;(2)面谈和调查操作人员		
	是否安装并定期更新恶意代码检测与修复软件				

续表

标准的要求	审核检查题目	审核检查题目说明	审核方法	答案与原因	删除与理由
6.4.6.3 软件程序安全	是否有提高操作人员和用户对恶意代码防范意识的程序		（1）现场考察；（2）面谈和调查操作人员		
6.4.6.4 物理环境安全	是否设置安全区域的物理边界的保护，以确保安全区域内的数字资源处理设施在物理上避免未授权的访问、损坏和干扰	包括：适当的安全屏障和入口控制	现场考察		
	是否对可能的外部和环境威胁设计和采取物理保护措施	这类威胁包括火灾、洪水、地震、爆炸以及其他形式的自然或人为灾难引起的破坏			
6.4.6.5 人力资源安全	6.4.6.5.1 员工聘用之前	是否制定员工聘用规范	聘用规范包括岗位安全职责的确定、拟聘员工的背景验证调查、聘用合同的签署	查阅文件。检查员工聘用规范	
		员工聘用前，是否确定岗位安全职责	岗位安全职责应该根据DPS的信息安全方针，并形成文件。拟聘员工应理解岗位的安全角色和职责	查阅文件。检查岗位设置与职责文档	
		对拟聘用员工的背景是否进行验证调查	拟聘用员工的背景验证调查应按照相关法律法规、道德规范和对应岗位要求、被访问信息的类别以及已觉察的风险实施	查阅文件。检查员工背景记录	

7.2 《数字保存系统质量保证标准》审核检查表

续表

标准的要求	审核检查题目	审核检查题目说明	审核方法	答案与原因	删除与理由
6.4.6.5 人力资源安全	6.4.6.5.1 员工聘用之前	聘用员工是否签署聘用合同	该合同中应该包括员工所承担的信息安全职责的条款	查阅文件。检查员工聘用合同		
	6.4.6.5.2 员工聘用期间	员工是否根据签署的聘用合同,全面承担自己对DPS的安全职责		查阅文件。检查员工月(年)考核记录		
		员工是否受到来自DPS的信息安全意识的培训		查阅文件。检查员工培训记录		
		对于安全违规的员工,是否有一个正式的纪律处分程序		查阅文件:(1)检查员工安全违纪处分规定;(2)员工安全违纪处分记录		

301

续表

标准的要求	审核检查题目	审核检查题目说明	审核方法	答案与原因	删除与理由
6.4.6.5 人力资源安全	6.4.6.5.3 聘用终止或聘用变更	当员工与DPS解除聘用关系或聘用变更时，是否按照规定的程序办理离职手续或聘用变更手续	员工离职手续包括归还资产、撤销访问权限两个方面	查阅文件：（1）检查员工离职手续办理记录；（2）检查员工聘用变更记录	
		员工离职前，是否归还系统给其发放的所有资产	资产包括软件、文件、计算机等	查阅文件。检查员工离职手续办理记录	
		对于离职员工，是否删除其对信息和信息处理设施的访问权限			

续表

标准的要求	审核检查题目	审核检查题目说明	审核方法	答案与原因	删除与理由
6.4.6.5 人力资源安全	6.4.6.5.3 聘用终止或聘用变更	对于聘用变更的员工，是否将其对信息和信息处理设施的访问权限进行调整		查阅文件。检查员工聘用变更记录	

7.3 数字保存系统认证机构的要求

本《数字保存系统认证机构的要求》编制原则为：

（1）遵循《中华人民共和国认证认可条例》（2003年9月3日国务院令第390号公布）的有关规定。

（2）沿用国际标准ISO/IEC17021：2006《管理体系认证机构要求》的框架。该标准适用于向任何组织的管理体系提供认证审核服务的机构。

（3）采用国际标准ISO/IEC17021：2006《管理体系认证机构要求》中有关认证机构要求的共性内容，并用数字保存系统认证机构要求的专业内容取代该《管理体系认证机构要求》中的管理体系的专业内容。

7.3.1 认证机构的设立要求

7.3.1.1 设立的条件

根据《中华人民共和国认证认可条例》（2003年9月3日国务

院令第390号公布），设立DPS认证机构的基本条件为：

(1) 应为法律实体，或一个法律实体内有明确界定的一部分；
(2) 有固定的场所和必要的设施；
(3) 有符合DPS认证要求的管理制度；
(4) 注册资本不得少于人民币300万元；
(5) 有10名以上的数字保存领域的专职国家注册认证审核员。

7.3.1.2 申请和批准

设立认证机构，应当向国家认证认可监督管理委员会（CNCA）提出书面申请，并提交符合本《要求》中7.3.1.1规定条件的证明文件。

经国家认证认可监督管理委员会批准的申请，凭该委员会出具的批准文件，依法办理登记手续，取得资格后，方可成为认证机构，从事DPS范围内的认证活动。

7.3.2 认证机构的组织结构要求

7.3.2.1 组织结构

认证机构应将其组织结构形成文件，并明确规定管理层和认证审核人员以及各个委员会的任务、责任和权力。当认证机构是一个法律实体内有明确界定的一部分时，该文件应说明认证机构与该法律实体间的权力关系以及与同一法律实体内其他部分的关系。

7.3.2.2 最高管理层

认证机构应确定对下列各项工作具有全部权力和责任的最高管理层：

(1) 与认证机构运行有关政策的制定；
(2) 方针政策实施的监督；
(3) 认证机构财务的监督；
(4) DPS认证服务和认证实施方案的开发；
(5) 认证审核的实施；
(6) 对投诉的回应；
(7) 与认证有关的决定（包括授予、保持、暂停和撤销认证）；

（8）认证申请合同的确定；

（9）为认证活动提供充分的资源。

7.3.2.3 维护公正性委员会

认证机构应设立维护公正性委员会。该委员会人员组成应来自关键利益方，如认证机构的客户、获证组织的顾客、数字保存行业相关协会代表、政府监管机构的代表，以及非政府组织的代表等。

该委员会宜从事下列活动：

（1）协助制定与认证活动公正性有关的政策；

（2）避免认证活动的客观性受到商业等方面的威胁；

（3）对影响认证可信度的事宜提出建议；

（4）至少每年一次对认证机构的审核、认证决定过程的公正性进行审查。

维护公正性委员会的组成、权限、职责、任务、权力、成员能力和责任均应正式形成文件，并由认证机构管理层批准，以确保：

（1）各方利益均衡，以使任一利益方不处于支配地位；

（2）获取所有必要的信息，使其能够履行相应职能；

（3）如果认证机构管理层不尊重委员会的建议，则委员会应有权采取独立措施（如报告主管部门、认可机构或利益相关方）。

7.3.3 认证机构的人力资源管理要求

7.3.3.1 针对管理人员

认证机构聘用的管理人员应该具备：

（1）适宜的数字保存知识。认证机构还应该提供必要途径使管理人员获取和更新数字保存知识；

（2）管理 DPS 认证实施方案的知识和技能；

（3）评价认证审核人员的能力。

7.3.3.2 针对参与认证活动的人员

针对每个 DPS 认证实施方案，认证机构应该：

（1）有识别满足认证实施方案要求的审核员所需能力的程序，审核员的初始能力评价应包括个人素质及所需知识与技能；

（2）应任命足够数量的审核员，以满足对认证实施方案中认证准则《数字保存系统质量保证标准》规定的所有条款的审核；

（3）应有明确的过程正式授权实施认证审核活动的审核组长和审核组成员；

（4）应识别培训需求，并向审核组成员提供或使其有机会参加特定的培训，以确保他们胜任所从事的认证审核工作；

（5）应设计对审核员实施审核的过程进行管理的程序，比如，对审核员审核过程的监视程序，通过对审核员的现场见证和客户反馈等方式进行监视，但监视方式应以认证审核过程所受干扰最小为原则；

（6）确保对授予、保持、暂停或撤销认证作出决定的人员理解认证准则《数字保存系统质量保证标准》以及数字保存相关法律、法规和条例的要求，并已被证实此类人员有能力评价认证审核过程、审核发现、审核组的推荐意见和审核结论。

7.3.3.3 针对技术专家

（1）认证机构应要求技术专家通过书面协议承诺其遵守认证机构的相应规定。该协议应含有关于保密及独立于商业和其他利益的条款，并要求技术专家向认证机构说明现在或以前与可能派其审核的组织的关系。

（2）技术专家不能实施审核活动，其职责是向审核员提供所需的技术和知识。

（3）技术专家不宜直接或间接地参与对所审核的 DPS 的设计、实施或维护工作，以免审核的公正性受到威胁。

7.3.3.4 人员记录

认证机构应保持各类人员（包括管理人员、认证审核人员和技术专家）的最新记录，包括资质、培训、经历、隶属关系、专业状况、能力以及提供过的任何相关咨询服务的信息。

7.3.4 认证机构的公正性管理要求

公正，并被认为公正，是认证机构提供可信任认证的必要条件。认证机构应对数字保存系统认证活动的公正性作出承诺，表明其理解公正性在实施认证活动中的重要性，并对利益冲突进行管理，确保认证活动的客观性。

7.3.4.1 对公正性威胁的识别

认证机构应识别并分析由认证活动引起利益冲突的可能性以及可能导致对公正性构成的威胁。在 DPS 认证审核实践中，这种威胁的主要类型有：

（1）自身利益的威胁。此类威胁源于机构或个人根据其自身利益行事。比如，客户组织支付的认证费用是对公正性的潜在威胁。

（2）自我评审的威胁。此类威胁源于机构或个人评审自己所做的工作。比如，认证机构对由其进行咨询的客户组织的 DPS 实施审核。

（3）熟识（或信任）的威胁。此类威胁源于机构或个人对另外一个机构或个人过于熟悉或信任。比如，审核员由于熟悉客户组织而不寻找 DPS 的审核证据。

（4）胁迫的威胁。此类威胁源于机构或个人察觉受到公然或暗中的强迫。比如，客户组织威胁审核员用他人取而代之。

7.3.4.2 消除对公正性威胁的措施

认证机构应该对识别出的对公正性威胁采取措施，消除或最大限度地减少威胁。常见措施有：

（1）当某种关系对认证机构的公正性构成不可接受的威胁时，认证机构不应提供认证。如认证机构的全资子公司的 DPS 向该认证机构申请认证。

（2）认证机构不应向客户组织的 DPS 提供咨询。

（3）认证机构不宜向客户组织的 DPS 提供内部审核。如果认证机构对某个客户组织的 DPS 提供了内部审核，则不应在内部审核结束后两年内对该客户组织的 DPS 提供认证审核服务。

（4）如果咨询机构与认证机构之间的关系对认证机构的公正性构成了不可接受的威胁，而客户组织的 DPS 接受了该咨询机构的咨询或内部审核，则认证机构不应对该客户组织的 DPS 提供认证审核。

（5）认证机构不应将认证审核的全部或部分外包给咨询机构，

因为这种外包对认证机构的公正性构成不可接受的威胁。

（6）认证机构的营销活动不应与咨询机构有联系。如果任何咨询机构声称或暗示选择某认证机构将使 DPS 认证审核更为简单、容易、迅速或廉价，则该认证机构应采取措施纠正这种不当表述。认证机构也不应声称或暗示选择某咨询机构将使 DPS 认证审核更为简单、容易、迅速或廉价。

（7）为确保没有利益冲突，参与了对客户组织的 DPS 咨询人员，在咨询结束后两年内，不应被认证机构委任为参加对该客户组织 DPS 的认证审核。

（8）认证机构应要求内部或相关外部人员告知他们所了解的任何可能使其或认证机构陷入利益冲突的情况。认证机构应利用这些信息识别他们或其所在单位的活动对公正性产生的威胁，且应在他们能够证明没有利益冲突之后才能委任为审核员。

7.3.4.3　不被视为对公正性构成威胁的活动

认证机构可以从事以下活动，而不被视为对公正性构成威胁：

（1）认证审核，包括认证审核会议、文件评审、现场审核、监督审核和不合格的追踪；

（2）作为讲师参与培训课程，如果这些课程与 DPS 审核相关，则认证机构应该仅限于提供公众领域可以免费获取的通用信息和建议；

（3）提供或发布认证机构对 DPS 认证审核准则的解释信息；

（4）确定认证审核就绪的审核前活动；

（5）在认证审核和监督审核过程中增值，例如，在认证审核过程中，当改进机会明显时，通过识别改进的机会而不推荐具体的解决方案来增值。

7.3.5　认证机构的信息管理要求

7.3.5.1　可公开获取的信息

（1）对客户组织 DPS 授予、保持、暂停或撤销认证的审核过程信息和认证决定信息。认证机构应提供这类信息的公开获取，或在有请求时予以提供。当有请求时，认证机构还应提供确认这些信息有效性的方法。

（2）认证机构向客户组织提供的所有信息（包括广告）。这类信息应该是准确且不使人产生误解。

7.3.5.2 认证证书的要求

认证证书是认证机构颁发的一种文件，证明客户组织的DPS符合认证标准。认证证书应至少标明：

（1）认证机构的名称和地址；

（2）获证客户DPS的名称，获证客户的地址；

（3）审核获证客户时所用的标准和其他规范性文件；

（4）颁发证书的日期、证书的有效期以及唯一的识别代码；

（5）数字保存系统认证标准和其他规范性文件所要求的其他信息；

（6）授权人员的职务和签名。

7.3.5.3 认证标志的要求

认证标志分自愿性和强制性两种。由于DPS认证属于自愿性认证，认证标志也只能采用自愿性认证标志。自愿性认证标志由认证机构自行设计，报国家认证认可监督管理委员会备案。

DPS认证标志要求有：

（1）认证标志的式样、文字和名称，不得违反国家有关法律、法规和条例的规定，不得与国家推行的认证标志相同或者近似，不得妨碍社会管理，不得有损社会道德风尚。标志或所附文字不应使人对认证对象和授予认证的认证机构产生歧义。

（2）认证机构对其授权获证客户使用的认证标志应有管理程序。该程序应确保可以从认证标志追溯到认证机构。

（3）认证机构应对认证标志的所有权、使用权和显示方式进行控制和监督。

7.3.5.4 认证资格的引用要求

（1）认证机构应向获证客户提供引用认证资格的权利和责任的说明文件，该文件应至少要求获证客户：

• 在传媒或其他文件中引用认证状态时，应符合认证机构的要求；

- 不作出关于其认证资格的误导性说明；
- 不以误导性方式使用认证证书；
- 在其认证被暂停或撤销时，按照认证机构的指令立即停止使用所有引用认证资格的广告材料；
- 在使用认证资格时，不得使认证机构声誉受损，失去公众信任。

（2）认证机构应正确地控制认证的所有权，并采取措施处理认证状态的错误引用或认证证书、认证标志或审核报告的误导性使用。

7.3.5.5 获证客户目录要求

认证机构应以合适方式保存有效认证的目录，并使其可公开获取，或在有请求时予以提供。该目录应至少提供每个获证客户的名称、地理位置、获证时间等信息。

7.3.5.6 信息的保密管理要求

（1）在认证审核前，认证机构应要求客户组织报告是否有一些 DPS 的记录由于包含保密性或敏感性的信息不能供审核组进行审核。认证机构应确定 DPS 能否在缺少这些记录的情况下得到充分审核。如果认证机构得出不对已识别的保密性或敏感性的信息进行审核就不能对 DPS 进行充分审核的结论，则应建议客户组织认证审核不能进行，直至获得适当的获取准许。

（2）认证机构应具有政策和相关安排，以确保其各个层次（包括代表其活动的委员会、外部机构或个人）对从事认证活动时获得或产生的保密信息予以保密，并通过在法律上具有强制实施力的协议落实上述政策和安排。

（3）认证机构应将其拟对公众公开的信息提前告知客户。所有其他信息均应视为保密信息，客户自己公开的信息除外。

（4）除本文件有要求外，关于特定客户或个人的信息，未经其书面同意，不应向第三方披露。当法律要求认证机构向第三方提供保密信息时，除法律限制外，认证机构应将拟提供的信息提前通知有关客户或个人。

（5）当使用设备处理保密信息时，认证机构应确保处理过程的安全保密。

7.3.5.7 认证机构和客户组织之间的信息交换管理

7.3.5.7.1 认证过程的信息

认证机构应向客户组织提供并更新以下信息：

（1）对认证活动过程的详细说明，包括申请、初次审核、监督审核和授予、保持、暂停、撤销认证以及再认证的过程；

（2）认证标准及其他规范性文件；

（3）申请、初次认证和保持认证资格所需费用的信息；

（4）申诉和投诉处理程序的信息。

客户组织应向认证机构提供并为其更新以下信息：

（1）认证申请；

（2）符合认证要求的说明；

（3）为实施审核作出的必要安排，包括在初次审核、监督审核、再认证审核和解决投诉时，为审核所需文件、记录、人员、DPS操作、DPS性能与服务提供的条件。

7.3.5.7.2 认证机构的变更通知

认证机构应以适当方式将其认证要求的任何变更通知获证客户。认证机构应验证每个获证客户符合新的要求。

7.3.5.7.3 客户组织的变更通知

认证机构应作出具有法律效力的安排，以确保获证客户及时将可能影响其DPS持续满足认证要求的事宜通知认证机构，包括与下列方面有关的变更：

（1）法律地位、经营状况、组织状态或所有权；

（2）联系地址和场所；

（3）获证DPS的重大变更，如系统结构、系统功能、提供的服务、数字资源获取等。

7.4 数字保存系统认证审核员的要求

本《数字保存系统认证审核员的要求》的编制原则为：

（1）遵循《中华人民共和国认证认可条例》（2003年9月3

日国务院令第390号公布）的有关规定。

（2）沿用中华人民共和国国家标准 GB/T19011-2003《质量和（或）环境管理体系审核指南》中"审核员的能力与评价"一章的框架。

（3）采用中华人民共和国国家标准 GB/T19011-2003《质量和（或）环境管理体系审核指南》中"审核员的能力与评价"一章中有关认证审核员要求的共性内容，并用 DPS 认证审核员要求的专业内容取代 GB/T19011-2003 中的质量和环境管理体系的专业内容。

7.4.1 执业资格获得

国家认证认可监督管理委员会（CNCA）开设"数字保存系统"（DPS）认证科目。

中国认证认可协会（CCAA）设置"数字保存系统（DPS）认证人员注册考试"，制定考试大纲。考试大纲内容应该包括 DPS 基础知识（见本《要求》的 7.4.3.1.1 中的（1））和 DPS 审核知识（见本《要求》的 7.4.3.1.2）两部分。

根据《中华人民共和国认证认可条例》（2003年9月3日国务院令第390号公布）要求，拟成为 DPS 认证审核的人员，需参加中国认证认可协会组织的 DPS 认证人员注册考试，成绩合格者，具备 DPS 国家注册审核员资格，在中国认证认可协会注册后，获得执业资格，方可从事 DPS 的认证审核活动。

根据《中华人民共和国认证认可条例》要求，DPS 认证审核人员从事认证审核活动，应当在一个认证机构执业，不得同时在两个及以上认证机构执业。

7.4.2 个人素质要求

审核员应当具备的个人素质有：
（1）有道德：公正、可靠、忠诚、诚实和谨慎；
（2）思想开明：愿意考虑不同意见或观点；
（3）善于交往：灵活地与人交往；

(4) 善于观察：主动地认识周围环境和活动；

(5) 有感知力：能够本能地了解和理解环境；

(6) 适应能力强：容易适应不同情况；

(7) 坚忍不拔：对实现目标坚持不懈；

(8) 明断：根据逻辑推理和分析及时得出结论；

(9) 自立：在同其他人有效交往中独立工作并发挥作用。

7.4.3 知识和技能要求

7.4.3.1 审核员的知识和技能要求

7.4.3.1.1 DPS 基础知识和技能

审核员应当具有下列方面的 DPS 基础知识和技能：

(1) DPS 的基础知识。审核员应具备必要的 DPS 领域的基础知识。这方面的知识应当包括：

- DPS 的基本术语；
- DPS 的管理（如系统日志、数字保存风险评估、数字产权等）；
- DPS 的性能（如数字资源获取、数字资源转换、数字资源保存、数字迁移与数字仿真、保存型元数据、检索语言、检索技术、检索效率等）；
- DPS 的用户服务（如描述型元数据、用户访问权限、数字资源的用户可用性和可理解性等）；
- DPS 的技术支持（如数据备份、损坏和丢失数据的检测与恢复、系统软硬件性能、系统安全等）；
- 数字化信息资源的相关知识（如二维平面介质信息资源的数字化生产，模拟音频和模拟视频的数字转换，数字化生产的黑白模式、灰色模式和彩色模式，数字图像的分辨率、位元深度、文件格式、图像压缩等）；

(2) 受审核方及其 DPS 的基本状况。在实施一个具体审核项目前，审核员能理解受审核方及其 DPS 运行的基本情况。这方面的知识和技能应当包括：

- 受审核方 DPS 的规模、结构、性能和服务；

- 受审核方的文化和社会习俗。

7.4.3.1.2 DPS 审核知识和技能

审核员应当具有下列方面的 DPS 审核知识和技能：

（1）审核原则、程序和技术。审核员应能恰当地将审核原则、程序和技术应用于各种 DPS 的审核，并保持审核实施的一致性。审核员应当能够：

- 运用审核原则、程序和技术；
- 对工作进行有效的策划和组织；
- 按规定的时间表进行审核；
- 分析出需优先关注的重点审核条款；
- 通过有效面谈、倾听、观察和调查，对文件、记录、文档、报告和协议的评审，对 DPS 系统的测试，以及对 DPS 用户的走访等方式来收集信息；
- 掌握审核中抽样技术，并理解抽样技术的适宜性和后果；
- 验证所收集信息的全面性和准确性；
- 判断审核证据支持审核发现和审核结论的充分性和适宜性；
- 评定影响审核发现和审核结论可靠性的因素；
- 使用工作文件记录审核活动；
- 编制审核报告；
- 维护信息的保密性和安全性；
- 通过个人语言技能进行有效的沟通。

（2）审核准则。审核员能理解并运用 DPS 的审核准则。这些准则包括：

- 《数字保存系统质量保证标准》，该标准是 DPS 认证审核的必备准则；
- 数字保存相关法律、法规和条例（不同时期，有关数字保存的法律、法规和条例可能有所不同），该项准则应作为 DPS 认证审核的参考。

7.4.3.2 审核组长的知识和技能要求

除了具备审核员的知识和技能外，审核组长（也是审核组成员之一）还应当具有领导认证审核的知识和技能，以便认证审核

能够有效地进行。审核组长应当能够:
- 对认证审核进行策划,并在认证审核中有效地利用资源;
- 代表审核组与受审核方进行沟通;
- 组织和指导审核组成员;
- 为实习审核员提供指导和指南;
- 领导审核组得出审核结论;
- 预防和解决冲突;
- 编制和完成审核报告。

7.4.4 教育、工作经历、培训和审核经历要求

7.4.4.1 对审核员的要求原则

对审核员的教育、工作经历、培训和审核经历的要求应该以满足下述目的为原则:

(1) 教育方面,应当已接受过足以获得本《要求》的7.4.3.1.1中所规定的知识和技能所需的教育;

(2) 工作经历方面,应当具备有助于获得本《要求》的7.4.3.1.2中所描述的知识和技能所需的工作经历;

(3) 已完成审核培训方面,应当已完成有助于获得本《要求》的7.4.3.1.2中所描述的知识和技能的审核培训。该培训可由审核员所在认证机构或其他机构提供;

(4) 审核经历方面,应当具备《数字保存系统认证实施方案》中7.1.5至第7.1.8中所描述的审核经历。

7.4.4.2 对审核组长的要求原则

审核组长(也是审核组成员之一)应当取得附加的审核经历,以获得本《要求》的3.2中所述的知识和技能。这种附加的经历应当是在能胜任审核组长的另一名审核员的指导和帮助下担任组长的经历。

7.4.4.3 对审核员和审核组长的要求细则

根据上述对审核员和审核组长的要求原则,采用中华人民共和国国家标准 GB/T19011-2003《质量和(或)环境管理体系审核指南》中有关对审核员和审核组长的要求,DPS 认证审核员和审核

组长的要求细则见表 7-2。

表 7-2　DPS 认证审核员和审核组长的教育、工作经历、
审核培训和审核经历的要求

项目	审核员	审核组长
教育	大专以上教育	同审核员要求
全部工作经历	5 年	同审核员要求
数字保存领域工作经历	5 年全部工作经历中至少有 2 年	同审核员要求
审核培训	40 小时的审核培训	同审核员要求
审核经历	作为实习审核员，在能胜任审核组长的审核员的指导和帮助下，完成 4 次完整审核且不少 20 天的审核经历（见注）。审核应在最近连续 3 年内完成	作为审核组长，在能胜任审核组长的审核员的指导和帮助下，完成 3 次完整审核且不少于 15 天的审核经历（见注）。审核应在最近连续 2 年内完成

注：一次完整审核包括《数字保存系统认证实施方案》中 7.1.5 至 7.1.8 中所描述的所有步骤。总的审核经历应当覆盖整个《数字保存系统质量保证标准》。

7.4.5　知识和技能的保持与提高要求

7.4.5.1　持续的专业发展

持续的专业发展有助于审核员知识、技能和个人素质的保持和提高。审核员的持续专业发展可以通过以下常见方法来实现：
- 更多的工作经历；
- 参加培训；
- 自学；
- 教学实践；
- 参加有关会议或其他相关活动。

审核员的持续专业发展活动应当考虑个人和审核机构的需要，以及审核实践、《数字保存系统质量保证标准》和数字保存相关法律法规和条例等变化的需要。

7.4.5.2 审核能力的保持

审核员应当通过不断地参加 DPS 的认证审核来保持和提高其审核能力。

8 案例：欧美信息资源数字化建设及其对我国的启示

8.1 定标比超：欧盟信息资源数字化建设模式

基于"欧盟数字化项目合作行动计划"（Lund Action Plan）而成立的"欧盟文化与科学信息资源数字化部长级网络"（Minerva）是目前全球最大的信息资源数字化跨国性政府指导协调组织，创始于2002年，其规模从开始的七个欧洲国家扩大到目前的所有欧盟成员国（奥地利、比利时、丹麦、芬兰、法国、德国、希腊、意大利、荷兰、西班牙、瑞典、英国等）。Minerva 这一组织的最终目标是：建立各成员国的网状联系，以讨论、协调数字化项目；提供欧洲统一的信息资源数字化实施平台；制定数字化建设质量评估指标体系；组织咨询小组，向成员国数字化项目提供技术和管理咨询；推荐信息资源数字化的好的实践以及最佳方案。

为了推动不同方法的探索使用和不同项目之间的经验交流，以及各成员国实施机构的参与，Minerva 成立了信息资源数字化定标比超工作组，面向各成员国提供一个有关数字化项目的信息交流平台。

在质量管理领域，定标比超是一种质量管理的理念与方法。在信息资源数字化建设中，定标比超对提高项目质量同样也很重要。目前，我国图书馆信息资源数字化项目的实施基本上是各自为政、各行其是，不同领域或隶属不同部门的数字化项目之间缺乏沟通和交流。欧盟的定标比超模式致力于构建一个统一的数字化实践的经验与技术交流平台，对整个欧盟的信息资源数字化建设项目的质量保障起到了举足轻重的作用,值得我们借鉴和学习。

8.1.1 定标比超概念

定标比超意味着持续搜集"好的实践",组织采用和实施这些"好的实践"后,做出更好的表现。组织通过与其他组织比较以及学习其他组织"好的实践",可以得到改进和提高。对一个具体组织来说,定标比超实施过程一般经历五个阶段①:

- 分析本组织的现状,确定需要改进的方面;
- 找到作为标杆的对象,进行比较;
- 分析出标杆对象与本组织之间的表现差距;
- 根据标杆,对本组织实施改进;
- 对改进后的本组织进行评估。

定标比超不是一次性的质量管理工具,它具有内在连续性,对行动的改进有长期指导意义。"好的实践"是定标比超的基础,被选择作为标杆的对象应是比自身表现稍好的组织。所在组织通过实施标杆对象的好的实践经验和项目流程,可以创造出更好的做法。这是个动态的过程,而不只是简单地依照标杆进行比较。

Minerva建立定标比超的目的在于加强成员国在数字化项目各方面的信息交流,增加欧盟各个国家层面上信息资源数字化活动的透明度,促进相似活动的经验和技术的沟通。定标比超是调整数字化活动并针对问题而寻求对策的重要工具。Minerva定标比超工作组构建欧盟信息资源数字化各个方面的标杆框架,Minerva其他工作组(如竞争工作组、数字化内容发掘工作组、多语种问题工作组、用户需求工作组、网站质量工作组等)则对标杆框架进行检验②。

---

① Minerva. New Opportunities for Benchmarking the Digitization of Cultural Heritage in Europe. [2011-04-25]. http://www.minervaeurope.org/intranet/documents/benchmarkingreport2.pdf.

② Minerva. Benchmarking framework working group. [2011-04-23]. http://www.minervaeurope.org/structure/workinggroups/benchmarking.htm.

Minerva 的定标比超过程实际上是一个各个成员国数字化项目之间不断发现、不断学习与不断评价的过程，其结果是提高了数字化项目的实施质量。这些高质量项目的"好的实践"又整合到标杆知识库之中，供其他或后续实施的数字化项目发现并参考，建设出质量更高的数字化项目，生产出质量更高的数字化产品。

8.1.2 Minerva 标杆的建立过程

Minerva 信息资源数字化标杆的建立过程经历了标杆框架的制定、标杆数据库的构建和标杆知识库的建立等三个阶段。

（1）制定标杆框架。

首先，定义标杆大纲，以问卷调查以及不同成员国已实施的数字化项目作为基础，对成员国提供的相关数据进行分析（这些数据大多被放置在成员国的信息资源数字化建设网站上）；然后，定标比超工作组确定数字化项目实施各个领域（如生命周期中各个阶段，以及互操作与多语种等）的标杆框架；最后，针对已经建立的标杆框架，设计相应的标杆数据库和知识库的模型。因此，Minerva 定标比超的目的在于建立并不断完善欧洲范围内信息资源数字化建设的统一知识库。为此，在标杆设计伊始，Minerva 制定了构建过程的两个阶段：

● 短期：收集来自各成员国的样例。大多数成员国的初步结果经分析后，以报告形式提交到 2002 年 12 月哥本哈根的 NRG 会议上。另外，希腊建立了一个国家数字化标杆管理网站，提供了 100 多个案例和分析结果。荷兰数字化管理网站也设立了国家标杆栏目。

● 长期：建立支持持续采集数据的工具，不断更新和分析定性定量数据资料，由此生成一个统一的标杆数据库，并在此基础上构建标杆知识库。

（2）构建标杆数据库。

为了便于标杆管理的组织和实施，需要来自成员国丰富、准确、有效、翔实的数据资料。通常这种数据资料有两类：一类是可以量化的定量数据（包括具体数值和比例），另一类是以文字形式对标杆对象某一方面的特征进行描述的定性数据。Minerva 采用实证研究方法，通过问卷调查的形式进行数据采集，对采集到的数据进行分析整理，构建了涵盖项目规划、项目准备、数字化生产等数字化建设各个方面的在线数据库，该数据库已于 2003 年初启动。这个数据库具有动态性和持续性，以在线的形式供成员国中所有成员访问，这些成员又以在线形式提供新的数据，使之不断完善。该数据库中的内容信息对于提高数字化项目的实施质量起着标杆作用，所以称为标杆数据库。

数据库的索引分为三个方面：有关数字化的项目信息、有关数字化的规划信息和有关数字化的方针政策信息。这些信息是有关标杆的关键问题，每个问题后面都有与之相关的"好的实践"网址列表。任何一个成员国的数字化项目成员单位都可以点击这个列表上的网址，从而调出针对自己的问题的目前已有的"好的实践"。例如，要寻找数字化项目中有关知识产权问题的解决方案，可以通过数据库的索引找出知识产权的条目，了解相关操作和做法，并可根据该条目列举的网站列表，进一步调出有关数字化知识产权方面的"好的实践"，最后由所在机构确定哪些"好的实践"是值得在其自身项目中实施。

（3）建立标杆知识库。

基于在线标杆数据库，Minerva 定标比超工作组于 2004 年成功地构建了标杆知识库。Minerva 标杆知识库的原始框架是其数据库，初期扩充内容来自于 Minerva "好的实践"工作组提供的"好的实践"，初期标杆知识库由两者合并而成。随着数字化项目的不断增加，定标比超工作组内容的开展不断扩充，越来越多的数字化项目的"好的实践"添加到知识库中。成员用户可以通过浏览和搜索两种方式查找、学习数字化项目各个环节的"好的实践"，找到作为定标比超的标杆，继而提高数字化最终产品的质量。

针对一个具体的数字化项目的实施过程来说，成员用户与知识库之间的互动分为三个阶段：

● 项目初期。该项目注册到 Minerva 知识库中。项目管理者访问知识库，对有关项目政策、指导方针和其他核心问题进行咨询与分析，寻求相关帮助信息，同时，也通过学习其他项目"好的实践"获得经验。知识库对成员用户进行相关信息输出。

• 项目实施中。此项目通过定标比超工作组提供的问卷调查进行自我评估，并不断向知识库输入自身的经验和"好的实践"，知识库得以不断充实扩大。

• 项目实施后。此项目好的部分作为标杆被其他项目不断学习使用。此过程不断循环，知识库中"好的实践"不断得到丰富。

上述三个阶段可以用图 8-1 表示。

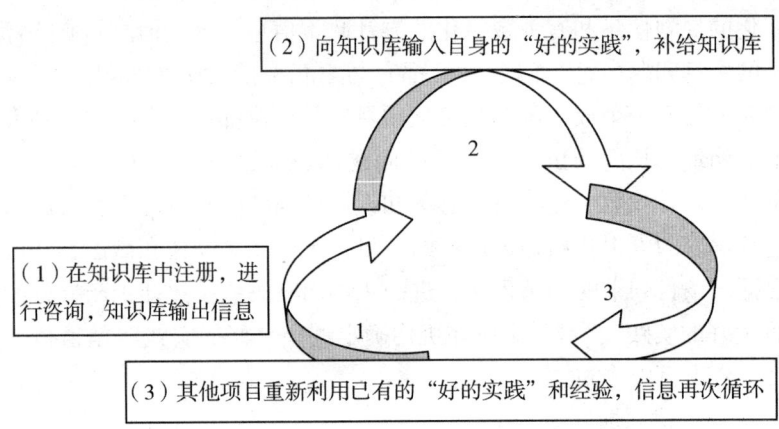

图 8-1　Minerva 知识库与成员用户之间的互动

8.1.3　Minerva 标杆概览

Minerva 标杆是欧盟各国已经实施的各类信息资源数字化项目。在建立标杆数据库之初，各个数字化项目以在线方式根据定标比超工作组设计的各种表格提交项目实施的相关数据。这些数据分为无须评估数据和需要评估数据两种，几乎涵盖了数字化项目的各个方面，定标比超工作组将这些数据进行了汇总，从中可窥探出欧盟信息资源数字化建设的基本态势。

（1）无须评估的数据。

有关标杆对象的无须评估数据都是项目的一般信息，主要包括项目实施机构的基本情况、数字化生产和项目资金等①。

①项目实施机构。档案馆和图书馆是开展数字化项目最积极的机构，其次是大学（学院）和其他地区性的研究机构。大多数数字化项目是国家层面的，而地区性规模的数字化项目很少开展。学术研究机构和一般大众是主要目标用户群，大约占整体用户的70%，另外，一些商业公司也是主要用户群。在标杆在线系统中注册时，大约2/3是处于项目初期，1/3已经完成。

②数字化生产。在数字化内容选择方面，最普遍的是印刷型文本、手稿、图片和模拟音频资料，其他类型的信息资源所占比例很低。项目的最终产品以数字图像为最多，其次分别是数字化文本、数字音频和动画等。数字存取和原始信息的学术价值是数字化内容选择最常用的标准，约70%的项目将其作为标准。数字化项目实施过程中，涉及产权问题最多的是印刷型文本、地图、图像和音频等。

③资金。大约有一半的数字化项目都采用内部估算形式来制定项目预算，只有4.9%的项目通过与其他已经实施的相似项目进行对比分析来确定预算，图书馆一般以小规模的试验测试进行预算估计。项目投资中，硬件设备和人员是最大的支出部分，分别为51.5%和32.1%，软件占14.6%。硬件设备的集中投资处于数字化项目的初期，之后的重点是知识产权、软件和工作流程。42.1%的项目资金有限，不能保证项目的可持续发展，35.5%可确保项目的持续发展。

（2）需要评估的数据。

评估数据的形成过程是：定标比超工作组设计问题调查问卷，数字化项目根据问卷提交答案，定标比超工作组结合计算机程序来评估数字化项目各个方面的表现。评估结果采用三个等级来衡量数字化活动的质量：基本、好、最佳。其他数字化项目在寻找标杆对象时，可参考这个评估等级。评估数据涉及项目管理、生产标准与数字保存等。

---

① Minerva. Second report on a benchmarking framework. ［2011-04-28］. http：//www.minervaeurope.org/intranet/reports/D2_2.pdf.

①项目管理方面。

项目管理部分主要有知识产权、用户保障和项目实施①。

- 知识产权。约20%的项目没有涉及产权问题，这些项目的原始资源要么是产权已经过期的资料、要么是处于公共领域的资料，或者是项目是以保存为目的，数字产品不进行公共传播。另有约25%的项目正在努力考虑解决产权问题，达到了"基本"等级。

- 用户保障。在考虑最终用户需求方面，超过73%的项目达到了"好"的等级，只有2.5%的项目没有考虑到最终用户，理由大多是项目尚处于原型设计阶段。对于数字化项目的评估，有多种模式可以选择，65.8%的项目采用内部评估的方式，比较好的方式应该是以在线形式请外界评估，但只有8.9%采用了这种方法。大多数项目认为推广宣传非常重要，有72.2%的项目采用了电子邮件、网络、会议等渠道与用户进行交流，发布项目信息。

- 项目实施。项目实施管理应该制定系统的管理条例，同时要有突发性事件的处理计划，且管理人员要固定，这方面，有40%的项目达到了"基本"等级。项目管理还应考虑投资问题，投资方需要定期的数字化项目实施报告，但只有11.4%的项目达到"最佳"等级（具有公开正式的报告），但多达36.7%的项目只有非正式的总结。人员技能的提高也是项目实施的重要任务之一，30.8%处于"基本"等级，采用集体技术学习、寻求项目合作者和员工培训等方式。项目完成情况的评估方面，较好的实践应该是在项目生命周期中各个阶段都由专家、投资方和用户代表进行评估，但目前还有一些项目停留在仅对项目完成情况的评估上（21.8%），处于"基本"等级。合作是项目广泛采用的形式，例如软件和元数据都需要合作，1/3的项目只意识到与其他项目信息共享，而没有进行好的实践的交流，只有37.2%达到了"最佳"等级。

②生产与保存方面。

---

① Minerva. Second report on a benchmarking framework. ［2011-04-28］. http：//www.minervaeurope.org/intranet/reports/D2_ 2.pdf.

该方面涉及对相关标准的关注程度、数字保存等。采用相关标准以确保互操作性方面，48.1%采用统一的"标准项目流程"来保证互操作性，处于"最佳"等级。在数字保存方面，绝大部分项目都充分认识到数字保存与项目实施的关系，但其中只有29.1%将其纳入到项目实施的长期策略中。对于多语种问题，只有8.3%项目的网站上支持多种语言（被评估为"最佳"等级），而39.7%尚未认识到支持多语言的重要性，个别项目甚至称其网站只供本国公民使用。项目实施有不同的形式，其中，外包占30.6%，独自承担占28%，剩余的是合作方式。外包方面，最好的做法是与外包商签订合约以确保项目的安全性，其中60.7%达到"最佳"等级。

在评估过程中，数字化项目对一些问题的回答带有较强的主观性，定标比超工作组在收集这类信息时进行了分析处理。Minerva标杆在线知识库的响应者包括了欧盟各个成员国的国家级研究机构、信息保存与传播机构、高等院校以及其他众多文化遗产的研究与保存机构。很显然，这一在线系统受到了各机构的广泛欢迎，85.7%的响应者愿意共享其项目的经验和信息①。

8.1.4　Minerva定标比超的应用

由上述介绍可知，Minerva定标比超的最终目标是：通过使用Minerva标杆知识库，找到合适的数字化项目作为标杆对象，帮助发现数字化好的实践，并将其应用于自己组织的数字化项目中。

然而，在定标比超实践过程中，我们要注意到：

（1）对于某一特定的数字化项目，标杆知识库中相应的"好的实践"并不一定是自己的标杆。要详细分析彼此项目的政策、人员、资金等环境的差异，才能确定适合自己的标杆对象，再从中学习和创新。这实际上也是一个模仿和创新的过程。

（2）定标比超并不意味着数字化项目的全部流程都采用标杆中的"好的实践"，而应该是找出一个与本项目某一方面相同或相

---

① Minerva. Second report on a benchmarking framework. [2011-04-28]. http://www.minervaeurope.org/intranet/reports/D2_2.pdf.

近的部分。确定本组织的"标杆"部分是非常困难的,也是非常重要的。

(3) 定标比超的实施效果可能不会"立竿见影"。一旦找到标杆,要将其贯穿到项目相关部分的分析、比较和实施之中。

总的来说,Minerva 这一目前世界上最大的数字化项目跨国性协调组织采用的定标比超学习模式,通过在线调查和知识库的方式,克服了不同国家之间由于地域性、语言问题而造成的经验交流和相互学习的障碍,具有很好的实用性,值得我国数字化建设参考和借鉴。

8.2 美国信息资源数字化建设调查

作为数字图书馆建设的前提和基础构造,信息资源数字化是学术界多年来的一个热门主题,图书馆等信息机构是这类项目的主要实施者。发达国家(尤其美国)是这个领域的领航者,我国起步较晚。此时此刻,考察一下国外的实践现状,就不难发现,忧多于喜,既有成功经验,更存在不少困境。这是一本很好的参考书,值得国内图书馆界认真研究和借鉴。

到目前为止,有关图书馆信息资源数字化项目实施情况的公开调查案例不多,比较有影响的更少。据笔者的不完全调查,结合美国数字图书馆联盟发布的研究报告,下述九个调查案例具有一定的代表性,被国外学者引用频率较高。虽然这些案例大多是两年以前的数据,但到本研究报告提交为止,笔者还没有找到最新案例数据。不过,从这些不算最新(有些甚至有点过时)的数据中也可窥探一斑,以供我国图书馆信息资源数字化建设参考。这九个调查案例分别是:

(1) 美国东北地区文献保存中心[1](NEDCC, 2005);

---

[1] Tom Clareson. NEDCC Survey and Colloquium Explore Digitization and Digital Preservation Policies and Practices [J/OL]. RLG DigiNews, Feb. 15, 2006, [2011-02-20]. http://www.rlg.org/en/page.php?Page_ID=20894.

8.2 美国信息资源数字化建设调查

(2) 康奈尔大学图书馆①(CUL, 2005);

(3) 康奈尔大学图书馆②(CUL, 2003—2004);

(4) 美国图书馆信息资源协会③(CLIR, 2002);

(5) 美国数字图书馆联合会④(DLF, 2001);

(6) 美国研究图书馆协会⑤(RLG, 1998);

(7) 卡内基梅隆大学图书馆的随机抽样可行性研究案例⑥(CMUL, 1999—2001);

(8) 卡内基梅隆大学图书馆的古籍善本研究案例⑦(CMUL, 2001—2004);

(9) 美国国家科学基金委员会的百万图书项目研究案例⑧

---

① Anne R. Kenney, Ellie Buckley. Developing Digital Preservation Programs: the Cornell Survey of Institutional Readiness, 2003-2005 [J/OL]. RLG DigiNews, AUG. 15, 2005, [2010-09-10]. http://www.rlg.org/en/page.php? Page_ ID=20744.

② Anne R. Kenney, Ellie Buckley. Developing Digital Preservation Programs: the Cornell Survey of Institutional Readiness, 2003-2005 [J/OL]. RLG DigiNews, AUG. 15, 2005, [2010-09-10]. http://www.rlg.org/en/page.php? Page_ ID=20744.

③ Anne R. Kenney, Deirdre C. Stam. The State of Preservation Programs in American College and Research Libraries: Building a Common Understanding and Action Agenda [EB/OL]. [2010-09-20]. http://www.clir.org/pubs/reports/pub111/contents.htm.

④ Daniel Greenstein, Suzanne E. Thorin. Survey Data: Principal Preliminary Results [EB/OL]. [2010-09-20]. http://www.clir.org/pubs/reports/pub109/appendix2.html.

⑤ Margaret Hedstrom, Sheon Montgomery. Digital Preservation Needs and Requirements in RLG Member Institutions [EB/OL]. [2010-09-20]. http://www.rlg.org/legacy/preserv/digpres.html.

⑥ Carnegie Mellon University Libraries. Survey Results: The Random Sample Feasibility Study. [2011-04-10] http://www.library.cmu.edu/sm.htm.

⑦ Carnegie Mellon University Libraries. The Fine and Rare Book Study. [2011-04-01]. http://www.library.cmu.edu/sm.html.

⑧ The National Science Foundation (NSF). The Million Book Project Study. [2011-05-01] http://www.nsf.gov/news/index.jsp.

(NSF, 2002—2007)。

其中,前面六个案例是对信息资源数字化的项目规划、项目所需资源、数字化内容选择和数字保存等方面所进行的调查,调查对象是美国国内的所有图书馆(当然,有些图书馆没有回执调查问卷)。后面三个案例是针对这三个数字化项目涉及的产权许可方面的调查总结。

8.2.1 项目规划方面

虽然这些调查案例实施的时间不同,调查的项目不尽一致,调查的对象乃至调查结果分析处理的方法技术也存在着一些差异,但综合起来,我们不仅可以大致勾画出美国国内图书馆信息资源数字化项目实施的基本轮廓,而且还可以根据时间维度,展现其发展轨迹(见表8-1)。

表8-1   项目整体规划以及各构成因素规划的调查结果

	NEDCC	CUL (2005)	CUL (2003—2004)	CLIR	DLF	RLG
项目整体规划的制定	55%	50%	48%	51%	44%	30%
项目目标的确定	66%	71%	46%	54%	66%	35%
相似项目的调研	—	55%	48%	73%	52%	47%
已有模拟图像和数字图像评估	78%	—	—	55%	58%	39%
数字资源用户的界定	35%	31%	27%	—	—	—
项目实施风险的分析	—	23%	19%	—	—	—
数字资源长期保存方针的制定	51%	63%	26%	36%	33%	27%

尽管表8-1中一些数据不全面,从中还是可以看出:

(1)一般认为,美国是信息资源数字化项目开展最早、整体实施效果最好的国家。这个观点也许来自于一些大型项目,如国会图书馆的"美利坚记忆工程"和科罗拉多数字化工程等。但一般图书馆的数字化项目则显示出另一个情景:即使该类项目生命周期中的第一阶段——项目规划,也存在着众多不尽如人意的一面:大约有一半的项目无整体规划。

(2)从时间维度上看,总体情况是越来越完善。与1998年的调查相比,2005年调查结果的乐观程度要增加一倍。这也许说明了,对一般图书馆来说,信息资源数字化项目的实施从探索逐步走向成熟。

(3)从各个构成因素的调查结果来看,"项目目标的确定"和"对馆藏资源中已有模拟和数字图像的评估"两个因素相对比较理想,"相似项目的调研"和"数字资源长期保存方针的制定"两个因素次之,"数字资源用户的界定"与"项目实施风险的分析"最差。这也许体现了在图书馆的视线里,上述六个因素在项目规划阶段的重要程度上存在着差异。

8.2.2 所需资源方面

信息资源数字化项目所需资源主要体现为资金、IT技术与人力资源配备,并且这些所需资源分布在数字化项目的整个生命周期。

8.2.2.1 资金来源

信息资源数字化项目是一类高资金投入项目,这类项目资金的来源主要有下述渠道:图书馆的预算经费、政府专款、社会赞助和用户使用费等。有关调查显示,在美国,图书馆的预算经费是数字化项目实施的主要来源。

(1)数字化生产经费与管理经费。

NEDCC的调查结果显示,多数图书馆没有充足资金来创建、获取、管理和维持数字资源。有1/4的图书馆根本没有资金用于数字资源的生产,还有相当多的图书馆没有资金来获取或购买数字资源。档案馆、公共图书馆和人文人类史博物馆是最缺乏这类资金的信息机构。大多数图书馆只拨出年度预算经费的1%~5%用于数字化项目,相当一部分的高校图书馆只拨出年度预算经费的1%左右用于数字资源的生产。

表8-2列出了两个调查案例中用于数字资源生产、管理的费用占图书馆年度预算经费的情况。从该表可知,根据NEDCC的调查,分别有37%和30.3%的图书馆用于数字资源生产和管理的经费占其年度预算经费的0~1%,高达25%和30.3%的图书馆在数字资源生产和管理方面没有经费支撑。因此,图书馆信息资源数字化项目经费短缺比较普遍。

表8-2　数字资源生产、购买与管理经费占图书馆年度经费预算的调查结果

	占图书馆年度预算经费的百分比	0%	0~1%	1%~5%	6%~10%	>10%
NEDCC (2005)	数字资源生产经费	25%	37%	27%	8%	3%
	数字资源管理经费	30.3%	30.3%	30.9%	5.3%	3.3%
CUL (2005)	数字资源生产经费	31%	40%	23%	5%	1%
	数字资源管理经费	28%	26%	27%	10%	9%

(2)数字资源长期保存经费。

与数字资源生产所需费用相比,对数字资源保存费用的需求是长期的。这类费用不仅体现在所需软硬件的更新与维护,还体现在员工的劳务支出,更体现在为避免数字资源格式过时而频繁地实施数字迁移等长期保存策略的数字资源维护费用。随着技术更新周期的不断缩短,维护费用越来越大,占整个保存经费的比例也越来越高。

表8-3是六个调查案例中数字资源长期保存项目所需经费的来源情况。从中可以看出,同数字资源的生产和管理一样,经费短缺也很普遍,且是制约数字资源长期存取的最关键因素之一。经费完全有保障的保存项目不足1/3,完全没有保障的有1/5。

表8-3　　数字资源长期保存经费来源调查结果

	NEDCC	CUL（2005）	CUL（2003—2004）	CLIR	DLF	RLG
有数字资源长期保存经费保障	30%	28%	33%	26%	35%	29%
完全从图书馆日常管理经费中支出	25%	15%	18%	15%	8%	14%
完全依靠捐赠	22%	24%	27%	25%	38%	41%
根据捐赠情况从日常管理经费中补给	30%	43%	38%	32%	32%	19%
没有任何资金来源	23%	18%	17%	28%	22%	26%

8.2.2.2　信息基础设施

图书馆信息资源数字化项目的实施离不开信息基础设施的支撑。根据NEDCC的调查，有68.9%的图书馆设立了独立的IT部门，但配制的员工数量相对较少。其中，有82.9%的独立IT部门的全职员工有0~4人。在IT投入方面，有21%的图书馆拨出年预算经费的10%用于信息基础设施的建立与完善，并且这些图书馆中有44%注明他们在IT技术的投入在过去5年内有所增长，有28.4%表明其投入处于稳定状态。这些资金投入部分用于系统的软件更新（占86.6%）和（或）用于硬件更新（占80%）。但是，有约15%的图书馆投入的经费很少甚至根本没有。从整体上讲，图书馆在这方面的投入不足以完全支撑信息技术的更新与基础设施的完善，这在人文社会科学领域的图书馆中体现得更明显。

另外，在2005年CUL的调查和1998年RLG的调查中，技术资源也相对不太乐观。分别有39%和31%的图书馆表明拥有较充足的软硬件资源来实施数字化项目，并可建立和可持续地维护数字资源，甚至可根据需要进行技术更新。但仍有半数以上的图书馆技术基础严重不足，数字化项目难以实施，甚至连购买的数字资源的使用与维护都难以实施有效的技术支撑。

8.2.2.3 人力资源

数字资源长期保存项目所需人力资源包括技术人员与管理人员两大类。NEDCC 的调查显示，有六成的图书馆根本没有技术人员和管理人员专门负责数字保存项目。在这种情况下，这项工作要么由图书馆的信息政策制定人员来完成（占64.6%），要么由图书馆的信息技术负责人员来实施（占47.4%）。调查结果也有一个亮点，有84%的图书馆支持员工接受数字保存的专业教育或培训，但还没有形成固定的政策。几乎同样的结果也出现在其他调查案例中，在2005年 CUL 的调查中，只有59%的图书馆配备有专业职员负责数字保存项目。

对所需技术人员和管理人员分开调查，2005年 CUL 调查表明，拥有这两类专家的图书馆分别为78%和57%，很明显，管理人员比技术人员更短缺。但在1998年 RLG 的调查中，严重缺乏这两类人员是非常普遍的现象，拥有这两类人员的图书馆只有25%和20%。当然，这些人员都可以通过培训和外部雇用来获取，在该调查案例中，有44%的图书馆拥有充足的培训技能和计划，34%的图书馆雇用外部人员。

8.2.3 数字化内容选择方面

数字化内容选择包括信息资源物理介质选择和内容选择两个方面。在数字化生产物理介质的选择上，NEDCC 的调查显示，已有92%的图书馆对自己的一些馆藏资源进行了数字化，创建了自己的数字资源，具体分布如表8-4所示，其他调查案例的结果与此基本相符。

表8-4　　　　　　　数字化生产物理介质选择

纸质及相片类的平面文献	书籍及其他类型的多页文献	模拟音频和视频文献	三维载体文献	胶片	缩微胶片	其他
84%	49%	40%	39%	31%	23%	7%

内容类型选择方面，NEDCC 的调查显示，绝大多数的图书馆（69%）选择那些独有的和没有副本的文献，这个结果有力地支持了"数字保存是数字化的目标之一"的观点。

8.2.4 数字保存方面

8.2.4.1 保存方针制定与实施

图书馆高层重视不足，保存方针实施不容乐观。很多图书馆在信息资源数字化项目规划阶段没有制定数字资源的长期保存方针，甚至根本没有将数字保存视为数字化项目的一个核心组成。CUL 调查报告显示，2003—2004 年只有 26% 的图书馆制定有明确的长期保存方针，2005 年上升到 63%。2001 年 DLF 调查中，33% 的图书馆制定有数字资源长期保存方针。2002 年 CLIR 的调查中，只有 6% 的图书馆制定有保存计划。1998 年 RLG 的调查中，也只有大约 50% 图书馆制定有数字资源管理方针，这其中包括数字资源获取和数字化生产指南等。虽然这些调查很不全面，甚至有些调查结果看起来似乎还有点矛盾，但从中完全可以窥视到，缺乏数字保存方针在图书馆信息资源数字化项目中普遍存在。

数字资源长期保存方针包括制定、管理决策层的审议通过、实施三个环节，CUL 的 2003—2005 年调查中虽然平均有 35% 的图书馆制定了长期保存方针，但其中只有大约 1/3 通过管理决策层的审议并得到有效实施。

数字资源长期保存方针的内容主要包括图书馆与责任机构（数字资源长期保存公司、出版商、原始信息资源的产权拥有者等）就责任和义务达成的书面协议、有关数字资源保存之前进行筛选的指导方针、长期保存质量控制方针、全面详细的数字保存指南、数字迁移计划、适合于被保存数字资源特性的数字保存战略等。2005 年 CUL 针对制定并实施长期保存方针的图书馆进行调查，大约有 50% 的图书馆对上述前三项内容有明确规定，45% 的图书馆有保存战略，但有超过 49% 的图书馆没有数字迁移计划和全面详细的数字保存指南。这表明，在数字保存方针的一些关键方面还没有引起图书馆的高度重视。

8.2.4.2 数字保存所需资源

数字保存资源匮乏，长期存取面临困境。图书馆数字资源长期保存项目需要大量资金、人力和技术等资源的持续支持。根据相关调查，这些资源均相对不足，对数字资源的长期存取构成严重威胁。

资金支持缺口甚大，数字保存困难重重。2005年CUL的调查中，高达62%的图书馆缺乏可持续的支持数字长期保存所需的资金保障，其中，50%的图书馆依赖于政府的一次性投资或一些机构和个人的随机赞助，12%的图书馆没有任何资金来源。

人力资源保障欠佳，技术与管理专家缺乏严重。在2005年CUL的调查中，59%的图书馆配备专业员工负责数字资源的长期保存，但高达41%的图书馆则没有固定负责人。技术专家和组织管理专家也是数字资源长期保存的一个重要因素，该调查表明，拥有这两类专家的图书馆分别为78%和57%，很明显，组织管理专家比技术专家更短缺。但在RLG的调查中，严重缺乏数字资源长期保存的组织管理专家和技术专家是非常普遍的现象，只有25%的图书馆声称拥有这两种类型的专家。当然，这些专家都可以通过培训和外部雇用来获取，在前者的调查中，有44%的图书馆拥有充足的培训技能和计划，34%的图书馆雇用外部专家。

拥有一批专业员工和高水平的专家队伍是人力资源的主体，但图书馆决策层的强有力支持则是数字保存项目成功实施的关键。2005年CUL的调查显示，有47%的图书馆高层管理决策层将数字资源长期保存视为图书馆的一项重点工作。

技术资源相对乐观。在上述调查中，59%的图书馆拥有充足的软硬件资源来建立和可持续地实施数字资源的长期保存，并可根据需要进行技术更新，只有12%的图书馆技术基础不充足。

8.2.4.3 技术保障

技术更新威胁严重，图书馆应对措施滞后。上述调查案例中，数字保存的技术保障集中在数字文件格式、数字文件管理和存储介质等项内容。

(1) 存储格式相对集中，常见格式使用率较高。CUL两次调查（2003—2004年，2005年）的结果表明，在常用的11种格式中，只有保存GIS格式文件的图书馆不到一半（45%），其他格式使用率都比较高，超过90%的图书馆保存各种数字图像格式、PDF格式和Web站点格式，85%的图书馆保存WORD格式以及数据库和电子表格格式，70%的图书馆保存有视频和音频格式。但1998年RLG的调查则比较分散，只有36%的图书馆保存视频格式，55.6%保存WORD格式，50%保存音频格式，38.9%保存视频和38.9%保存电子表格格式。RLG的调查显示，绝大多数图书馆至少保存六种不同格式的数字文件，而CUL的调查结果则至少保存有九种不同格式。

（2）数字文件缺乏有效管理，技术支持过时缺乏相应对策。数字文件管理的内容比较广泛，上述调查案例主要集中在：文件备份、存储介质迁移、存储介质检测、灾难恢复计划、环境控制、存取控制、高质量存储介质选用和为数字资源购买保险等。表8-5是六个调查案例中拥有这些管理方式的情况。这里值得注意的是，为数字资源购买保险是美国最新出现的一种数字资源管理方式，其他国家还没见到过报道，应该引起国内业界的重视与探讨。

表8-5　　数字文件管理方式的调查结果

	NEDCC	CUL（2005）	CUL（2003—2004）	CLIR	DLF	RLG
文件备份	70%	78%	56%	54%	58%	44%
存储介质刷新与迁移	28%	38%	18%	22%	19%	15%
存储介质检测	29%	19%	17%	23%	18%	11%
灾难恢复计划	42%	59%	28%	33%	29%	20%
环境控制	80%	75%	43%	60%	55%	33%
存取控制	77%	81%	52%	67%	61%	40%
高质量存储介质选用	81%	78%	50%	61%	70%	55%
为数字资源购买保险	10%	12%	—	—	—	—

（3）主流介质使用率高，选择方式欠合理。NEDCC 的调查结果显示，在线磁性介质（如网络硬盘）使用数量占78%，移动介质占65%。2005 年 CUL 调查表明，接近90%的图书馆采用光存储介质和磁性存储介质，85%的图书馆采用在线存储。选择光介质、磁性介质和在线方式保存数字主文档的分别为69%、42%和61%，保存存储副本的分别是63%、15%和69%，保存其他备份的分别是69%、63%和38%。这里，不太合理的是还有相当一部分图书馆（61%）选择了在线方式保存数字主文档。

（4）技术保障不足，数字保存忧患重重。从技术角度，对数字保存的影响主要体现在文件格式、存储介质以及用于对数字资源存取和使用的软硬件支持。1998 年 RLG 的调查中，41.7%的图书馆缺乏应对这些因素的操作支持能力，2005 年 CUL 调查中，44%的图书馆遇到同样的问题，并且有28%的图书馆对这个问题没有回答，所以，实际数字可能更高。技术过时管理是数字保存的一项非常紧迫的工作，然而，在 2003—2005 年 CUL 的两次调查中，整体上不到一半的图书馆有延长其生命周期的应对措施，详细分项为：40%的图书馆已采取措施避免软件过时，34%已采取措施避免硬件过时，35%已采取措施避免存储驱动过时，53%已采取措施避免存储介质过时，43%已采取措施避免文件格式过时。

8.2.4.4 对数字保存威胁最大因素

各种调查数据显示，图书馆对数字资源长期保存的重视程度不断提高，究其原因最主要的还在于已经到了无法再回避的地步了。1998 年 RLG 的调查表明，图书馆已经认识到了数字资源的获取与完善的保存实践息息相关，2003—2005 年 CUL 的调查也说明，数字资源的普遍性致使图书馆对其长期存取的关注与日俱增，不少图书馆在方针政策的制定与实施、管理层的重视、所需各种资源的配备与支持、技术基础的准备与优化和长期保存的实践方面都有长足进展。这两次调查结果的最大区别在于，前者将因技术更新导致数字资源的存取过时作为最大威胁，后者已将其列为五个最大影响因素的第四位，但把方针与规划的缺乏列为第一位。2005 年的 CUL 和 NEDCC 的调查结果，总结出了目前对图书馆数字资源长期保存构成最大威胁的五个因素以及它们的威胁程度（见表8-6）。

表8-6　图书馆数字资源长期保存威胁最大的因素

	缺乏数字资源长期保存方针或计划	用于长期保存的资源不足	图书馆高层管理支持不充分	技术过时	缺乏所需的专家
CUL（2005）	63%	57%	47%	35%	19%
NEDCC（2005）	60%	63%	44%	43%	21%

8.2.4.5　对我国图书馆数字保存的启示

欧美国家的信息资源数字化开展最早，相应的数字保存项目历史也最悠久，所需各种资源公认为最雄厚，积累的知识和经验也最丰富，但即使这样，其状况也不容乐观，值得我们认真学习与研究。相比之下，国内图书馆的数字保存起步较晚，目前已经实施的图书馆为数也不多。因此，国内图书馆这类项目的决策者，应统筹规划，方有可能少走弯路。

（1）规划保存政策，构建国家宏观数字存取战略。国家数字保存政策是国家层面上有效实施数字资源长期保存的管理保证，内容涉及技术、组织、人文、法律、权益管理、知识产权等各方面，还包括国际国内合作、商业运作、相关培训、质量管理和审计策略等。目前国际上已经有一些国家的机构正在制定有关的政策，有的已经实施，有的还在讨论中。美国国会早在2000年就已通过立法建立了国家数字信息基础结构和保存项目（NDIIPP），指定由国会图书馆负责数字资源长期保存国家计划。联合国教科文组织（UNESCO）于2003年也颁布了《数字遗产保护宪章》[1]。数字保存是一个需要持续投资的成本昂贵项目，缺乏国家层面上数字保存

---

[1] UNESCO. 保存数字遗产宪章. ［2010-09-20］. http：//unesco.chinainfo.gov.cn/Upload/20041216000411admin0082.pdf.

政策的实施结果可能有：其一，缺乏技术规范，致使保存质量难以保障；其二，图书馆背上沉重的经济负担，使得经费本来就异常困难的图书馆雪上加霜；其三，缺乏保存标准，使得各个保存项目之间难以实现数据交换和资源共享，用户的跨库检索更是纸上谈兵。应该承认，一些国家（尤其是发达国家）制定（乃至利用立法形式强制实施）的国家数字保存政策，虽然在实施过程中还存在一些问题，但对整个国家的数字保存的确已经起到了积极的作用。国内一些管理机构正在研究或已经制定出了用于本领域的数字保存政策，如CALIS，但国家层面上的数字保存政策目前还是一个空白。我国应该参照一些国际组织或欧美国家的做法，尽快制定国家数字保存政策，构建国家宏观数字存取战略。

（2）规划保存框架，构建专业机构外包型管理模式。目前，一些国家已经出现了专业机构承担专门领域或专门格式的数字资源长期保存项目。比如，英国的人文艺术数据服务中心负责社会科学和人文科学的数字资源长期保存，大英图书馆声音文件资料部负责声音文件的保存，荷兰科学信息服务所负责图像文件的长期保存，国际上主要出版商出版发行的电子期刊大多委托给荷兰国家图书馆数字保存系统（e-Depot）进行长期保存，还有美国国会图书馆的数字保存系统服务联盟等。与图书馆自己实施保存相比，专业保存机构保存成本低，且技术过时风险由保存机构承担，图书馆无须配备相应的管理和技术专家。我国图书馆的数字保存项目也可以寻找和委托给相应的专业保存机构实施，这对规模不大的数字保存项目可能更为合适。当然，成熟的可信赖的保存机构的存在是前提，在市场经济的今天，这类机构的诞生是必然的。

（3）规划保存成本，构建可持续的资金支持体系。虽然业界公认，编制一个科学的资金需求计划对数字长期保存项目至关重要，但到目前为止，这类项目的成本构成还没有一个清晰界定，再加上作为成本重头的技术过时维护费用存在着很大的不可预测性和难以精确计量性，使得制定可持续的资金支持计划存在较大风险。从整体上讲，保存成本可分为不变成本和可变成本两大部分，前者主要包括人力资源、软硬件支持、保存所需环境的创建维护以及日常管理等项成本，后者主要包括因技术过时而进行数字迁移或数字仿真所需的费用。不变成本相对比较容易估算，而可变成本不仅与数字资源的规模有关，而且与技术过时的频率和程度相关。欧美国家的数字长期保存费用主要来自于用户使用的收费和一些大财团的赞助，但国内图书馆这类项目可能主要靠行政投资，基于市场机制的数字资源用户有偿服务模式还有待研究，所以，在项目立项初始构建一个可持续的资金支持计划是数字长期保存成功的关键。

（4）规划保存策略，构建可行的应用技术方案。数字保存应用技术方案是实现数字资源长期存取的基础，目前已经出现的方案有数字迁移、数字仿真、环境封装、技术保存等，有些方案在应用中得到了很好实践，有些还只停留在理论层面。图书馆在规划数字保存应用技术方案时，应遵循的基本原则有：可行性、可持续性、实用性和合理性。数字迁移比较成熟，应用也比较广泛，但成本高，风险大，难以保存数字资源外观。数字仿真技术复杂，目前成熟度差，但数字资源外观可不发生任何改变。环境封装可以保存数字对象上下文的关系，但由于刷新元数据存在困难，且相应软件也停留在开发阶段，因此这种方案实际上还停留在探讨阶段。技术保存又称硬件博物馆，对于大数据量的长期保存实现起来比较困难。应用技术方案的选择是整个数字保存计划的核心，应考虑的因素非常多，但数字资源本身的保存特性是选择技术方案的最重要依据。如果存在多个方案可满足数字保存的需求，就要利用效能分析进行评价，从中选择一个最理想的方案。

8.2.5 产权许可方面

本部分的调查与分析基于本节（第8.2部分）开始列出的三个产权许可调查案例，它们的基本情况如下：

（1）卡内基梅隆大学图书馆的随机抽样可行性研究案例①（1999—2001）。该案例的目的在于：探讨图书馆对受版权保护的

---

① Carnegie Mellon University Libraries. Survey Results: The Random Sample Feasibility Study. [2011-04-10] http://www.library.cmu.edu/sm.html.

馆藏资源进行数字化并提供开放存取时，获得非独家专有授权的可行性；了解整个授权过程中可能遇到的问题；调查不同类型的出版机构和不同状态的出版物对授权许可的反应。本案例的调查对象是卡内基梅隆大学图书馆馆藏中随机抽样的受版权保护的图书。采用的调查方法是普通信件（辅助以电话），分两轮进行。

（2）卡内基梅隆大学图书馆的古籍善本研究案例①（2001—2004）。该案例是卡内基梅隆大学图书馆对其 Posner 馆藏的古籍善本进行数字化并提供开放存取的一个项目。该项目实施前要对受版权保护的馆藏获取产权许可，采用的调查方法是普通信件、电子邮件和电话等，也分两轮进行。

（3）美国国家科学基金委员会百万图书项目②（2002—2007）。该项目是由美国、中国和印度三国政府共同资助的一个数字化项目，截至 2007 年末，对来自这三个国家的 100 多万种图书进行数字化。该项目是世界图书馆数字化项目的一部分。

虽然上述三个案例实施的时间不同，调查的对象也不一样，但综合起来，我们可以得出结论：产权许可已是图书馆信息资源数字化项目实施的关键障碍。

8.2.5.1 总体效果不理想，授权许可仅有一半

随机抽样可行性研究案例分别按照出版机构和书名进行调查（在调查对象中，有些出版机构包含多种图书），结果有 1/5 没有联系到，有 1/2 左右给予了回复。从授权结果来看，只有 1/4 左右给予了许可。

古籍善本研究案例也分别按照出版机构和书名进行了调查。调查结束时（2004 年 11 月），仍有少量出版机构和图书处于协商中，近 1/3 的出版机构找不到。从授权结果来看，一半左右给予了许可。与随机抽样可行性研究案例相比，调查的回复率大大提高，这

---

① Carnegie Mellon University Libraries. The Fine and Rare Book Study. [2011-04-01]. http：//www. library. cmu. edu/sm. html.

② The National Science Foundation（NSF）. The Million Book Project Study. [2011-05-01] http：//www. nsf. gov/news/index. jsp.

也许是授权许可率提高一倍的原因所在。

百万图书项目只按出版机构进行调查。截至2007年12月，还有一部分仍在协商之中。某些出版机构给了"暂时不行"的回复，还有少数出版机构回复中认为"不适用"，因为作品版权已移交给了著者。从授权结果来看，有1/2的出版机构至少授权许可其出版的部分图书（见表8-7）。

表8-7　　　　　　　　　产权许可的总体情况

项目	类别	许可授权	拒绝授权	没有回复	没有找到	正处于协商中	暂时不行	不适用
随机抽样可行性研究案例	出版机构	27%	23%	28%	21%	—	—	—
	图书品种	24%	30%	27%	19%	—	—	—
古籍善本研究案例	出版机构	43%	18%	5%	31%	3%	—	—
	图书品种	61%	20%	5%	13%	1%	—	—
百万图书项目	出版机构	53%	27%	—	—	9%	7%	4%

如果排除根本无法找到的出版机构和图书（以及百万图书项目中的暂时不行和不适用）等情况，那么，在随机抽样可行性研究案例中，许可授权的约占1/3；在古籍善本研究案例中，许可授权的占2/3；在百万图书研究案例中，许可授权的占3/5（见表8-8）。

表8-8　　　可联系到的出版机构和图书的产权许可情况

项目	类别	许可授权	拒绝授权	没有回复	协商中
随机抽样可行性研究案例	出版机构	35%	30%	35%	—
	图书品种	30%	36%	34%	—
古籍善本研究案例	出版机构	62%	26%	7%	5%
	图书品种	70%	22%	6%	2%
百万图书项目	出版机构	59%	30%	—	11%

除去其他所有因素，仅从许可授权和拒绝授权两个角度分析，随机抽样可行性研究案例中有大约 1/2 给予授权许可，古籍善本研究案例中约 2/3 给予授权许可，百万图书项目研究案例中约 3/5 给予授权许可（见表 8-9）。

表 8-9　　　　　　　许可授权和拒绝授权情况

项目	类别	许可授权	拒绝授权
随机抽样可行性研究案例	出版机构	54%	46%
	图书品种	45%	55%
古籍善本研究案例	出版机构	70%	30%
	图书品种	75%	25%
百万图书项目	出版机构	65%	35%

8.2.5.2　许可限制种类多多，数字转换困难重重

在随机抽样可行性研究案例中，很多出版机构在给予授权许可的同时附加了种类繁多的限制。总体上，68% 的出版机构在某些限制条件下进行授权许可。美国出版机构与其他国家相比使用限制条款更多，其中，有 54% 的图书有用户区域限制（仅限定在卡内基梅隆地区的用户）；23% 的图书要求列出全部引文；22% 的图书规定其许可不适用于那些有第三方版权拥有者的作品；8% 限制了实施期限为从签合同起后的 3~4 年，到期后，作品必须从网站上删除；6% 禁止对数字化图书进行多用户同时并发使用；3% 限制图书的数字扫描必须在签合同后的某个指定的日期，超过这个期限，就不再允许数字扫描；还有 6% 要求许可费用（50~300 美元）。

相比之下，古籍善本研究案例中的授权许可限制要少得多。只有 6% 的图书有用户区域限制；10% 的图书要求列出全部引文；5% 的图书规定其许可不适用于那些有第三方版权拥有者的作品；6% 有使用期限限制；4% 有并发使用限制；但扫描期限限制没有。因为该项目拒绝支付任何许可费，所以，所有要求许可费用的图书

均被列入拒绝授权之列。

百万图书项目研究案例中的许可限制很少。

8.2.5.3 出版机构授权分散，商业出版许可最差

从出版机构类型角度来看，图书的授权许可率差别很大。表8-10是这三个案例中按照出版机构类型的调查结果情况（去除没有回复的和没有找到的图书）。从该表中可以看出，专业出版机构（如博物馆、美术馆等）最容易授权许可，学会出版机构次之，大学出版机构和商业出版机构最难以进行授权许可。

表8-10　　根据出版机构类型划分，授权许可情况

项目＼机构	商业出版机构	大学出版机构	学会出版机构	专业出版机构
随机抽样可行性研究案例	35%	40%	76%	100%
古籍善本研究案例	56%	31%	74%	95%
百万图书项目	26%	24%	41%	71%

8.2.5.4 出版物类型授权不均，学术专著许可最低

不同类型出版物的授权许可率很不相同。表8-11是这两个案例中按照出版物类型的调查结果情况（去除没有回复的和没有找到的图书）。从该表可以看出，专著和丛书授权许可率最低，各种书目（包括展品目录）授权许可比率最高，会议录的授权许可率介于两者中间。

表8-11　　根据出版物类型划分，授权许可情况

项目＼类别	专著	丛书	会议录	目录	其他
随机抽样可行性研究案例	42%	40%	55%	100%	60%
古籍善本研究案例	45%	38%	66%	86%	63%
百万图书项目	40%	45%	61%	75%	55%

8.2.5.5 出版状态影响甚大,日期越近授权越难

随机抽样可行性研究案例的数字化对象大多数是绝版书(74%),少量是再版书(26%),前者较容易授权(49%),而后者相对更难授权(35%)。古籍善本研究案例选择的都是绝版书。百万图书项目研究案例选择的再版书比例较高(约65%)。

三个案例的数字化对象的时间跨度都是在1920年至2000年。表8-12是这三个案例中的调查结果情况(去除没有回复的和没有找到的图书)。从该表中可以看出,作品的出版年代影响版权许可结果,整体趋势为:出版日期越近,书的数字化授权就越不容易被许可。

表8-12　　　　根据出版时间划分的授权许可情况

年份 项目	1920— 1930	1930— 1940	1940— 1950	1950— 1960	1960— 1970	1970— 1980	1980— 1990	1990— 2000
随机抽样可行性研究案例	70%	75%	70%	76%	50%	44%	40%	21%
古籍善本研究案例	80%	97%	76%	57%	54%	46%	40%	31%
百万图书项目	87%	89%	84%	77%	64%	56%	47%	47%

8.2.5.6 寻求授权费用不薄,项目成本雪上加霜

寻求授权费用主要包括信件邮寄费、雇员报酬、电话(包括长途电话)访问费用、法律顾问咨询费用、网络通信费、其他办公费用、数据库等。其中,雇员报酬和法律顾问咨询费用占大部分。这里的寻求授权费不包括支付给产权拥有者的产权许可费。

随机抽样可行性研究案例中,平均每种授权图书的费用大概为100美元;古籍善本研究案例中,平均每种为78美元;百万图书项目研究案例中,平均每种为51美元。

8.2.5.7 我国数字化项目产权许可思考

图书馆在对产权保护的信息资源进行数字化之前,必须获得产

权许可,以避免产权纠纷。从上述三个案例可知,采取逐一签订合同的方法获得授权是十分困难的。抛开高昂的授权费用(国内出版社一种图书一年的授权许可费用目前为2000元左右①),仅获取授权过程的成本之高、许可成功率之低就足以说明了,产权许可是图书馆信息资源数字化项目实施的瓶颈。国内有影响的案例还没见报道,但从分散在一些零散文献中的相关数据,几乎可以推测,我国数字化项目的产权许可现状可能也不容乐观(如超星的授权许可成功率仅为15%~20%②)。

由此可见,改变寻求授权许可的方式可能是必然选择。

(1) 构建集体授权管理机制。图书馆馆藏资源数字化的产权许可数量庞大,为此,不少国家都在探讨建立集体管理产权体系,包括成立产权处理中心、通过产权管理机构进行授权代理等。这可能是图书馆取得大量产权许可的一种有效方式。

我国目前已有中国版权保护中心和中国音乐著作权协会两家产权集体管理机构。前者目前主要从事产权使用报酬收转(如人大复印资料、重庆维普科技期刊全文数据库等就是通过这个中心进行产权使用报酬收转的)。可以在这个中心的基础上组建产权集体授权管理机构,图书馆可以委托这类机构寻求馆藏资源数字化的产权许可。采用这种方式,图书馆既可以从繁重的寻求授权许可中解脱出来,又可以降低寻求授权许可成本。同时由于是专业代理,掌握的价格信息较完备,可降低产权许可交易费。

(2) 建立和完善法定许可制度。法定许可制度是指根据法律的直接规定,以特定的方式使用已发表的作品,可以不经产权拥有者的许可,但应向其支付使用费,并尊重其相关权利的一种制度。《泊尔尼公约》和我国《著作权法》都确立了这项制度。

图书馆信息资源数字化是公益性的非盈利性的,虽然不适用

---

① 宋保强. 电子图书遭遇发展瓶颈. IT时代周刊,2006(7). [2006-05-03]. http://www.ittime.com.cn/index.asp?dateno=200607.

② 宋保强. 电子图书遭遇发展瓶颈. IT时代周刊,2006(7). [2006-05-03]. http://www.ittime.com.cn/index.asp?dateno=200607.

《著作权法》中的"合理使用"原则,但与商业性经营存在着本质区别。我国图书馆界应向国家立法部门建议:图书馆信息资源数字化可以采用"法定许可"方式。

参考文献

[1] 陈光祚,雷燕.中外信息资源数字化比较研究.情报科学,2001(8).

[2] 邱均平.中美数字化信息资源知识产权保护的比较分析.图书与情报,2002(2).

[3] 陈传夫.馆藏文献数字化的知识产权风险与对策研究.图书情报知识,2003(5).

[4] CNKI系列数据库产品与技术服务标准(第四次修改意见稿).2005-12-05.(内部资料).

[5] 中国数字图书馆标准与规范建设.[2005-12-20].http://cdls.nstl.gov.cn/cdls2/w3c/.

[6] 中欧数字资源长期战略保存国际研讨会.[2005-12-20].http://www.csdl.ac.cn/meeting/cedp/.

[7] 方圆标志认证中心.产品认证工作指南.北京:中国标准出版社,2005.

[8] 中华人民共和国认证认可条例.[2005-12-23].http://news.xinhuanet.com/zhengfu/2003-09/09/content_1071473.htm.

[9] 吕斌.数字信息如何保存?——电子信息时代的新挑战.情报杂志,1997(2).

[10] 司莉.数字信息保存面临的挑战与对策.图书馆杂志,1999(3).

[11] 刘家真.保存数字文献的问题与思考.图书馆杂志,2000(8).

[12] 石万德.数字图书馆信息资源保存面临的挑战与对策.图书馆论坛,2002(4).

[13] 刘家真．跨越数字困境的第一步．情报学报，2002（4）．

[14] 杨道玲．论数字信息的寿命及其保存技术．湖北档案，2004（1）．

[15] 邱安娜．数字信息长期保存对信息资源建设的影响及因素分析．现代情报，2005（4）．

[16] 刘家真．拯救数字信息：数据安全存储与读取策略研究．北京：科学出版社，2004．．

[17] 刘家真．新技术的挑战：电子信息存取与保护．武汉大学学报：哲学社会科学版，1998（3）．

[18] 蔡曙光．数字文献信息的保存：未来图书馆事业发展的前提和条件．大学图书馆学报，2002（3）．

[19] 宛玲，张晓林．数字资源长期保存过程中的知识问题分析．中国图书馆学报，2005（3）．

[20] 赵俊玲，杜国芳．著作权法对网络信息资源保存的影响分析．现代情报，2005（5）．

[21] 肖英．数字信息保存成本研究．图书馆杂志，2004（11）．

[22] 唐光前．数字保存策略：模拟法．情报杂志，2001（5）．

[23] 肖英．仿真——数字信息长期存取理论与实践．档案管理，2002（3）．

[24] 刘家真．文件保存格式与 PDF 文档．档案学研究，2002（2）．

[25] 刘伟晏．电子文件归档后的保存、维护与利用．中国档案，1999（5）．

[26] 赵新民．略谈电子出版物的实体保护．办公设备技术与信息，2001（1）．

[27] 杨道玲．数字存储媒体选择策略．湖北档案，2004（11）．

[28] 刘家真．标准化与数字信息的长期存取．图书馆杂志，2001（9）．

[29] 牛金芳，吴开华．论保存元数据．大学图书馆学报，2002（2）．

[30] 徐周亚，镇锡惠，许绥文．OAIS 参考模型与中文元数据方

案．现代图书情报技术，2003（4）．

[31] 郝守真．网络文献保存的实践和课题．国家图书馆学刊，2004（2）．

[32] 杨道玲．电子出版物呈缴问题探讨．国家图书馆学刊，2006（1）．

[33] 秦珂．试论电子出版物呈缴制度设计的若干问题．科技情报开发与经济，2005（18）．

[34] 刘家真．电子出版物呼唤新的合作．图书馆学研究，2000（2）．

[35] 韩毅，李融．数字图书馆中数字化信息资源的保存机制．情报科学，2003（8）．

[36] 颜晓栋．电子文件的长期保存研究．武汉大学硕士学位论文，2004．

[37] 赖朝新．数字信息长期保存的主体研究．图书馆理论与实践，2005（2）．

[39] 臧国全．浅析信息资源数字化的存储技术．情报科学，2000（12）．

[40] 陈光祚．信息资源的数字化研究．图书馆学情报学研究与发展报告，2000，10．

[41] 臧国全．虚拟图书馆研究，武汉大学博士学位论文，2003，6．

[42] 臧国全．适合于构建个人数字图书馆的全文数据库软件评析．情报学报，2003（1）．

[43] 陈光祚．汉化Winisis1.4版软件（网络版、单机版），2001，12．

[44] 陈光祚．汉化Winisis1.4版用户手册（单行本），2001，12．

[45] 臧国全．论图书馆信息资源数字化项目成本节约．中国图书馆学报，2007（2）．

[46] 臧国全．基于调查案例的图书馆信息资源数字化项目实施分析．图书情报知识，2007（1）．

[47] 臧国全．数字迁移风险管理．中国图书馆学报，2006（3）．

[48] 臧国全. 图书馆信息资源数字化内容选择原则研究. 图书情报知识, 2006 (1).

[49] 臧国全, 洪娜. 图书馆信息资源数字化项目目标研究——数字保存与数字存取. 图书馆杂志, 2006 (4).

[50] 臧国全, 刘宛珍. 图书馆信息资源数字化产权许可研究. 情报资料工作, 2006 (5).

[51] 臧国全, 庞桂娟, 姜燕. 图书馆信息资源数字化项目实施标准框架解析. 图书馆理论与实践, 2006 (4).

[52] 臧国全, 王博. 图书馆信息资源数字化项目实施要素分析. 大学图书馆学报, 2006 (1).

[53] 臧国全, 岳颀. 数字资源发布网站质量控制原则研究. 图书情报工作, 2006 (11).

[54] 臧国全, 郑婷. 虚拟参考咨询软件评价指标体系研究. 图书馆理论与实践, 2006 (1).

[55] 王军. 保存型元数据研究. 图书馆理论与实践, 2006 (5).

[56] 王军. 基于成本分析的数字资源长期保存策略研究——迁移法与数字仿真比较. 图书情报知识, 2006 (1).

[57] 王军. 数字保存仓储系统认证研究. 现代情报, 2006 (3).

[58] 王军. 图书馆数字保存的现实思考. 现代情报, 2006 (2).

[59] 王军. 图书馆信息资源数字化项目实施原则解析. 图书馆理论与实践, 2006 (6).

[60] 刘家真. 保护数字信息长期存取研究综述. 情报杂志, 1999 (4).

[61] 刘家真. 数字光盘存储及维护. 浙江档案, 2000 (11).

[62] 刘家真. 数字文件与档案存储的思考与建议. 浙江档案, 2001 (6).

[63] 吴金华. 数字信息长期存取的技术方法. 图书情报工作, 2002 (10).

[64] 陈仪芳. 数字文献资料的保护. 四川图书馆学报, 1997 (5).

[65] 刘家真. 长期保存数字文件的技术方案. 档案管理, 2000

(5).

[66] 司莉. 数字文献长期存取技术策略比较研究. 大学图书馆学报, 1999 (5).

[67] 张盛强, 唐李杏. 数字信息保存技术对比研究. 四川图书馆学报, 2002 (3).

[68] 杜砚如, 赵炜霞. 数字信息长期保存技术问题探讨. 情报杂志, 2002 (6).

[69] 颜晓栋. 保存数字信息技术方案选择与评价. 档案管理, 2003 (1).

[70] 宛玲, 吴振新, 郭家义. 数字资源长期保存的管理与技术策略: 中欧数字资源长期保存国际研讨会综述. 现代图书情报技术, 2005 (1).

[71] Lund Action Plan. [2010-07-09]. ftp://ftp.cordis.lu/pub/ist/docs/digicult/lund_ action_ plan-en.pdf.

[72] Minerva. [2011-09-10]. http://www.minervaeurope.org/whatis.htm.

[73] OCLC. Digitization & Preservation Online Resource Center. [2010-01-09]. http://digitalcooperative.oclc.org/.

[74] IMLS. Status of Technology and Digitization in Nation's Museums and Libraries 2002 Report. [2010-09-11]. http://www.imls.gov/Reports/TechReports/summary02.htm.

[75] Commonwealth of Australia. Digital Recordkeeping: Guidelines for Creating, Managing and Preserving Digital Records. National Archives of Australia, 2004.

[76] Charles Duncan. Digital Rights Management Study. [2010-12-10]. http://www.dewey.intrallect.com/drm-study/Interim_Report.pdf.

[77] Digital Document Quarterly (DDQ). [2011-11-10]. http://home.pacbell.net/hgladney/ddq.htm.

[78] The Task Force on Archiving of Digital Information. Preserving Digital Information. [2011-12-25]. http://www.rlg.org/

参 考 文 献

ArchTF/.

[79] S. Anderson, R. Heery. Digital Repositories Review. [2011-12-25]. http://www.jisc.ac.uk/uploaded_documents/digital-repositories-review-20 05.pdf.

[80] Reference Model for an Open Archival Information System (OAIS). [2010-12-25]. http://www.ccsds.org/documents/650x0b1.pdf.

[81] RLG/OCLC Working Group on Digital Archive Attributes. Trusted Digital Repositories: Attributes and Responsibilities. [2012-12-25]. http://www.rlg.org/en/pdfs/repositories.pdf.

[82] Center for Research Libraries (CRL). Audit and Certification of Digital Archives. [2012-12-20]. http://www.crl.edu/content.asp?l1=13&l2=58&l3=142.

[83] RLG-National Archives and Records Administration (NARA). RLG Completes Checklist for the Certification of Trusted Digital Repositories. [2010-12-25]. http://www.rlg.org/en/page.php?Page_ID=20647.

[84] Deutsche Initiative für Netzwerk Information eV. (DINI). [2011-12-30]. http://www.dini.de/.

[85] Network of Expertise in Long-term Storage of Digital Resources (nester). [2011-12-30]. http://www.langzeitarchivierung.de/index.php.

[86] The Committee of Sponsoring Organizations of the Treadway Commission (COSO). [2012-12-10]. http://www.coso.org/.

[87] Control Objectives for Information and Related Technologies (COBIT). [2012-12-10]. http://www.isaca.org/cobit.

[88] IT Infrastructure Library (ITIL). [2012-01-01]. http://www.ogc.gov.uk/index.asp?id=2261.

[89] Oltmans, Van Wijngaarden. Digital Preservation in Practice: The e-Depot at the Koninklijke Bibliotheek. The Journal of Information and Knowledge Management Systems, 2004 (1): 89-99..

[90] Hans Hofman. DigiCULT Thematic. [2012-01-10]. http://www.digicult.info/downloads/thematic_ issue_ 1_ final.pdf.

[91] Seamus Ross, Andrew McHugh. Audit and Certification of Digital Repositories: Creating a Mandate for the Digital Curation Centre (DCC). RLG DigiNews, 2005 (5).

[92] Robin L. Dale. Making Certification Real: Developing Methodology for Evaluating Repository Trustworthiness. RLG DigiNews, 2005 (5).

[93] Susanne Dobratz. Digital Repository Certification: A Report from Germany. RLG DigiNews, 2005 (5).